U0051300

ISBN 957-28743-9-X

自序

《大乘起信論》是聖 馬鳴菩薩所造，因爲論中義理極深，又宣示成佛之道精神所在之一切種智內涵，多屬佛弟子四眾聞所未聞之甚深法；而又言辭簡略，極難了達其意，是故自古以來，多有未具種智之愚痴人大膽謗爲僞論。更有愚痴初機學人不辨眞假，但見大名聲之法師居士謗之，便亦踵隨謗之；如是輾轉傳謗，常無已時，至今不絕。直至平實正式宣講此論以後，此謗方始漸絕於台灣，如今不聞有人再謗爲僞論矣！

殊不知聞所未聞法，雖有可能爲索隱行怪之外道論，亦有可能爲甚深極甚深之種智妙法；學人若無種智，無能分辨者，最宜忌口，萬勿輕易評論；否則，萬一誤評極妙種智深論正義，即成最嚴重謗法之地獄罪；舉凡種智妙法深義之誹謗者，皆是謗法中之最重罪故，所謗皆是三乘菩提之根本法故。

檢視《起信論》之引人諍論者，端在「眞如緣起」一法之說，謗者皆引此一言教而評破之，謗爲僞論，誣爲外道假借 馬鳴菩薩聖名而造此論；每每主張眞如本有，非可藉由緣起之法而修成之。然而彼說之言固有其理，而 馬鳴菩薩所言「眞如緣起門」之眞實義，並無否定眞如本有之意，只因其義甚深，兼述因地眞如轉變爲佛地眞如之妙義，古來少人能眞證知，今時更無何人能眞證知，誤會馬鳴菩薩論中實義故，便認定爲外道假借菩薩令名所造僞論，是故自古至今多有誤謗之人。

此論中妙法，主要有二：心生滅門與心眞如門。心生滅門者，始從七轉識之染淨熏習作用，進言法界實相理體之阿賴耶識，明言阿賴耶識心體自身乃是七轉識之根源，名爲如來藏。又倡言「一心唯通八識心王」之說，謂若主張「眾生皆唯有一心」者，則此一心唯可說爲阿賴耶識，將七轉識悉皆納入阿賴耶識一心之中。又言阿賴耶識一名者函蓋第八識如來藏與七轉識，將此不生滅之第八識如來藏與其所生之七轉識合爲一心，即名之爲阿賴耶識。是故自古以來，具有種智之人，常言「一心之說唯通八識」，謂阿賴耶識一心函蓋八識心王也！

然爲利樂初機學人，大益有情令得現觀八識心王體性迴異之處，使其易得證悟阿賴耶識心體自身，欲令因此而生般若實智，往往將此一心阿賴耶識分爲八識心王，並一一細說之，由是故有眼識、耳識……意根末那識乃至阿賴耶識之說。匪唯古來諸多證悟祖師如是說，我 佛世尊於《楞伽經》中亦如是說，即是假爲人悉檀而述第一義悉檀也！

佛地眞如之神用，微妙廣大，非諸等覺菩薩所能稍知；然而此一神妙難宣之廣大功德早已含藏於因地眞如阿賴耶識心體中，是故因地眞如阿賴耶識心體本已有之，馬鳴菩薩初未否定因地眞如阿賴耶識心體之本已存在也。然而因地眞如究非佛地眞如，差異極大，悟得因地眞如時仍無法獲得佛地眞如之廣大功德，是故佛地眞如實非初悟之時一蹴可幾，唯除最後身菩薩示現在人間一悟成佛，是故 馬鳴菩薩所言佛地眞如緣起之說，方是正說。

欲得成就佛地眞如所需之一切成佛種子，悉皆存於如來藏阿賴耶識心體中，皆屬本有未發之功德，又因阿賴耶識心體恆常顯示眞實性與如如性，故名因地眞如。然而佛地眞如所有之廣大功德，要由證悟因地眞如阿賴耶識心體之後漸次進修，藉心生滅門之修行緣起，歷經三大阿僧祇劫之進修內容與過程而後可幾，終得成就佛地眞如無垢識廣大功德，是名佛地眞如緣起之眞實義；是故眞如緣起方是眞正佛法，而且是最勝妙之佛法，謂佛地眞如要由因地之如來藏阿賴耶識心體所含藏之七識心王有生有滅之法修行成就；故說佛地眞如並非一悟可成，要由三大阿僧祇劫之累積福德，慈濟眾生，然後求悟般若，進修種智……等無量菩薩行之後，方可成就；由此證實眞如緣起之說方是正說；絕無省去菩薩階位修行無量難行能行之過程，而可在因地一悟即成佛道者，唯除最後身菩薩已經實修圓滿此一過程。

然而佛地眞如心體者，因地本即存在，即是眾生同等皆有之阿賴耶識心體也。此一心體又名如來藏、本際、實際、眞如、如、我……等無量名，馬鳴菩薩在論中說之爲如來藏心。並謂此心配合自己所出生之七轉識，則能直接、間接、輾轉出生萬法。由因此心能出生萬法故，所出生萬法必有生滅，如是而說此一實相心之生滅門，非謂第八識實相心體有生有滅也；少聞凡夫不知論中實義，便謗言：「《起信論》說實相心體有生滅，必定是僞論。」而不知論中所言「心生滅門」者實謂阿賴耶識心體所含藏之七識心王種種生滅現象，都由八識心王合爲一心之阿賴耶識而說、而攝，阿賴耶識心體自身則無生滅，故論中說：「心生滅門者，謂依如來藏有生滅心轉，不生滅與生滅和合，非一非異，名阿賴耶識。」是故誹謗此論者，皆是咎由自身之未解論中實義，誤會論中文字所表正義所致。

學佛之人，悟後必須了知：欲實證佛地眞如無垢識者，必須悟後漸次進修，經由心生滅門中所說之一切種智修習、性障之伏除、習氣種子隨眠之斷除、廣大福德之累積，然後始得成就佛地眞如心體無垢識之廣大功德。若不經由心生滅門，則無由達成心眞如門所欲實證之佛地眞如無垢識廣大功德。是故 馬鳴菩薩於論中說明「心生滅門與心眞如門各攝一切法」，又說佛地眞如之緣起，意在此也！

心眞如門，乃由橫面說明第八識如來藏在因地之時即已是具足眞如性相，但因七轉識相應之無明、煩惱種子覆障故，唯顯自體之眞如性相，而不能發起佛地眞如心體無垢識之無漏有爲法上之廣大功德，難以廣人的利樂有情；所以要由心生滅門中下手修行，悟後進修內門六度萬行，以及種種菩薩十度萬行，逮至一切種智圓滿、煩惱障習氣種子隨眠及無始無明隨眠皆悉斷盡，復又歷經百劫勤修極廣大福德之後，方入佛地，方始圓成佛地眞如所應有之極廣大無漏有爲法：四智圓明、廣大神通、十號具足……等法。

是故， 馬鳴菩薩所言心生滅門一法，甚深極甚深，當今之世無人能知；自古以來知之者亦少，非有大善根、大福德者，難以聞知其中密旨，何況能自行知之？由於論中文字極爲簡略，所陳義理又復倍極甚深，學人難知難了，是故誤會之者所在多有，自古不絕如縷，迄今仍多。

鑑於台灣廣大佛弟子眾，數十年來恭敬供養三寶，廣積福德、慈濟眾生、興善止惡，欲遏止人欲之橫流、惡業之擴散，欲令眾生同得解脫生死流轉之大苦；其福不可謂小，其智不可謂無，然而終究未能發起出世間智，更難發起世間、出世間智，唯有世間小智而誤以爲實是出世間智；此非具有福德之佛弟子所應得之果報。有鑑於此，起心欲作廣利有福佛子之事與業，乃決定將本爲會中同修宣講解說之 馬鳴菩薩妙論實義，梓行天下，以報台灣寶地廣大佛弟子，兼及大陸未來福德成熟者，庶幾不沒 菩薩造論初衷，亦得消解古今誤謗本論之流毒，更兼防止後人再犯誤謗妙論之地獄業，用是緣故，乃倩我正覺同修會編譯組人員，整理成文，略加修飾，即以成本價流通天下；欲得藉此建立正法大纛，兼以廣利因緣成熟之廣大佛弟子。今以此書出版在即，乃述緣起，即以爲序。普願廣大福德具足佛子，悉得藉此書中妙義成辦見道知見，乃至有日終得證悟般若實智，共護我 佛世尊遺法，令得長劫廣利有情！

佛子 平實 謹識

公元二〇〇四年初暑

第四輯：

論文：「問：『上說眞如離一切相，云何今說具足一切諸功德相？』答：雖實具有一切功德，然無差別相，彼一切法皆同一味一眞，離分別相無二性故，以依業識等生滅相，而立彼一切差別之相。」

講解 現在有人對論主提出質問：「你上面講眞如離開一切相，那爲什麼現在又說眞如具足一切諸功德相？」因爲眞如心的功德相仍然還是有相法啊！論主馬鳴菩薩答覆說：「眞如心雖然在實際上具有一切的功德法相，然而祂卻仍然是無差別相。」爲什麼是無差別相呢？因爲「彼一切法皆同一味一眞。」這個眞如心有個**無差別相**：在等覺菩薩乃至凡夫菩薩身中，祂離六塵中的見聞覺知；在阿羅漢身中，祂也是離見聞覺知；在辟支佛、在一切外道修行者、一切凡夫乃至螞蟻、蟑螂身中，祂還是離見聞覺知的；所以，祂一向都是離開六塵相，都不於六塵起絲毫的分別，不因爲是在菩薩、阿羅漢等諸聖身中，也不因爲是在凡夫異生身中而有差別，永遠都是如此的同一種不分別的體性，也都永遠是眞實不壞性；因此說祂在一切法中運作時，都是如此的同一味，也都是同一眞實不壞性。**同一味**是說祂沒有差別相；**同一眞**是說同樣都是恆常不滅、究竟了義的。

馬鳴菩薩又說祂「離分別相、無二性」，所以雖然具足一切諸功德相，卻仍然是離一切相的；這也是眞正悟得如來藏的人，都能現前如此現觀的。第八識眞如心，從來不會在六塵上面起任何的分別，祂不會因爲看見這盆花插得這麼漂亮，就想多看一會兒；因爲祂從來都不看花兒，因爲祂對六塵離見聞覺知。覺知心的你覺得音樂很好聽，想去買一片 CD 來聽，就去問別人：「你這 CD 是在哪裡買的啊？」可是祂照舊不關心這件事情，因爲祂根本不聽音樂，祂離見聞覺知。所以說祂是離分別相的，絕不於六塵當中起任何的分別。這種體性，不因爲你成爲阿羅漢、成爲菩薩就有所不同，祂是不改變的，在聖人身中、在凡夫身中、乃至在螞蟻細菌身中，祂還是一樣的，所以叫做無二性。但是雖然是同一味一眞，同樣離分別相、無二性。這個道理，只有眞正開悟而證得眞如心如來藏的人，才能現前觀察到這個事實，才能確認 馬鳴菩薩所說的眞是正理；還沒有證得眞如心如來藏的人，只能從善知識的開示中知道這個道理，但是無法現觀，所以無法證實這個道理，只能仰信。

馬鳴菩薩又說：「以依業識等生滅相，而立彼一切差別之相。」這就是說，眞如心如來藏心體自身雖然是離見聞覺知而離六塵分別，所以離一切貪厭淨染等心相；但是卻依執持業種的第八識眞如心體所含藏的種子生滅相，才能建立所生萬法的一切差別相，所以眞如心自體雖離一切相，卻又能生一切相，所以雙具**離一切相**、**能生一切相**兩者，兩者之間並不衝突。

「依業識等生滅相」是什麼意思呢？譬如說眾生由於謗法、謗賢聖、殺人越貨，所以下墮地獄或者入畜生道，這是由於他的業識所造作的業種從如來藏中顯現出來，就有地獄相或者畜生相；可是正生活在地獄或畜生道中時，牠的眞如心照樣具備這種大智慧光明：遍照法界、如實了知、……乃至**過恆河沙數非同非異不思議佛法常不斷絕**等功德，照樣都具足。假使有一天惡業報盡而消失了，或者牠幡然悔改、懺悔罪業、心念諸佛，有了這一念善而感應到諸 佛時，佛就把牠救拔出來；回到人間獲得人身以後，他就懂得恭敬三寶，就不敢再誹謗正法、誹謗賢聖；這樣的人見了僧寶時，他不會像一般人那樣想：「哼！他還不是和我一樣都只是個凡夫！」他不會再這樣了。他見了出家法師時一定會問候說：「師父！你好！」他雖然還沒有學佛，卻會心存善意的說：「師父！阿彌陀佛！」爲什麼呢？因爲他的心裡面已經種下了感恩三寶的種子，種下了不誹謗三寶、種下了親近三寶的種子；所以有時眾生見了僧寶時，一供養、一禮拜、一合掌乃至一稽首，都是功不唐捐。爲什麼呢？這表示他的善根已經生起來了，這時就說他的業識已經不是一般的眾生性了，已經有了信心，準備邁向佛道的熏習和修學了。這都是因爲種子熏習而成就的，但是種子的流注現行一定是有生滅相的，這就是業識、阿賴耶識的種子生滅相；所以本論中所講的業識的生滅相，是指業識種子、如來藏所含藏種子的生滅相，而不是說藏識心體自身有生滅相。有許多人讀不懂論文，依文解義，就解釋爲第八阿賴耶識心體有生滅相。

這個業識顯現出來種子有生滅相，所以才能夠具備一切無漏有爲法的種子流注，才能出生一切的無漏有爲法（編案：譬如佛地八識心王顯示的清淨法界、大圓鏡智等四智心品，都是無漏有爲法）；就在這個無漏有爲法種子流注來利益眾生的事相當中，顯示這個無漏有爲法都是有生滅相；但因爲佛地無垢識的種子雖然仍在繼續流注而利益眾生，卻因爲不再有任何熏習以及變異，故說沒有生滅相，這就是楞伽所說的**流注滅**。凡夫的業識、阿賴耶識，也有一部分的無漏有爲法恆常運作、顯現，這些無漏有爲法也一樣是有生滅相的；但是在生滅相當中，卻也顯示出凡夫眾生的眞如心阿賴耶識心體具備了同等的無量功德相。這些功德相雖然具足，但凡夫眾生自己不知道，得要有人幫他們開示修學佛法的正知正見，破除他們的我見。然後依照善知識的教導去做觀行；如實的觀行以後，終於把我見斷了。

由於聽聞正法而知道覺知心虛妄不眞，這還不能稱爲斷我見；得要在聽聞之後知道覺知心虛妄，再加上自己去實地觀行：從行住坐臥當中去把覺知心、作主心是不是眞實不斷滅？是不是永遠不可能斷滅？是不是常住法、究竟法？要去加以觀察。這樣如實的觀察而轉依觀察的結論以後，才算眞正的斷我見了。只聽善知識開示來的，那只是聞慧，得要眞正聽懂善知識的開示，並且確實轉依所聽聞的正理；或者透過進一步的思惟觀察，確實現觀而轉依如實觀察所得的結論，才是確實斷了我見，此後才算是斷我見的證慧，這樣我見才算眞的斷除了。

當眾生學佛而修證解脫道、而斷除我見時，菩薩們從眾生斷我見的這個生滅相來說，就說眾生也有大智慧光明：遍照法界……等等的功德相。可是眾生成爲聲聞初果人以後，他仍然不知道自己的眞如心所在，當然無法現觀自己的眞如心，當然無法了知自己的眞如心有這個功德相，更無法知道：**菩薩了知眾生心都有這個功德相是由於菩薩已經證得眞如心**。在初果聖人還沒有證得眞如心之前，他是和眾生一樣不知道的；雖然還不知道，然而他照樣有一樣的功德相，他的第八識這個功德相和證悟的菩薩們並沒有差別，所以叫做一味、一眞。那麼這些功德相都是從眾生具有種子生滅相的業識心體上面去建立的，如果沒有眞如心體阿賴耶識，這些種子要寄存在何處？又要如何流注種子而生起遍照法界……等功德相？所以當然要依業識及阿賴耶識心體而建立這種生滅相。至於馬鳴菩薩所說的這「一切的差別相」中所具有的這七個主要的大功德，又是怎樣建立的呢？

譬如外道或者密宗應成派中觀邪見者所質問的說法：「上說眞如離一切相，云何今說具足一切諸功德相？」這好像是問到 馬鳴菩薩論中的矛盾處了，但其實根本就沒有矛盾的地方。佛法之所以難修證，原因就在這裏，因爲大乘佛法甚深極甚深，未悟的人讀了、聽了，往往誤會以後卻又自以爲眞的懂了。大乘別教、圓教經中所說的甚深法義，純從文字上研究，絕對無法理解它在講什麼，文字裡面所隱藏的甚深妙義無法眞正的理解，所以眞正的開悟非常困難，除非有大善知識以種種方便善巧施設來助悟；所以自古至今、乃至未來，眞悟的人永遠都將是少數人，所以了義正法很難被普遍的證悟，很難被普遍的信受，所以了義正法的弘傳一定會有其侷限性，原因就在此。正因爲了義正法的修證非常困難，所以叫作「微妙、無上、究竟法」，才不會有「百萬聖人一凡夫」的不合理情況出現，所以現在**全部大法師**、**極多小法師和極多大**、**小居士都是證悟者**的現象，絕對不合佛法修證現象的；只有極少數人眞正證悟的現象，才可能是事實的眞相。否則，隨便讀上幾本經書、讀過幾本註解就可以證悟的話，那麼般若了義正法就不能稱爲微妙、無上、究竟的了義法了。眞正證悟的人，他對於三乘經典自然會一部又一部的漸漸去通達，但也不是一悟就能全部通達；得要經過一段長時間以後，他才會漸漸的通達。若是新學菩薩，往世學佛以來不久，或者是剛才證悟、尚未整理通透，才會久讀而仍然不能通達。如果你是久學菩薩，悟了以後，你只要把經典一部一部去讀，依著經中的正理去觀行，最後你終究會貫通的。所以外面的人不瞭解這個道理，往往這麼說：「**蕭平實！是誰跟你印證開悟的？你怎麼可以說你自己開悟了？**」這種質難，自我出道以來一直不斷的重複遇到。如果眞的要有人印證才算是眞的開悟，那將意味著 佛的正法早就斷滅了，也將永遠無法再有了義的正法在人間流傳了，也意味著過去世曾經證悟過的菩薩們都不可能再來人間自參自悟了；如果你承認過去已悟的菩薩可以再乘願來到人間受生弘法，又爲什麼不許現在人間有人證悟以後不須要別人爲他印證？爲何不許他在完全符合經典聖教的情況下自我印證？

如果眞的一定要有別人印證了，才算是眞的開悟，那麼土城老人廣欽和尚也應該還沒有開悟，因爲他的師父並沒有開悟，當代也沒有任何人能爲他印證開悟，那他憑什麼說是開悟了？又如中國佛教歷史上的許多禪宗大師們，在他們被印證之前，是否就不是眞正的開悟？又如許多從來都不曾被印證過的祖師們，所說的開悟之法與智慧境界，都與經中的正理完全相同，是否可以因爲還沒有被他人印證，就說他們是沒有開悟的人呢？又如 世尊成佛時，如果也必須有別人爲祂印證才算是眞的開悟，那又應該由誰來爲祂印證呢？末法時期，正法失傳了以後，菩薩們一世又一世的乘願而來人間受生，再度自參自悟而出世弘法時，又應該由誰來爲他們印證呢？這些道理，還是得請那些質難的人們想一想啊！

大乘佛法難修證，有它的根本原因，正因爲它的眞實義並不是在文字語言的表相上，但是卻又在文字語言裡面含藏著非常微妙的法義。想對這些勝妙法義眞實了知與確認，你必須先證得你的自心眞如，必須先證得第八識如來藏，才可能進入眞實義的了知境界中，否則你沒有辦法進入的。外面那些網站論壇上，有些人依照以前密宗應成派中觀研究者對《起信論》的論定，相信邪說的誤判以後，就質疑我說：「你講眞如離一切相，又能具足一切功德相，這不是自相矛盾嗎？」未悟的人覺得好矛盾，認爲難以信受這個說法，所以那些專作研究的人會覺得這種說法很矛盾，那也是很正常的事情，因爲般若難懂、難修、難證。

馬鳴菩薩說：「雖然眞如具有一切功德，但是這個眞如自身並無差別相，而眞如以及一切法，同樣都是一味一眞，都是離分別相，因爲不會有二種以上的體性」，體性都是一樣。既然是同樣的離一切相的體性，爲什麼又可以建立很多功德相呢？這個功德相是由於「依業識等」（包括其他種種法）出生的，因爲這些功德相大部分是輾轉而生的。譬如說般若慧，請問是怎麼來的？如果沒有你的六識心——特別是意識——就不可能會有般若慧的出現與存在；雖然你證得第八識了，但還是要有你的意識現行運作時，般若智慧才會存在；意識覺知心如果眠熟或悶絕而間斷了，覺知心不現行了，般若智慧就會跟著滅失而不存在了，所以般若智慧的功德相，得要有意識覺知心的存在，才能現行和利樂有情。

但是意識現行還得要有什麼緣，才能在人間生起？得要有好的五色根及六塵爲緣，得要有意根爲緣，還要有阿賴耶識所含藏的種子爲因。若沒有業識意根與眞識如來藏，你的意識就不可能現前，你也不會來投胎，所以祂得要有許多的俱有依，才能在人間出現與運作；依附於意識而有的般若智慧，則要依意識心的出現才會存在，所以般若智慧也是一種輾轉而生的法；雖然智慧的本體以及智慧所證的內涵，都是阿賴耶識心體，而心體是本有法；但般若智慧本身則是依眞如心而輾轉出生的。所以，般若智慧是本無而今有，在你開悟以後，這個智慧才出現，出現的時候也是須要有很多的緣與業識、眞如心爲因，而很多的緣也是從業識、眞如心而出生的；因此說「依業識等生滅相，才能有眞實法。」因此眞如心阿賴耶識所具有的種種功德相也是一樣，輾轉出生種種法以後，祂的功德相才會現前。因此 馬鳴菩薩說：「依業識等生滅相，而立彼（第八識）的一切功德差別之相。」

論文：「此云何立？以一切法本來唯心，實無分別，以不覺故分別心起，見有境界，名爲無明；心性本淨，無明不起，即於眞如立大智慧光明義；若心性見境，則有不見之相，心性無見、則無不見，即於眞如立遍照法界義。」

講解　此段論文以七種道理來說明眞如心離一切相，而又能建立一切差別相的眞實義。如來藏的一切功能相是怎麼建立的？ 馬鳴菩薩隨即指出：由於一切法本來都是唯眞如心如來藏所造，所以表相上看來似乎不同的一切法，其實都沒有分別。爲什麼呢？譬如說每一個人都有意根末那識，都有意識覺知心及前五識，這七個識都伴隨於六塵而存在（只有在正死位中，意根才不伴隨法塵而存在）。但七識中的前六識能夠和六塵同時存在，還得有眞如心阿賴耶識藉著父母的緣，藉自己業種的緣，然後生了這個色身，由於色身五根與意根等六根的具足，才能有十八界法的出現，所以十八界是由你的眞如心阿賴耶識所生。出現了十二處法以後，配合十二處法的運作，才會有六塵相分的出現，再輾轉出生一切法；歸根結蒂，一切法還是眞如心阿賴耶識心體所生，祂經由自己所出生的十八界，就能出生及顯現無量無數法；歸納到最後，一切法還是眞如心阿賴耶識心體所生，所以《華嚴經》裡面說一切法唯心所生，所以說：「三界唯心，萬法唯識。」所以說：「若人欲了知，三世一切佛；應觀法界性，一切唯心造。」經中就是這麼說的。所以一切法即是如來藏，如來藏即是一切法；既然如此，馬鳴菩薩就開示說：「以一切法本來唯心，實無分別。」你們破參以後，從十八界法、五陰、十二處來觀察一切法；現前觀察的結果，證實我說的正確，結果眞的是「一切法都唯有眞心才能出生」，自己可以親自證實祂。

那麼一切法既然本來唯心所生，本來就是在如來藏心體上顯現及運行的法，攝屬如來藏識，所以說一切法不異如來藏識；可是當一切法不異眞如、不異如來藏時，眞如心如來藏自體卻對這些妙義都沒有分別性，而一切法攝屬如來藏，因此可以說一切法實際上都是沒有分別的，所以　馬鳴菩薩說一切法實無分別。因爲一切法上的分別，其實就是眞如心在分別眞如心自己：眞如心體出生了六根、六塵、六識，六識則分別六塵，而六塵都是自心如來藏所出生的，所以能分別與所分別都是如來藏所生的法，所以一切分別都只是在分別自己心體所出生的種種法罷了，所以說眾生從來都沒有離開過如來藏自己的法；既然沒有離開過自己如來藏所出生的法，那麼眾生何曾接觸過外法呢？又何曾對外法作過什麼分別呢？從來都沒有啊！這些分別的現象雖然現前存在，但是這些分別卻都是依眞如心的無分別性而出生的；既然這個分別都是依眞如心的無分別性而生，又怎麼能說一切法有分別呢？所以　馬鳴菩薩說**一切法無分別**。

「以不覺故，分別心起，見有境界，名爲無明」：這種無分別的道理，本來就一直存在著，都是由於眾生沒有覺悟的緣故，所以使得分別心生起，而不斷地作各種對自心所生六塵境界的分別。生起各種的分別性以後，他就會看見色、聲、香、味、觸、法的境界，然後就把六塵萬法境界當作眞實有，當作是外境六塵被自己所接觸到，當作眞實有；他將所觸內六塵當作外境六塵以後，就會在依他起性上產生遍計所執性；有了這些遍計執性，就不斷去輪迴生死了。所以經中說：「菩薩於一切境界當中不知不見，諸佛於一切境界當中不知不見。」初學佛的人剛讀到了義經中這類經文的時候，就心裡懷疑說：「佛是不是白癡啊？菩薩是不是白癡啊？怎會不知又不見？或者其實是我沒有眞正的瞭解經文的意思？」其實不然，經上所講的正是**涅槃實際**的境界；眾生不瞭解這種道理，所以就叫做無明。那你如果證知這個道理，就稱爲持明者；不知道這個道理，就是持無明者，所以《阿含經》裡面有開示過明與無明說：「知即是明，不知即是無明。」換句話說你證知這個道理，你就除去這個無明了。

「心性本淨，無明不起，即於眞如立大智慧光明義」：意思是說，心性本來就是清淨的，無明也是從來不曾生起過。你會覺得奇怪：「馬鳴菩薩爲什麼說『心性本淨，無明不起』呢？我們由於沒有打破無明，所以才要來學習佛法；想要打破無明，那就是我們心性本來不淨，我們才要來修行、來打破無明。聖者 馬鳴菩薩卻這麼說，究竟是怎麼回事？」**心性本淨**這一句，說的並不是你的妄心覺知心，而是指你的第八識眞心；祂自身的體性是本來就清淨的，並不是修行過後才轉變爲清淨性的。如果是你修行以後才清淨的，那這是修來的清淨性，不是本來就清淨的不變異的眞正清淨性。

那麼無明不起，是誰會有無明呢？是我們的意識、末那有無明，阿賴耶識從無量劫以來從來沒有落在無明中，也沒有在無明之外，祂一直都不在無明內、外。當你打破了無始無明，第八識照樣不在無明的內、外；你沒有打破無明時，一心想要打破無明，祂也無所謂無明的問題，因爲第八識從來就不在無明中，也不在無明外，從來都沒有無明的問題存在。是七識心的你自己，才會有無明的破與不破、斷與不斷的問題：「**我要破除無明，我要解脫生死。**」但是第八識從來沒有想要解脫生死，第八識本來無生，何來生與死？祂爲什麼還要求生死解脫？道理本來就是這樣。所以眞正的佛法正理，不是一般善知識跟你說的：「**你不求解脫，那才是解脫！不要了生死，就了生死了。**」你看！糊塗到這種地步！你不求解脫，如何能斷見、思惑煩惱而證解脫？你不了生死，又如何能了生死？

但是證得解脫時，才知道原來不是由五陰、十八界的自己得解脫，而是滅了自己所以不再有生死，得解脫的心則是本來就無生死、本來就解脫的第八識如來藏；當你滅了無明的時候，才知道原來實相心本來就沒有所謂無明，都是因爲自己愚痴執著虛妄法，才會有無明，無明與實相心第八識並沒有直接的關係。所以，這個大乘別教、圓教的法義甚深、極甚深，難知、極難知，難解、極難解，難證、極難證；可是當你悟到你的第八識心體而作現觀的時候，你又發覺原來就是這麼簡單，可是卻要你千辛萬苦修集福德、熏習知見、建立功夫，然後才能遇到眞善知識，接受教導以後再辛苦至極的參究，才能夠悟入。所以大乘別教的勝妙法義，眞的不可思議，眞的是很難說分明，眞的是「如人飲水、冷暖自知」而不能爲人具足宣說，除非是悟後起修而無慢心的久學菩薩們。

由於一切法本來唯心，本來沒有分別，心性本淨，無明本來就不起，所以馬鳴菩薩從眞如心這種性體上去建立大智慧光明的道理；大智慧光明就是講第八識的體性，你能證知祂而現前觀察祂，那你就有大智慧光明了；而這大智慧光明，必須從親證你的第八識心體而得到。你如果沒有辦法證得你自己的第八識，那你也可以從別人身上找到第八識而證知你自己的第八識；但你證得別人的第八識時，你其實還是證得你自己的第八識。這好像是在講謎題、繞口令，但是當你找到自他有情的第八識時，就是你證得眞如的時候；你所產生的大光明功德，就是從眞如本體第八識的證得而出現，這就是大智慧光明功德。

第二個功德相的差別，是說遍照法界義。如果有一個心的體性，祂是可以看見六塵境的心，這個心一定是妄心，那就是有念靈知以及離念靈知；有念靈知是指眾生不離語言文字妄想時的靈知心，離念靈知則是修行者打坐至一念不生時的靈知心，都是意識覺知心。如果有一個心，祂是能夠看見種種六塵境界的話，這個心一定是依附於另一個心而有，祂不可能單獨的存在，不可能自己存在——不是自在心。三界內一切法都是相對待的，有一個能見六塵境界的心，背後就一定有一個不能見境界的心存在，不能見六塵境界的心性就是第八識；因為能見六塵境界的心性，是一定有作用、有變異性的心，也一定是常常會斷滅的心，所以是妄心。所以，如果有一個心性是能夠看見六塵境界的話，背後就一定會有另一個不見境界的心性存在；這個心性，祂不見一切六塵萬法境界。

假使所證的心眞是這個心的話，這個心就一定是沒有一法不見的。講到這裡，還沒證得如來藏的人就會想：「眞奇怪！平實老師愈說愈迷糊了，讓人聽都聽不懂！」但是你們已經破參的人聽了就會笑著說：「本來就是這樣，原來就已經是這樣的。」但是我所說的這些話，都不是我自創的說法，而是馬鳴菩薩的說法：「若心性見境，則有不見之相；心性無見，則無不見。」這是那些悟錯了的大師們永遠都無法弄懂的眞義，所以才會誹謗：「《起信論》是僞論，是外道假藉馬鳴菩薩的名義假造的。」這個眞實心的體性若是不見六塵境界的話，那祂就能看見一切法。在另一個譯本中翻譯作：「若心起見，則有不見之相。心性離見，即是遍照法界義故。」意思是說：**如果這個心在六塵中生起見分的功能時，那就一定會同時有一個不在六塵生起見分法相的心；假使有一個心的體性是對六塵沒有見分而不了知六塵的，那個心就是遍照法界的眞實義故**。這得要從兩方面來說：

第一、因爲第八識眞如心，祂不見六塵，所以不見六塵中的一切法，所以不能了知六塵中的一切法；但是祂卻出生六根與六塵，然後再出生前六識。祂出生了六根六塵，但是六塵卻不是祂自己所能見聞了知的法，但是祂卻有六塵之外的另一種能見，這個心性可厲害啊！這就是《金剛三昧經》中所講的：「無分別中能廣分別。」這裡不方便公開的解釋出來，因爲說了就會害大家無法經歷參究的過程體驗，就無法出生智慧；公開說了，也會成就虧損如來、虧損法事的重罪。

第二、在《維摩詰經》裡面，等覺大士 維摩詰居士說：「祂能了眾生心行。」祂都能清楚你心裡想的意思，你都瞞不了祂。也許你們之中有的人還沒有證悟，就會這樣說：「我又不曾告訴祂什麼事！」你雖然沒有用語言文字告訴祂什麼事情，但是祂都會知道你在想什麼，祂就是你的自性佛；凡是你做不到的事，祂也都幫你做；祂雖然心性不見，卻能見到你所看不見的一切法，而且六根、六塵、六識之運作，也都在祂的鑑照之下。所以唯識學一切種智中有這麼講：「鑑機照用」，講的就是這個時節。

眞如心如來藏有兩個功德相：第一是能生十八界來了知萬法，在十八界了知萬法當中，祂卻在六塵萬法中不見一切法，如癡如呆；另一方面祂能夠了知十八界一切法，也都了知眾生一切心性，所以能夠隨緣應物。所以 馬鳴菩薩說祂「心性無見、則無不見」，所以 馬鳴菩薩這句話對於眞實證悟的人說，都會說他沒有講錯。如果你還沒有證悟，就只能聽人家講解以後，在心裡面猜測這個境界；未悟之前，你只能聽我講而不能如實的理解其中的意涵，所以我所講的都不是你自己的法。等到禪三破參回來時，我講的深妙了義法，你聽過了當下就變成是你的法，因爲你會眞正的理解我所講的道理，當場現觀，表示你已經瞭解這個層次的法了，所以我所講過了以後你就瞭解了，就成爲你心中的妙法了，你的智慧就多了一層更深入的體會。這種「心性見境，則有不見之相」，以及「心性不見，則無不見」，就是講八識心王各有不同體性的妙理，這是還沒有證悟如來藏的人所不能理解的眞理；正由於眞如心體有這樣的體性，能遍照十八界中的一切法界，所以就在眞如心的體性上來建立**遍照法界義**。

何謂法界？有很多人對法界弄不清楚，有人講鬼神、天道的境界叫做法界。現在我們先來瞭解法界的眞正意義，以後對佛法就能更深入的理解，就不會再誤會經中說得很明白的義理了。法有無量無數，有世間法也有出世間法，所以眞如心也是法，祂出生的意根末那識也是法，祂出生的五色根也是法，隨後就有六識心的現行，那也是法；不管是可道的法或是不可道的法，一切都稱之爲法。至於「法」，爲什麼還要再加上一個「界」字？界就叫做功能差別。法既然加上功能差別而說是法界，那就表示法界二字的意思含有侷限、界限的意思，所以法界的意思就是說：某一法有其功能差別，而這個功能差別有其界限，或者說這個法的功能差別是受到某種侷限的。

例如：眼法界能了別色塵法界，但不能了別聲塵法界；耳法界能了別聲塵法界，但不能了別香塵法界。所以界就是功能差別，是說某法的功能性有種種不同的差別，所以各有不同的了別性的界限，不能逾越這個界限，不能逾越這個功能差別。諸法各有功能差別，各有侷限、界限，諸法的侷限或界限就叫做法界。又例如「佛教界」，佛教界是指修學佛法的宗教團體、人士，在這個佛法修學界限內的人們就叫做佛教界。信仰基督教、一貫道的人就不叫作佛教界，就稱爲基督教界、一貫道教界。假使是依附於佛教界的外道、依附在佛教正法的邊緣上來剽取佛法，就叫做依附於佛法的外道界，不屬於佛教界，就簡稱爲附佛法外道。

法界二字的意思，是說一切法界都要從十八界出發，依十八界而有種種的有情眾生；有種種有情眾生，就有種種不同的證量或境界相，所以就一定會有四聖、六凡的十法界，就有四生、二十五有的眾生法界，就有十方三世法界等種種法界；這就表示說，因爲種種法相的不同與侷限，而說有種種不同的法界。但是所有法界都在眞如心體遍照之範圍內，因爲十方三世一切諸佛、一切眾生、一切有情法界，其實都同於你自己的法界；你如果了知你自己十八法界中全部的法界，你就可以從自相出發而了知一切十方三世、四聖六凡的法界，就證知一切法界的共相。你的心眞如能夠遍照你自身的一切法界，那祂當然具有遍照法界的眞實義了；但是這個道理與證境，還得要在悟後現前觀察時，才能夠眞實的了知、眞正的證實，可見遍照法界的道理還得等到你破參以後，你才能夠眞實了知。

現在你會想：「蕭老師講那麼多，到底是什麼意思？」等到你破參以後就知道：「原來是這個意思，原來是《維摩詰經》講的：『了眾生心行』。」這個就是遍照法界的眞實義理，這是眞如心的第二個功德相。（作者案：當然眞如心體還有別的許多種遍照法界義，但不是對未悟的人所能宣講的，爲覆護密意而令讀者有糾證的體驗過程，方能悟後發起妙慧，所以這裡從略。）

（前言：以下是錄音帶中缺少的講述內容，由於講時錄音失誤而未曾錄妥，所以這一講的部分是由平實導師在後來以語體文補寫而成。）

論文：「若心有動，則非眞了知，非本性清淨，非常樂我淨，非寂靜，是變異不自在，由是具起過於恒沙虛妄雜染；以心性無動故，即立眞實了知義，乃至過於恒沙清淨功德相義。若心有起，見有餘境可分別求，則於內法有所不足；以無邊功德即一心自性，不見有餘法而可更求，是故滿足過於恒沙非異非一不可思議諸佛之法無有斷絕，故說眞如名如來藏，亦復名爲如來法身。」

講解 依眞如心而建立差別相的第三種道理是：「若心有動，則非眞了知。」聖 馬鳴菩薩恐怕眾生誤會佛法，所以在前面的開示說完時，又特別的再叮嚀一遍，所以又補充而說了這一句話。這一句話的字面意思是說，如果有一個心在面對六塵萬法時，祂是會對六塵動心而運作的，那麼這個心的了知性則是妄知妄覺之性，不是眞正的了知；換句話說，這種知覺不是眞正的知覺，而是妄知妄覺。

這意思就是說，凡是會對六塵動心的心體，祂的了知都不是眞知，祂的知覺都不是眞的知覺，都是虛妄知與虛妄覺。

譬如有人靜坐而求證五分鐘、十分鐘、一小時的一念不生的境界相，誤以爲這種定境就是涅槃的境界，卻不知道這種境界相都是妄知妄覺的意識心境界相，不知道住在一念不生境界中的覺知心就是虛妄的意識心，然後就自以爲悟，就公開的傳授一念不生的修定法門，當作是禪宗開悟般若的行門；當有人能夠長時間不起語言文字妄想，可以住在一念不生的境界中時，就爲他印證爲開悟；師徒都因此而落入大妄語業中，不知道這其實都還是妄知與妄覺，還沒證得本覺；只有證得阿賴耶識者才會有本覺智（華嚴中說：證得阿賴耶識者發起本覺智），所以那些以覺知心的離念而作爲開悟境界的人，都不是眞正的覺悟。因爲覺知心的種種變相，不管境界如何的勝妙，都是妄知與妄覺的境界，都不是 佛所說的眞覺、本覺境界。

譬如靜坐到後來，可以長時間一念不生時，再轉換到動態中來，在動態中也可以一念不生，那也還是虛妄知覺的境界相；這個覺知心，不管祂是有念靈知或是離念靈知，都屬於見分，所以都能了知六塵萬法；所以在父母、師長、子女、朋友來了的時候，雖然仍舊保持在離念狀態中，也仍然是有見分的，所以在語言文字還沒有出現之前，在語言文字仍然可以不出現之時，就已經了知來者的身分了；絕不會因爲心中還沒有生起語言文字來分別對方是誰，就把對方的身分誤會了；絕不會因爲心中沒有用語言文字來分別，就使得分別了知的功能失掉了。由此證明：能見六塵境界的覺知心，不管祂是有語言文字妄念的覺知心，或是離語言文字妄念的覺知心，都是六塵中的分別心，都是無明心，都是意識心，都是虛妄的了知，都不是能遍照法界的眞實心，不是實相心第八識如來藏，假使有人以這個離念靈知心作爲眞實心的話，那就不是遍照法界的實相心，那就不是遍照法界的眞實義；只有第八識如來藏才能遍照一切法界而無所不知（註：此中密意不應明說，悟後自知）。

學佛人正因爲不瞭解這個眞實義，所以錯認意識心的種種變相爲眞實心，都不免落在妄知妄覺裡面；　馬鳴菩薩恐怕眾生不瞭解實相眞義，所以又特別的說明：「見有境界，名爲無明。」換句話說，只要有六塵中的境界相的了知，那就是**見有境界**的心，那就是**無明之心**。眾生都因爲不瞭解這個能見境界相的覺知心虛妄，所以自我執著而認爲覺知心的自己即是常住心、實相心，就斷不了我見與我執，就不能進一步去求證一切法界中的實相心，這樣當然就是無明之心。馬鳴菩薩又說明妄知妄覺的離念靈知意識心能見六塵境界時，另有一個不見六塵境界的實相心，所以開示說：「若心性見境，則有不見之相；心性無見，則無不見，即於眞如立遍照法界義。」也正是這個道理。

二十世紀末的台灣佛教界，也有大法師開示說：「**清清楚楚、明明白白、處處作主時的覺知心，就是眞如佛性。**」卻不知道清清楚楚、明明白白的心正是意識心，正是在六塵中的分別心，正是能見六塵境界的意識心。這個清清楚楚的心，具有五種別境心所法的功德，所以當然是意識心。大法師認爲清清楚楚、明明白白時，不起分別，就是無分別心；卻不知道清清楚楚、明明白白時，正好就是分別。假使不是分別完成了，假使沒有分別性在運作，又如何會有清清楚楚、明明白白的了知呢？所以，清清楚楚、明明白白的心，當然是分別心。

這個大法師有時又開示說：「**我在這裡說法，諸位在下面聽法，這個聽法的一念心就是眞如心，就是佛性。**」那就顯然違背 馬鳴菩薩的開示了。因爲不論是說法的一念心，或是聽法的一念心，都是六識的見分作用，都具有對六塵能知能覺的功能，都是對境界相了了分明，這正是 馬鳴菩薩所說的：「見有境界，名爲無明。」這就是把妄知妄覺錯認爲眞實法的凡夫，不離無明境界；而且，這種境界與世俗人認定「覺知心永遠不壞、能去到未來世」的妄想一樣，並沒有差別，也正是常見外道所認定的常住不壞心。縱使能將覺知心永遠處於一念不生的境界中，也還是能見境界、能知覺境界，正是 馬鳴菩薩所說的「不覺」的凡夫，所以聖 馬鳴菩薩說：「**如凡夫人，前念不覺起於煩惱，後念制伏令不更生，此雖名覺，即是不覺**。」這位大法師正是不覺位的凡夫人，卻又自以爲悟，並且爲徒眾們這樣印證爲悟，不斷的陷害四眾弟子們同墮大妄語業中。這種人不是現在才有，而是自古以來，從天竺到中國一直都有這種錯悟的禪師在「弘法」，一直都有許多這類悟錯的祖師，被列入證悟者的行列而記錄在禪宗、各宗典籍中。

依眞如心而建立差別相的第四種道理是：「若心有動，……則非本性清淨。」常常看見有諸法師、居士大德開示說：「只要能夠一念不生，住心不動，不被一切順逆境界所轉，心無起伏波動，那時的心就是眞心、眞如。」但是卻明顯的違背聖 馬鳴菩薩的開示，也公然的違背 世尊聖教的開示。所謂心動，並不是以有無語言文字的出現來作界定，而以是否對六塵境界生起了知的心行，以此作爲界定**心是否有動**的標準。因爲心只要有所了知，那就是動心了；只是動心的程度大小的差別而已，同樣都是心動。只有離開六塵見聞覺知的心，才是眞正的「不動於六塵萬法的眞心」，才是眞正的眞實心。如果有人不信的話，可以請他保持在不動心狀態中，約定保持不動心狀態的時間爲三分鐘；剛才約定好，計時開始五秒鐘後，忽然將果醬往他臉上抹去，看他知不知道這個境界？看他躲不躲？如果躲了，那就表示他已經分別完成而了知有人將對他惡作劇，這就表示他的覺知心雖然還沒有語言文字出現，但是其實心已經動了，並非永遠不動的心，因爲分別已經完成了，心行早就動過了。如果他是以靜坐閉眼的方式來保持不動心的境界，那麼計時開始五秒鐘後，你就對他說：「算了，不實驗了，我們泡茶來喝吧！渴死了！」看他張眼、不張眼？起身、不起身？看他知不知道你所說的言語？立即可知他的覺知心動了沒？所以，只要有所了知，都是動心。

假使有人能坐入二禪以上的等至位中，所以聽不到你的說話聲音，那也還是會動的心；所以坐久以後，忽然心生一念，就又出定了，那也還是動心了。假使他說：「在兩小時中，我都沒有動心，所以一直安住在二禪定境中。」但是兩小時後又起心動念而出定了，可見這個覺知心其實還是會動、有動的心。所以，有時有動，有時不動，這種所謂的不動心，其實是變異性的心，所以有時動心，有時不動心；這正是有變異的心，當然不可說是眞正不動的眞實法。只有永遠都不住於六塵境界相中的第八識如來藏，祂才是眞正不動的眞實心；而且是自從無始劫以來，祂就一直對六塵都不動心；現在證悟祂了，也還是這樣永遠不對六塵動心；將來進入內門眞修菩薩行的三大無量數劫中，也還是一樣對六塵不動心的；像這樣一直都是不動心、永遠都是不動心的第八識如來藏，才是眞正的不動心。

依眞如心而建立差別相的第五種道理是：「若心有動，……非常樂我淨。」如果心是有時會動念的，那就一定不是常住心，不是眞實快樂的境界，不是眞實我，不是眞正清淨的心。因爲心如果會對六塵動念，那一定是離念靈知或是有念靈知的意識覺知心。這個心既然會與六塵中的清淨境界相應，那就一定會夜夜斷滅，因爲這種心一定在眠熟後就斷滅不現了，所以這個心非常；這個心既然會對六塵境界動心，當然就無法入住無餘涅槃境界中；因爲祂無法離開六塵境界而獨自存在，那就表示祂絕對無法入住無餘涅槃的離六塵境界相中，也一定會與六塵中的痛苦境界相應，所以打他一巴掌就開始痛苦起來了，這當然不是眞正的快樂境界心。這個離念靈知既然會與六塵境界相應，會對六塵動心，當然是變異性的心，當然是依附於六塵才能生起的心，那當然是依他起性的心，當然不是眞實不壞的自內「我」;這個心既然會與六塵中的清淨境界相應，當然也會與六塵中的不清淨境界相應，那一定不是永遠清淨性的眞實心。所以馬鳴菩薩說：「若心有動，……非常樂我淨。」

依眞如心而建立差別相的第六種道理是：「若心有動，……非寂靜，是變異不自在，由是具起過於恆沙虛妄雜染。」也就是說，凡是對六塵境界能動心，這個心一定不是絕對寂靜的心，因爲祂既然會對六塵動心，就表示祂一定是相對於六塵境界而運行的心；既然相對於六塵境界而相應，即使是進入非想非非想定中，面對非非想定中的定境法塵，祂也還是有了知性存在的；既有了知性存在，就一定不是涅槃中的絕對寂靜的心；因爲 佛說無餘涅槃境界中是滅掉十八界法的所有界，連法塵界與意識界都不存在了，哪還會有非非想定中的定境法塵存在呢？哪還會有非非想定中安住在定境法塵中的覺知心存在呢？既然所住境界不是無餘涅槃的絕對寂靜境界，當然這個定境中的覺知心一定不是眞正寂靜的心了。

又因爲祂常常會出定，然後又常常想入定，所以每天進入非非想定中安住，那就是有時出定、有時入定的變異心了；而且當他在非非想定中時，也還是繼續在覺知非非想定中的定境法塵的；而定境中的法塵境並不是絕對的自在境界，而是會變異的境界，所以無法永遠的安住，所以有時出定、有時入定，那就是變異不自在的心。正因爲會與六塵中的定境法塵相應，也因爲常常會出定而與欲界中的六塵相應，卻又未曾斷除我見，所以錯認這個意識心爲常住的眞實法，所以就會持續與欲界中過恆河沙數的虛妄雜染相應；所以不能依覺知心——不管祂是有念靈知或是離念靈知——來建立「離一切相又能建立一切相的眞實心」。

依第八識眞如心而建立差別相的第七種道理是：「以心性無動故，即立眞實了知義，乃至過於恆沙清淨功德相義。」這就是說，由於第八識眞如心的體性一直都是對六塵不動心的緣故，所以祂的知覺性並不是凡夫眾生所知道的能在六塵中動心的意識覺知心，所以祂的眞實知覺並不是意識覺知心在六塵中的妄知妄覺，而是祂對法界的一一了知，不是凡夫眾生與二乘聖人所能了知的；由於這種眞知眞覺的緣故，而建立**眞實了知**、**眞知眞覺**的義理；也由於眞如心恆常具有這種不墮於六塵俗境的眞知眞覺的緣故，所以建立**眞如心本來自己早已存在**、**具有能生萬法的自性**、**本來清淨無染的自性**、**本來就已常住於不生不滅的涅槃境界中**，以及**含藏一切世**、**出世間萬法種子**的過於恆河沙的清淨功德相的眞實義。

馬鳴菩薩接著又說：「若心有起，見有餘境可分別求，則於內法有所不足；以無邊功德即一心自在，不見有餘法而可更求，是故滿足過於恆沙非異非一不可思議諸佛之法無有斷絕，故說**眞如名如來藏**，亦復名爲如來法身。」

馬鳴菩薩的意思是說，假使有人所說的常住的眞實心，祂是有時暫滅、然後再生起的心（譬如晚上眠熟暫時斷滅了，明天早上睡飽、養足精神了，就會重新再生起的離念靈知心），一定是專在外境的六塵境界中了知的心；這種心，一定時時刻刻都會看見有靈知心外的種種境界相可以分別、可以推求的，這種心一定會對靈知心所面對的如來藏以外的境界相繼續分別推求，那就會產生一個現象：對內法，也就是對如來藏所含藏的種種清淨法種子的了知與求證上面，一定會有許多不足的地方。這樣落入眞實心以外的境界相中，所以就會往眞實心以外的境界相去追求；甚至於別人對他提出指正、想要救他離開大妄語業時，他還會生起瞋心，大加撻伐；將別人想要救他免除大妄語業的好心，當成是惡心、諍勝心，就無法起心求證眞實心如來藏了。既然無法親證眞實心如來藏，那就永遠無法進入內門修菩薩行，就會一直與六塵中的一切境界相應，譬如對離念靈知的一念不生定境產生執著性，對離念靈知的意識心自己產生執著，而不能棄捨這種惡見，就永遠被我見所繫縛了。

由於法界中無量無邊的功德，其實都是從一心來的，而一心就是指阿賴耶識；因爲一心阿賴耶識，是由第八識如來藏，以及祂所出生的前七識合稱的，所以有時祖師會這麼說：「**一心說，唯通八識。**」所以聖 馬鳴菩薩會說：「**心生滅門者，謂依如來藏有生滅心轉，不生滅**（的如來藏心）**與生滅**（的七識心）**和合，非一非異，名阿賴耶識。**」如來藏出生了前七識以後，才能再輾轉出生萬法，不論是世間萬法，或者是出世間佛法的三乘菩提妙法，都是由一心阿賴耶識所出生或顯示的。如果有人想要了知這個一**心**的阿賴耶識，也就是想要了知八識心王的一一心，那就得要親證如來藏——阿賴耶識心體自身——才可能眞正懂得一心的眞正意涵。

如來藏加上祂自己所出生的前七識心，和合成一**心**阿賴耶識時，無量無邊的世、出世間的功德就出生了，所以 馬鳴菩薩說：「以無邊功德即一心自性，不見有餘法而可更求。」世間及出世間的無量無邊功德法，都是從八識心王所合稱的阿賴耶識而出生的，而阿賴耶識心體自身則稱爲如來藏，所以一切法都是從如來藏中直接或者間接出生的，所以一切法即是如來藏一心的自性，除此如來藏一心的自性以外，並無其餘的什麼法可以推求的了。

眾生不曾親證大乘菩提，所以不知道華嚴所說的「三界唯心、萬法唯識」的眞實義，總以爲那是不可知、不可證的，只能作爲玄想而崇仰之；總以爲心外實有六塵境界被自己所觸、所知、所覺，而不知道自己所觸知、覺察、領受的一切六塵境界，都只是自心如來藏所顯現的境界相，都只是觸知到自己如來藏所顯現的內相分罷了。覺知心的自己，推究到無始劫以前的世世覺知心，都是從未觸知到外境的五塵相，所觸知的永遠都只是自己的如來藏面對外六塵所顯現的內相分六塵而已，所以誤以爲實有外法可以推求而受用之。等到值遇大善知識而得開悟之後，又隨大善知識進修一切種智以後，自己再從現量上加以觀察，方才發覺覺知心的自己，其實從來都不曾接觸過外相分的六塵境界；所接觸到的一切苦樂境界，其實都是自己的如來藏面對外五塵而顯現的內相分六塵相，由此而證明了一件事實：**心外無法**。因此而生起了正知正見與證量：**不見有餘法而可更求**。

「是故滿足過於恆沙非異非一不可思議諸佛之法無有斷絕，故說**眞如名如來藏，亦復名爲如來法身**。」正由於覺悟如來藏，入始覺位而現前觀察到：一切法本來都是由眞如心如來藏所出生。也現前觀察到：如來藏心性本來清淨、涅槃，所以般若實相智慧就出生了，而且日漸增加；由此有了大智慧光明。也因爲現見**如來藏不見一切法，卻又能了知妄心的妄知妄覺所不能了知的一切法界，能夠遍**

照一切法界。又因爲如來藏的眞知眞覺體性，是無始以來就本性清淨，不於六塵動心、起諸貪染；又因爲如來藏常恆不滅，常恆不滅的緣故所以是究竟安隱的快樂境界，所以是眞實不壞的**出世間我**；因爲不於六塵萬法動心的緣故，所以也是究竟清淨心。

又因爲如來藏離六塵中的見聞覺知，所以是究竟的寂靜境界心體，所以也是不變異的自己本已存在的心體。又因爲是眞實了知法界萬法的心體，不落入前七識心的六塵妄知妄覺之中，才是眞實知覺的六塵外的眞知眞覺。也因爲這些緣故，所以如來藏含藏了無量無邊的無漏有爲法上的功德；假使衆生能夠悟得這個如來藏，並且信力慧力具足而能確實的**轉依**如來藏的本來性、自性性、清淨性、涅槃性；如此修行而漸漸淨化七識心種子以後，如來地的無量無邊功德就可以從如來藏中完全顯發出來，就可以圓滿具足的發起廣大無邊的如來境界；並且由因地所發十無盡願的緣故，使超過恆河沙數的不異如來藏功能、也不即是如來藏功能的種種八識心王所有的不可思議諸佛智慧、及世出世間大神通得以不斷的現行，用以利益有緣衆生；由於眞如心——如來的第八無垢識心體——有這種大功德的緣故，也是諸佛的究竟根源，所以說眞如就是如來藏，又稱爲如來的法身。

為什麼　馬鳴菩薩會說「無邊功德即一心自性……是故滿足過於恆沙非異非一不可思議諸佛之法無有斷絕，故說眞如名如來藏，亦復名為如來法身」？因為如前所說心生滅門與心眞如門中曾說：依第八識如來藏眞如心，而有七轉識等生滅心運轉；生滅心與不生滅的如來藏眞如心和合運作、不一不異，合稱為阿賴耶識；由此阿賴耶識函蓋的八識心王，修證佛菩提之後，終於出生了諸佛清淨法界及四智圓明；又因為諸佛的清淨法界與四智圓明等不可思議法，都與眞如心無垢識不一不異，而又由於因地所發十無盡願的大悲願力，可以利樂有情永無窮盡；而這些超過恆河沙數的諸佛不可思議功德法，都是由如來藏——阿賴耶識心體——眞如心直接、間接及輾轉出生的，所以　馬鳴菩薩說這個眞如心——阿賴耶識心體——即是含藏如來一切法的心體，能出生諸佛如來——如來藏中藏如來——所以名為如來藏。又因為如來地一**切諸法**都是從這個如來藏——眞如心——無垢識心體中出生的緣故，所以無垢識又名**如來法身**；而無垢識就是因地八地菩薩的異熟識心體，就是七地以下菩薩的阿賴耶識心體改名者，所以阿賴耶識心體即是如來藏，即是七地、初地菩薩的眞如心，即是三賢位諸菩薩的眞如心。

論文：「復次，眞如用者，謂一切諸佛在因地時發大慈悲，修行諸度四攝等行，觀物同己，普皆救脫，盡未來際不限劫數；如實了知自他平等，而亦不取衆生之相。以如是大方便智，滅無始無明，證本法身，任運起於不思議業、種種自在差別作用，周遍法界與眞如等，而亦無有用相可得。何以故？一切如來唯是法身，第一義諦無有世諦境界作用，但隨衆生見聞等故，而有種種作用不同。」

講解　此外，所謂眞如心的作用，是說一切諸佛在因地時發起大慈悲心，爲了救度眾生而修行六度及十度以及四攝行等修行過程中，觀察萬物——一切眾生——如同自己一般，想要普遍的加以救護，使眾生都可以獲得解脫；這樣盡未來際的救度眾生，而不限定救度眾生的時間是多少劫數，盡未來際的救度眾生而不入無餘涅槃中；並且如實的、究竟的了知自己與一切眾生都是平等平等的；而且又不取著眾生尚未成佛所以顯現的眾生相，以這樣的大方便智慧，滅除了無始無明中的一切隨眠，才能夠證得本來就已經存在的法身無垢識，所以就發起了清淨法界與四智心品，並且能夠任運的現起不可思議的如來地種種勝妙業用，以及示現種種如來地的自在差別的作用；究竟觀察這些不可思議的如來地功德，其實也是周遍於如來法界而與眞如無垢識平等無異，方才究竟成佛。雖然現前如是觀察

「種種勝妙業用能夠利樂眾生無窮無盡」，卻又純是眞如心的業用，本來無相，所以也沒有用相可得。

佛地第八識眞如心的勝妙業用，必須是遠在三大無量數劫前的初住位中，外門修行菩薩的六度萬行；滿足外門的六度萬行之後，在六住滿心位中，證悟如來藏——阿賴耶識心體——發起般若智慧，再轉入內門修行六度四攝萬行；以一大無量數劫的時間，滿足外、內門六度萬行，這就是成就究竟佛果的兩大無量數劫之前的第十迴向位。此時即將進入初地，必須發起十無盡願：願意利樂有情永無窮盡——猶如虛空永無窮盡一般的不捨十種無盡大願——不貪著於無餘涅槃的永無生死痛苦境界，願意永遠的利樂有情眾生，直至眾生度盡爲止，否則絕不終止十無盡願。發了十無盡願以後，才能成就增上意樂、具足聖性而入初地心中。

於證悟之後，始從七住不退之時開始，末至等覺位爲止，周遍觀察一切眾生同有眞如心——阿賴耶識心體，並且隨著增上慧學般若種智的增長，次第深入周遍觀察眾生與自己都同樣的平等平等；雖然周遍觀察眾生在六道種種境界與自己有所不同，卻因爲現觀眾生同樣都有體性平等無異的眞如心第八識心體，所以也不會取著於**眾生的身相與愚痴相大大不相同於自己的身相與智慧相**，所以不會再出生世間法上的分別相；由此緣故而使自己能夠發起中品妙觀察智、平等性智的初分，發起初地五分法身；復以十度萬行而次第進修諸地大方便智，使得增上慧學更加圓滿，到最後終於滅盡無始無明的隨眠，證得第八識本來含藏的種種法上的全部功德力，這就是證得本有法身，成就究竟佛地果德。

因爲佛地的種種法上的無盡功德力，其實都是本來就已含藏在阿賴耶識心體——眞如心中，然而眾生因爲煩惱及無明遮障的緣故，所以不能發起佛地的全部大功德。現在經由三大無量數劫的修行功業，成就佛地果德，就使得含藏在如來藏中的本有功德力全部顯發出來，所以稱爲「證本法身」。這個如來藏阿賴耶識心體，到了佛地時改名爲無垢識，發起五法——所謂清淨法界、大圓鏡智、平等性智、妙觀察智、成所作智——以如是五法爲身，故說無垢識心體名爲諸佛法身。又因爲無垢識的種種功德法，都是在因地的如來藏阿賴耶識心體中本已含藏著，經由悟後修行圓滿具足而發起了，所以不是修行而後得，也不是不修而能得，所以 馬鳴菩薩說是「證本法身。」

到此時成佛，就能夠將如來藏——眞如心無垢識——所含藏的種種不思議的智慧……等自在差別作用，全部具足而任運的現行，用來利樂有情眾生。所謂的不思議業和種種自在的差別作用，概括而言，可以說爲八法：一、三學圓滿，也就是說圓滿具足了增上慧學、增上心學、增上戒學。二、五眼，就是肉眼、天眼、慧眼、法眼、佛眼。三、三種意生身及莊嚴報身，也就是示現與諸地菩薩親近修學種智的色究竟天中的莊嚴報身，三地滿心菩薩的三昧樂意生身、八地菩薩的知諸法法性意生身、九地菩薩的變化身（又名種類俱生無行作意生身）。四、九地菩薩的四無礙法。五、十地菩薩的大法智雲。六、佛地的大神通境。七、四智圓明。八、四種涅槃。具足這八種不可思議善淨業行與種種神用。但是觀察諸佛如來任運現起的這些不可思議的純善淨業及種種自在差別的無量作用，如果純從眞如心無垢識的自身立場來觀察，其實都沒有所謂的作用法相可得，因爲都攝屬眞如心無垢識所出生的作用，而眞如心無垢識自身卻是本無色相、本無眾生覺知心相，所以說「都無用相可得」。

「何以故？一切如來唯是法身，第一義諦無有世諦境界作用，但隨眾生見聞等故，而有種種作用不同」：這意思是說，一切如來的本際，都同樣是法身，也就是眞如心無垢識；從無垢識眞如心自身來說，如果不是因爲眾生有我見、我執與無始無明，就不會有貪、瞋……等煩惱及一切善惡業種，也就不會有眾生在三界中流浪生死，就不可能會有世間萬法及出世間法的存在與弘傳；所以，如果純從眞如心無垢識自身的立場來看，根本就不會有一切法的生起與存在。如果把我見、我執、無始無明都滅盡了，那就成佛了；但是成佛之後，再來觀察諸佛之所從來，其實都是從眞如心無垢識出生的，所以眞如心無垢識就是諸佛的法身，因爲諸佛所現一切法都是從這個眞如心無垢識中出生或顯現的。

假使再現觀第一義諦的話，也會發覺到：第一義諦其實只是如來藏所顯示出來的眞如無爲境界，而眞如無爲猶如虛空無形無色，亦不覺知一切法，亦不思量一切法，所以完全沒有世間種種正理的境界相，也沒有世間種種法的作用相，也沒有世間人所見到的人間諸佛可說，也沒有諸地菩薩所見到的諸佛他受用身可說。然而人間現見有佛出世弘法、利樂眾生，天界亦有諸地菩薩所見佛之他受用身，這些都是隨著眾生所見、所聞、所修、所證等法的種種不同，而有所見到的作用各各不同的諸佛色身作用顯現。（編註：以上因錄音失誤而未曾錄下來，故缺少講記內容，是由平實導師在後來以語體文補寫而成者。）

論文：「此用有二：一、依分別事識，謂凡夫二乘心所見者，是名化身；此人

不知轉識影現，見從外來，取色分限；然佛化身無有限量。」

講解 眞如心無垢識所出生的作用，從眾生所見到的佛身上面概略的分類來說，可以分爲兩種：一、依分別事識所見的化身，二、依業識而示現的受用身。這一段論文所講的是：眞如心自身的功德作用的法相，或者說是眞如心自身功德性能的作用。第一個部分是講，依眾生的眞如心所生起的分別事識所能見到的佛身，就是講凡夫和二乘人他們見聞覺知心所能見到的佛身。二乘法中的聖人與凡夫，大乘法中的凡夫菩薩，以及世間人類所見的佛身，都是屬於化身和應身，見不到佛的法身，也見不到佛種種他受用身中的任何一種莊嚴身，都只是見到佛的他受用身裡面的應化身，當然就更見不到佛的莊嚴報身——自受用身。

凡夫眾生與二乘阿羅漢等愚人，都不知道他們所見到的佛身——不管是應身或者化身——全部都是佛的眞如心體假藉分別事識所顯現出來的，其實都只是佛的眞如心與分別事識及清淨末那識合作而顯現出來的影子（五陰）而已。因爲他們還沒有悟到佛的本際——法身無垢識——因此他們以爲，有佛身的色相從外而來，然後從佛所示現的應化身的色相上面去執取佛的分際，以爲這就是眞正的佛身；都不知道佛的眞身其實是眞如心——無垢識，所以就不能理解自己所見佛的身相，本是自己的眞如心藉佛示現的佛身而變現的內相分色相，而以爲確實有佛從外而來，被自己所見。又誤以爲佛的眞身就是自己所親承、所看見的佛身，而不知其實都是佛的眞如心無垢識所變現的，就以爲確實有外於佛心的佛身存在。

他們也會誤以爲佛身就只有這麼一身，但是其實佛的化身沒有限量（這句**沒有限量**等一下我們會說明），這就是他們依自己的眞如心所出生的分別事識，來觀察佛身時所得到的錯誤的結論。假使他們能夠悟得自己因地心阿賴耶識心體的所在，就能夠夠了知佛的本際無垢識了，就會了知：原來佛身是從佛的眞如心無垢識變現所成的，原來佛身雖然無量無數，但也都不能離於佛的眞如心無垢識而單獨存在，就不會再有這種錯誤的認知了。這就是眞如心體的第一個神用，接著再從第二個眞如用上面來說：

論文：「二、依業識，謂諸菩薩從初發心乃至菩薩究竟地心所見者，名受用身：身有無量色，色有無量相，相有無量好；所住依果亦具無量功德莊嚴，隨所應見無量無邊無際無斷，非於心外如是而見。此諸功德皆因波羅蜜等無漏行熏及不思議熏之所成就，具無邊喜樂功德相故，亦名報身。」

講解　在《梵網經》裡面說：釋迦世尊的報身 盧舍那佛，住於極高廣的蓮花臺藏世界之上，這個蓮花臺藏世界，它是無量無數的世界聚集起來。我們這個太陽系根本就不夠瞧，這個太陽只是銀河系裡面的一小顆微塵，而我們所屬的銀河系則是一個世界海裡面的一小部分。屬於哪個部分呢？屬於千葉蓮瓣中的一葉（一瓣）而已。

先說這個蓮花台藏世界的形狀像一千瓣的蓮花台，也就是說這個蓮花有台，台旁有一千瓣的蓮瓣，瓣又稱爲葉；也就說，這朵蓮花台的花瓣共有一千葉，這就是 盧舍那佛所住持的世界。意思是說，一個蓮花臺藏世界是一尊報身佛所住持的世界，也就是 盧舍那佛所化度的世界；可是這報身佛所住持的蓮花臺藏世界有一千葉的蓮花瓣，每一葉蓮花瓣就是一個三千大千世界。這樣的三千大千世界總共有一千個，再加上中央的蓮花台無量三千大千世界，才成就 盧舍那佛的佛世界。然後 盧舍那佛化現出一千尊的 釋迦牟尼佛，住持蓮花台邊的每一葉三千大千世界，這每一葉世界就是一個銀河系。換句話說每一葉大蓮花瓣中都有無量無數的世界，合成一個像我們銀河系一般的三千大千世界；盧舍那佛所化現的一千位化身 釋迦牟尼佛，各住持每一葉的銀河系世界。一葉蓮瓣——一個銀河系中—

—據天文學家概算的說法，有人說有兩百億個太陽系，有人說是一百五十億太陽系，早期則說有兩千億太陽系。這一千葉蓮瓣中的一一化身 釋迦牟尼佛，各自在蓮花台藏世界的每一葉蓮瓣銀河系中，又各自化現千百億的 釋迦牟尼佛，在各個太陽系中度化天上、人間的廣大眾生。

這樣算來， 盧舍那佛的化身 釋迦牟尼佛，究竟有多少位？換句話說，一千葉得要乘上一百億、兩百億……，這就是 盧舍那佛所化現的化身 釋迦牟尼佛。換句話說，一個蓮花台藏世界海就是一尊報身佛所度眾生的世界，這朵特大號的蓮花台就是一尊報身佛所住持的世界。而十方虛空無窮無盡，世界國土不可限量，當然一定會有無量無數的世界形成更多的世界海；各個世界海中，當然也必然會有許多像蓮花台藏世界一般的廣大世界，成爲各尊報身佛住持佛法的世界；那麼十方虛空中的無量世界中，當然也會有很多的報身佛與化身佛在各世界海中的各個廣大世界與三千大千世界中度化眾生；所以每一個類似蓮花台藏的廣大蓮花世界，都是一尊報身佛所住持的世界，這就是經中所說的「一花一如來」的眞正意思：每一朵大寶蓮花台都是一尊報身佛所化度的大世界，這個「如來」是指報身如來。

這句「一花一如來」後面接著又說：「一葉一世界。」就是講這一朵大寶蓮花台週邊的花瓣共有一千葉，每一葉中都有一尊化身佛；在每一尊化身佛所住持的一葉花瓣中——一個銀河系中——的化身釋迦牟尼佛，又各自化現千、百億釋迦牟尼佛化身。所以我們這個地球上二千五百年前示現成佛，而被大家所遇見承事供養的釋迦牟尼佛，就是最後階段化現的化身，是盧舍那佛化現的一千尊的釋迦牟尼佛中的一尊，再化現出來的千百億尊釋迦牟尼佛中的一尊。所以《梵網經》裡面「一花一如來，一葉一世界」，正是這個意思；也就是說，大寶蓮花台週邊的每一葉花瓣都是一個三千大千世界。有很多從來不讀經典的大師們，聽人亂講解，他們就跟著亂說：「我們不要亂採花朵、亂摘樹葉；因爲一朵花中有一尊如來，一片葉子裡面就是一個世界。」所以就以訛傳訛的傳下去了；再從這個錯誤的說法而繼續演變，到後來就變成說：「無情也有成佛之性，所以無情也能成佛。」就主張說「路邊的花兒樹葉也都是佛」啦！說那些無情生也是未來佛啦！其實經文中講的並不是這個意思。

我們從報身佛所化現的千百億化身來看我們自己，心裡面一定會這樣想：我們在人間是多麼的渺小。如果你有幸能夠修到十地境界，面見盧舍那尊佛的他受用身的時候，你所見的佛身是他受用身的佛身，那是極爲廣大的，但這還不是報身佛自受用身的身量呢！那你回頭再來看看人間的有情眾生時，你會覺得他們的心量眞的太狹窄了。那時回想自己進入十地以前的眼光，也會覺得實在是太狹小了；因爲報身佛的身量很廣大，得要有很大的心量才能見得到，等覺地也還是見不到的；光只是一個十地所見的他受用身佛，我們就看不見了。所以心量不夠廣大的人，一定見不到的；見不到的時候，根本就不會相信諸地所見的他受用佛身的廣大身量，更無法相信報身佛的身量境界。

這就好像是悟不了的人，聽人說可以開悟，就抱持懷疑的心態，再加上自己的慢心，就會假借辨正法義的理由而公然的加以否定、誹謗，卻講出許多的胡言亂語來，講不出一句眞實道理來，只是一味的否定別人。同理，得要有很大心量，再加上很高的證量，才能從深心裡面眞的信受報身佛的世界與身量是如何的廣大，才能從深心中自覺渺小，所以證量越高的人，慢心就一定會越少；慢心越重的人，就是心量越小、證量越低的人。

換句話說，要想進入初地以上的人，你必須要心量很廣大；你也將不會事事都有自己的想法——你所有的想法都將是世尊的想法——因爲你一定會繼承祂的所有想法，一定會秉承　釋迦如來的意願去弘法利眾，只會有這樣的想法與作法。所以你如果想要進入初地的話，你未來的一切念、一切行，都將會在佛法與佛教的未來上面考量，絕不會從自己的利益上面去考量，都將會是事事秉承　釋迦如來的意旨去作。

以上所說「一花一如來」，就是講一尊報身佛所化度的廣大世界；「一葉一世界」則是說，一葉蓮瓣就是一個銀河系世界，是報身佛所化現的一千尊化身佛之中的一尊化身佛所住持的三千大千世界：一尊化身佛變現千百億應化身來住持正法。所以在每一個世界海中有無量無數像蓮花藏世界一樣的廣大世界海；而每一個像蓮花藏世界一樣的廣大世界海中，也會有一千個銀河系世界；而我們這個太陽系所歸屬的銀河系世界，也只是那一朵大蓮花台週邊的一葉蓮瓣而已。現在也證實我們的太陽系只是位在這個銀河系邊上的一個小點而已。但我們卻在這個銀河系裡面的太陽系中的一個小星球上面生存，在這邊忙碌、在這邊喜怒哀樂、在這邊爭權奪利，如是而已。如果你能夠這樣詳細觀察，還有什麼可以放不下的？只有一件事：佛法的修證與佛教的未來。其他的事情也就無所謂了。

以上所說的是，眾生依他們各自的分別事識所能遇見的佛都是化身佛，而化身佛並非眞佛，是由報身佛從法身無垢識心體中所化現出來的，數目可以無量無數；所以，化身佛的身量不可限量，無量無邊。

接著從「依業識」來講所値遇的佛。如果我們未來世修行很好而進入初地以上，並且生到色究竟天時，我們才能夠見到佛依於祂的業識所變的他受用身，這就是諸地菩薩的可愛異熟果。如果像現在一樣的依分別事識而見，那就只能見到化身佛了；這化身佛是由如來純淨業的業識——也就是祂的清淨末那識、意識——所化現的，這就是凡夫所見的他受用身的佛形，是由佛的分別事識所化現的無量無邊的化身，都是化身佛，不是諸地菩薩所見的他受用身；因爲是分別事識所化現的，是三賢位菩薩們所見的他受用身佛形。人間的初地到三地未滿心以前，由於人間異熟果報的緣故，都只能見到化身佛；只有往生到色究竟天時，由於異熟果報的正受，才能見到佛的他受用身。想在人間就可以見到佛的他受用身，必須滿足三地心，發起三昧樂意生身了，才能見得到。

色究竟天諸地菩薩所見到的都是報身佛所變現的他受用身，馬鳴菩薩這裡說：初地到等覺地所見到的佛身，都是報身佛所變現的他受用身，所以「依業識」就是指諸菩薩從初發心開始（初發十無盡願而入初地時）乃至菩薩究竟地心（等覺地）為止，所遇見的佛身都稱為他受用身，都還不是佛的自受用身；只有莊嚴報身 盧舍那佛的佛身才是自受用身。「他受用身」——報身佛依於祂的末那識的作意而顯現的**他受用身**，能作為諸地菩薩所承事聞法時的他受用身。因為如果 佛沒有化現**他受用身**，諸地菩薩就無法承事、供養而修集更大的福德，也無法從佛那裡聽聞更深妙的一切種智法義，就無法得到法義上的更大受用。

哪些菩薩能夠見到這樣的他受用身佛？答案是：從**初發心地**開始，一直到**等覺地**。初發心是發什麼心呢？發十無盡願心！經中說：末法時有千百億人發心，只有一、兩個人能夠貫徹到底，成就佛道。意思是說，有很多人發心真修佛道，但是到後來大部分人都退失掉，沒有辦法在發心之後就貫徹到底，所以入不了初地心；因此 佛才說末法時代：億萬人發心，卻只有少數幾個人能夠成就；就好像數億魚子之中，只有極少數的魚子能孵化成魚，極大部分都被吃掉了，不能長成大魚。由此可見，證悟這件事情，自古以來一直都是非常困難的，所以歷代情況都會一樣：證悟的人永遠都是少數人，不可能多數的祖師都悟了而只有少數祖師未悟。而且悟後若能修入初地以上，就更加的難能可貴了。初發心地指的就是十迴向位滿心的菩薩們，修習道種智初分成就，福德也累積到很大了，然後起了增上意樂而在佛前勇發「十無盡願」，也就是發起增上意樂的心，這就是初發心。所以初發心就是指增上意樂，就是條件具足了的時候勇發十無盡願，決定不退此願。一般人都是在未滿足十迴向心時就猛發十無盡願了，但是後來也大多退失十無盡願了，能堅持到最後而進入初地的人，實在太少了，所以說：**末法時世億萬人發心，少有成就者。**

諸佛的他受用身，不是爲了自己而化現的，是爲了利益諸地菩薩而化現的。初發心到菩薩究竟地心，這是從初地菩薩開始，向上推溯到菩薩的究竟地（也就是十地滿心而進入等覺位中），這一些菩薩所見到的佛身都是佛的他受用身。可是諸佛另外還有一個**自受用身**，唯佛與佛乃能相見，與大圓鏡智相應，具有其他種種無量無邊的自受用功德，稱之爲自受用身；這不是等覺及以下菩薩所能見到，那就是諸報身佛的自受用身：莊嚴報身。

接下來又說這個他受用身的色相，說身有無量色。學淨土的人讀過《觀無量壽佛經》說 阿彌陀佛的身相如何呢？又應當如何觀想呢？但是《觀經》中的說明還是很簡略的。也就是說祂的色相是無量的——祂的身量難以限量——如來身有無量色身，就是「隨眾生心應所知量」而應現的，數量並無一定，身量也不一定，永遠化現而不斷絕，以利益諸地菩薩，所以是無量、無邊、無斷。這個無量，換句話說：祂的身相的化現可以無量，沒有數量可以計算。想想《華嚴經》中所說天界中的諸地菩薩所化現的化身數量，就可以稍知諸佛所化現的身量無邊了。

接著又說佛的報身也是無量的。爲什麼叫做無量呢？因爲祂無邊廣大，不可計量。從地上菩薩來看佛的莊嚴報身（假使初地菩薩承佛加持而能夠看見佛的報身），仍然會是廣大無邊的，特別是從初地、二地的眼光所見來說，因爲佛身太廣大了。色界天人修習無生法忍而得果，生到色界第十八天的時候，身量是一萬六千由旬；一由旬大約二十華里，那麼一萬六千由旬是多大呢？假使你站在地球上，別人在鄰近的星球上面就可以看到你了。可是你如果要見報身佛，你想祂有多廣大？色究竟天的天人雖有一萬六千由旬之高大，也還是不能與佛的報身相比的！因爲整個地球在這一**葉一世界**裡面是很渺小的，小到幾乎看不見；可是報身佛卻坐在一千葉蓮瓣上面的蓮花台之上，你還能看得見嗎？那眞的是太廣大了。當然報身佛不是像我們一樣的這種粗重物質色身，只是具有一個色法影相。所以說祂眞的是廣大無邊，因此說祂**身有無量色**。

但是無量色當中的法相卻又有無量相，所以說**色有無量相**，因爲廣大色身上所示現的種種變化無邊的勝妙相，是我們不能想像得到的，所以又說**相有無量好**。報身佛的三十二大人相，一一相中各有八十種隨形好，一一好中又有無量好，這是我們沒辦法想像的。

「所住依、果」，也就是報身佛和他受用身佛，祂們的依報世界，祂是住於蓮花台藏世界海的那個蓮花台上，那是祂的依報；祂的自受用身也是祂的依報；祂所受的不同於二乘聖人的究竟無上解脫果，以及佛菩提果，也都是祂的依報。又說這一些所住的自證聖智境界和依報的種種果報，也是具備了無量的功德莊嚴。但是這些功德莊嚴卻會隨著眾生心的差別而有種種差別，因此說**隨所應見有無量、無邊、無際、無斷**。無量是說祂的身相無量化現、不可計數，無邊是說祂的身相廣大，對於一般人來說是不能想像的。無際是說祂沒有一個開始。爲什麼報身沒有開始？譬如諸位！你們也有報身，只是功德相不現起而已。你的報身，我在《護法集》有寫，你的末那識就是你的報身啊！我們講的是八識心王合爲一心而說的一心三身嘛！那你的報身有沒有開始？你的末那識有沒有開始？沒有啊！從你的眞如心無始就一直存在以來，你的末那識也一直是沒有開始的，也是一直和眞如心同時一起存在的啊！這就是無際，說祂沒有一個開始的時候。

然後說「無斷」：沒有斷絕的時候，這個就是講報身。可是這個末那識祂可以是無始無終，也可以是無始有終的。譬如你如果後來退失菩薩性，心裡說：「哎！菩薩行哦！這不是人幹的啦！我才不要修！眼睛挖了送給人家，人家還嫌腥臭呢！」也許有人說：「我到某個世界去，把妙法送給他們，他們還要誹謗我呢！那不是人幹的，我不要修菩薩行了！我還是回去當阿羅漢好了。」你回去當阿羅漢，厭惡菩薩道與佛果，將來捨報入涅槃時，你的末那識就永斷了，你的報身就永斷了；所以意根末那識雖然無始，但祂可以是有終的。

但是也可以無始無終啊！有人這麼想：「唉呀！反正這就是眾生嘛！我把法送給他，還要受他誹謗，這也是正常的嘛！那我不管他了，眾生本來就這樣嘛！那我還是繼續幹我的菩薩事業吧！」不退轉於菩薩的正道，到最後你就成佛了，成佛時爲了利樂眾生永無止盡，那你的報身就永遠不斷了。也就是說，你的末那識可以永遠不斷：轉成純淨的佛地末那識而永遠不會斷絕，利樂有情永無盡時。所以說你的報身可以無始有終，也可以無始無終。就看你要怎麼走，看你怎麼選擇你所要走的路。

但是這個報身始終都不是於心外如是而見，都要依於眞如法身，依於諸佛的眞如心無垢識而見到諸佛的報身。離開諸佛的法身——離開諸佛的第八識心——你就永遠見不到祂的報身，可是這個報身終究還是得要依諸佛的自心眞如才能夠現起。但是隨諸菩薩心量之所應見，而有種種色相莊嚴以及低劣或者高廣狹小種種不同的所見。所以一至十地菩薩所見報身佛，地地各見不同。你的身量這麼小，祂就只示現這麼小給你看；你的身量是那麼高廣，祂就示現那麼高廣給你見。但是諸佛報身依業識是永遠不斷滅、永遠存在而利樂有情永無窮盡的，所以說無斷。

接下來說，眞如所顯現的這一種報身的功德，祂是輾轉而現的。但是這一些功德都是因佛菩提波羅蜜多的熏習、修證，解脫果的修證及煩惱障習氣種子的斷除等無漏行的熏習，以及不思議熏之所成就；若缺其一，或不圓滿，即不能成就報身功德。**不思議熏**是說當你證得第八識心眞如以後，開始內門廣修菩薩行；因爲你已經很清楚的證知：凡是自己所修福善之業，以及有漏諸業，全部都會主動記錄在自己的第八識心眞如心體中，不需要別人幫你記，也不需要意識覺知心、末那識作主心來留意、記錄。就算你身邊護法神忘了爲你記，覺知心的你、作主的意根自己也忘記了，但是全部都跑不掉：你的善業別人搶不走，你的惡業每一樣也丟不掉。因爲祂就像電腦的主動記憶設定一樣的自動記錄，只要事件完成了，記錄就跟著同時記存完成，不會有所遺漏；所以地獄等三惡道中的造惡業有情，雖然都不想要那些惡業種子，但惡業種子卻又都緊緊的追隨著他們，使得他們不得不生在三惡道中受報。

因爲你證得眞如心體的關係，所以知道了、確認了這個道理，開始轉依眞如心體的眞實性與本來清淨的如如性，所以就開始轉變七轉識自己。轉變、淨化之後，你的眞如心所含藏的七轉識種子也就跟著轉變、淨化；你在轉變的過程當中雖然只是在熏習七轉識的你自己，但是熏習自己的過程當中，也同時導致第八識當中含藏的許多種子跟著轉變、淨化，這種熏習並非尚未證得眞如心體的凡夫與二乘聖人所能知道、所能想像的，所以就叫做**不思議熏**。因爲這個不思議熏，你很不容易察覺到，除非你的慧力夠、有慧眼，一般人是察覺不到的。「這兩種熏習之所成就」，意思就是說諸佛究竟佛道的熏習，都必定有這兩種熏習——體熏與用熏。由於這兩種法的熏習，所以具備了無邊的喜樂功德相。因此說這個佛地的報身由祂的清淨末那之顯現，所以也叫做諸佛的報身。

論文：「又凡夫等所見是其麤用，隨六趣異種種差別，無有無邊功德樂相，名

爲化身。初行菩薩見中品用，以深信眞如故得少分見，知如來身無去無來無有斷絕，唯心影現，不離眞如。然此菩薩猶未能離微細分別，以未入法身位故。淨心菩薩見微細用，如是轉勝，乃至菩薩究竟地中見之方盡。此微細用是受用身，以有業識見受用身，若離業識則無可見。一切如來皆是法身，無有彼此差別色相，互相見故。」

講解 接下來又分成三品來說：有粗品、中品以及細品。先說粗品：諸凡夫等（那些還沒有看見實相、並且還未斷我見的人，稱之爲凡夫），他們所見到的佛，他們常常會覺得：「**佛也沒什麼啦！還不是跟我一樣有一個頭、兩個眼睛、兩隻手、兩隻腳嘛！也沒有三頭六臂，還不是跟我一樣吃、喝、拉、撒？有什麼不同？那有什麼可尊貴的？**」他根本就不起恭敬之心，這就是凡夫之所見。可是，他所見到的只是佛心的本體粗用，還不是中品用，更不是細品用。

佛心的粗用是說，佛會隨著六趣眾生心所能感應、所能理解的智慧境界而有所不同，因此佛的化身顯現也會有種種差別。譬如說你如果是當鹿王，佛化現給你看的時候也會是鹿王的形像；如果你當人類，祂化現給你看的就是人的形像；如果你是天人，祂化現給你看的就是天人的形像。楞嚴的觀音法門中說，觀世音菩薩以三十二相示現給眾生看：應以何身得度，便示現何身。就是這個道理。所以諸佛示給你看見的時候，一定是跟你一樣的色相或色身；不會在你當人的時候，祂卻化現出了三頭六臂的人，或是化現極高廣的身相，一定會跟你一樣是完全正常的人形。

可是這個正常是依人的標準來說的，對諸佛來說並沒有所謂正常與不正常；有時候變這個樣子，有時候變化成另一個樣子，你說哪一個才是正常呢？凡是人，都有一個定規說：人就是長這個樣子，身量就是這樣子，這樣才叫正常。如果你的左右手都多出一根手指頭，那就說你不正常；如果每個人的每一隻手都有六個手指頭，你只有五個指頭，那你就是不正常，所以人類都有一個色身標準；但是諸佛並沒有這個標準，因爲眾生有那麼多種類，諸佛觀察某一個眾生有緣，應該要怎麼樣化現時，祂們就化現跟那個眾生完全一樣的色身形相，隨著六趣的不同而有種種差異，因此諸佛的化身有種種差別，並沒有一定的形相。可是這一類的佛身，不具有無邊功德樂的法相，是感應而化現作爲接引用的，所以叫做化身。

不懂這個化身道理的凡夫們，往往會拿這個事相作爲根據，而對佛陀生起輕視之心，所以月溪法師就曾經誹謗說：「釋迦佛如果有神通的話，祂就不會被提婆達多推下來的石頭砸傷了腳！祂如果有神通，祂就不會吃馬麥三個月啦！」這就是凡夫之所見，只見到化身而不知道法身無垢識，也不知道自受用的莊嚴報身及諸地菩薩所見的**他受用身**的種種莊嚴身。如果你只能看見五陰身的肉身佛，那今天你就知道你只是個凡夫或是二乘愚人；如果你看到的佛身是有勝妙相的，或是看見了佛的眞如心無垢識的所在，那你就知道自己既不是凡夫，也不是二乘愚人；有智慧的人，應作如是觀。

好！這個是從諸佛的立場來說的。現在來說眾生，凡夫眾生們的報身，他們的正報是由什麼來化現呢？答：由他的末那識俱生我見與我執，由他的意識俱生我見與分別我見，再由如來藏秉承業種而化現出來。所以眾生的末那識，也是隨著六趣心性的各不相同而有種種差別。當他的末那識是蛇蠍心性的時候，他的如來藏就會出生下一世的蛇蠍身，當他重新出生時，他的全新意識覺知心就會認定自己是蛇、是蠍子，就是這樣啊！這就是他的報身，由他的染污末那導致他獲得蛇蠍的果報身，所以他的染污末那就是他的報身。如果眾生心量廣大（當然不是像菩薩那麼大），而且願意爲眾生多做善事，那他的末那心就是欲界天心；既然是天心那他就生到欲界天去，身量就比人類高廣很多啦！又能夠受種種快樂——受欲界天的種種五塵快樂；因此當他出生在天界的時候，他就認定自己是天人，除非是菩薩發願受生欲界天，想要度欲界天人。在欲界天中沒有隔陰之迷，自然報得五神通，都是由於末那識的心性與欲界天相應，所以就出生到天界去，就有了欲界天人的快樂果報身，所以眾生的末那識其實就是決定報身的根源，所以就由末那識促使他們的眞如心造出了天身，就以欲界天身作爲報身；但是追根究柢，還是末那識，也就是依業識。

但是這個欲界天的報身也不具備無邊的功德樂相啊！因爲也許有一天他聽到別的天人說起正覺講堂的妙法來，心中起了念：「聽說娑婆世界有個正覺講堂，那裡還有 世尊的了義妙法正在弘傳，我可得去瞧一瞧！」沒想到，他以神足通下來聽蕭平實講經時，卻都聽不懂，那他就起懊惱：「哎呀！原來我沒有法樂的無邊功德樂相。人間的菩薩說法我還是聽不懂欸！」就覺得自己修行很差，爲什麼呢？因爲他沒有證得佛菩提道，他沒有修證得解脫道，他只是因爲不行惡事、多行善事、心量廣大所以生欲界六天，所以有報得的五神通嘛！只是這樣而已，並沒有三乘菩提的任何修證；所以空有報得的五神通，還是聽不懂正覺講堂中所說的妙理。當他瞭解到這個事實的時候，他就不想再繼續待在欲界天了，他的末那識就想要來人間投胎，就又重新出生為人類了。

這就是說，當你的心是什麼樣的心，下一輩子你就會成為那個樣子。你是天心，下輩子就是欲界天人；你是證得禪定，而且是喜樂住在禪定境界中的心，你的末那識在下一輩子就會使你出生在色界天中，成為色界天人；如果有人是蛇蠍性的狠毒心，下輩子就變成蛇蠍；如果是非常黑暗的心，殺人越貨、燒屋擄掠……等等，這一些人就是地獄心，他下輩子就會出生在地獄中，他就會認定自己確實是地獄人。由這個事實，就很明白的說明了一件事實：凡夫的依業識——末那識——會隨著他們的心性而從眞如心中出生種種可愛的異熟果報身，也會從眞如心中出生種種的可厭異熟果報身，但都是因為**依業識**的種種心性差別——隨著意識末那所造六趣惡業，及第八識心體不可思議熏的種子而有種種差別，都沒有無邊功德樂相；無邊的功德樂相，只有證悟般若實相以後，才會漸次的發起。所以，這些凡夫不能如實證知這個眞理，所以他們親見諸佛的應化身時，會以自己的凡夫知見來衡量佛的境界；當他們看見自己所見到的佛跟自己的果報身一樣時，他們不知道這只是佛的眞如心所應化示現，所以就會認為佛和自己是一樣的；正因為他們的心量只是這樣，所以諸佛就不得不化現這樣的化身出來示現，因此說這一些凡夫所見的佛身都是化身。這都只是諸佛無垢識的粗品用。

接下來說：「初行菩薩見中品用，以深信眞如故得少分見，知如來身無去無來無有斷絕，唯心影現，不離眞如。然此菩薩猶未能離微細分別，以未入法身位故」：初行菩薩所見到的眞如心的中品用，就是眼見佛性；當你親眼看見佛性的時候，這個佛性就是眞如心的中品用。很多人不相信佛性可以眼見，可以說全臺灣的大小道場，幾乎沒有一個善知識肯承認佛性可以眼見（編案：大陸地區也一樣）。偏偏不巧的是，我們團體裡面已經有十幾個人看見佛性了，不是只有我一個人看見。如果只有我能看得見，而別人都看不見佛性，任憑我再怎麼說破了嘴，也不會有人相信的，好在如今我們有一些人眼見佛性了。

「眼見佛性」與「看見眞如心體的成佛之性」，是完全不同的，不可以把明心時**看見如來藏具有成佛之性**當作是**眼見佛性**。明心之後，可以親見一切眾生都有成佛之性，因爲都有眞如心體；隨著道業的增長，也都可以現觀眞如心體的出生萬法，也都可以現觀：眞如心體一定會使得眾生在未來無數劫之後成就佛道。但這只是看見眞如心體的功德力，可是眞如心體的另一個大作用，就是祂的無漏有爲法上的大功德，卻還是只能用理解與思惟而了知祂，卻還不能眼見祂自體面對六塵時的迴異七識心王的了知性，還不能眼見祂面對山河世界時的迴異七識心王的了知性，那就無法體解及現觀眞如心體對山河大地的不可知執受；乃至眼見佛性的人，當他還沒有證得道種智的時候，都還無法了知眞如心體對山河大地的這種迴異七識心王的、三界境界外的了知性、本覺性，更無法**現前眼見**這種**本覺性**，就無法證入**諸地菩薩隨順佛性**的境界；單憑聽聞，一定會對地上菩薩所說的這種佛性的境界相產生誤會，這就是還沒有進入**諸地菩薩隨順佛性**的種智境界中的人；更何況是還沒眼見佛性的凡夫，當然一定會落入七識心自身的見聞知覺性之中了。

那你眼見佛性了，你就知道：原來佛性跟見聞覺知大不一樣，可是祂又沒有離開見聞覺知；但是你如果沒有眼見，不論我怎麼說，你都聽不懂的。如果是太有自信的凡夫及明心者，又往往會自以爲眞的聽懂了，就會以自己所知的離念靈知境界，或以親見如來藏的具有成佛之性，來附和、解釋眼見佛性的境界，往往就會自稱是十住菩薩了，那就會成就大妄語業的業種；捨壽以後如果沒有大力懺悔而見好相，下一世就不在人間了。如果你是只知道佛性的名義，純用想像、體會的理解，那你只是解悟者，根本不可能懂得我在說什麼。但是這一類人，十有九人卻會認作眞的聽懂，認爲自己眞的見性了，認爲自己的「見性」是與蕭平實完全一樣的。如果你眞的有眼見佛性，我其實不必解釋其中的內涵，只要說出來了，你自然就可以現前觀察而證知；如果我加以詳細的解說，那也只是提醒你的注意，讓你注意到你自己所未觀察到的地方，並不是你尚未見到；所以當我剛講出來時，你就可以立刻現前觀察出來。所以見性就是這麼單純，沒有什麼奇妙。佛性很單純，見就見、不見就不見，見的當下就好像刀切豆腐，一刀兩塊，不需要解釋什麼！就只是開始領受**所見山河大地完全改觀**的智慧境界而已。

在禪三破參明心之後，我們弄了好多題目給你整理，見性卻沒有什麼需要整理的，你所需要的只是自己一步一步去觀賞、去體驗、去受用就夠了。都是現成的，都在眼前了嘛！還要整理做什麼？都不需要！這個就是諸佛法身、諸見性菩薩法身的中品用！正是初行菩薩眼見佛性時所見的眞如心的另一神用，菩薩因此而滿足十住心、滿足習種性功德，進入初行位中。假使眞如心沒有這個佛性，一切眾生的心所法就都無法生起了，這就是十住滿心菩薩眼見佛性所見到的因地法身的中品用。明心的人，他的位次，一定是在見性之前，所以列在第七住；因爲只能見到眞如法身在世間法上的神用，都是屬於無漏有爲法上的神用，都是粗品用；但是眞如法身在三界種種無漏有爲法中，卻又有種種併同見聞覺知而顯現的在三界中運作而又不墮三界法的世出世間了知性、本覺性，可以由十住滿心轉入初行位的菩薩們眼見。這在種智中，被諸地菩薩列入眞如法身的不可知執受中（對諸地菩薩而言都是可知的，只對三賢位及凡夫與二乘聖人而言才是不可知的）。

眞正明心的菩薩們，到了十住初心時修學首楞嚴定，就是我們講的念佛圓通入門的基本功夫——無相念佛；你如果眞的會了無相念佛，就可以去看一段時間的話頭，一年、兩年不等。有一天明心了，接下來參究第二關的時候，如果一念相應的時節因緣成熟了（就是見性所需的福德與定力、慧力都具足了），一念相應時就會親眼看見佛性遍滿山河大地，一看見時就滿足十住心而轉入初行位去了，這就是初行菩薩，就是從十住位滿心而轉入十行位的第一位中。那他見到眞如法身的中品用，爲什麼能見？因爲他明心時深切地確認，相信眞如法身就是阿賴耶識，就是未來佛地的無垢識心體，所以當他確認了這個眞如法身之後，再加上功夫、加上足夠的福德，因緣到的時候一念就相應，就看見了！看見的時候還不能像諸佛那樣完全具足的眼見，也還不能像諸地菩薩的隨順佛性一樣的運用啊！所以稱之爲少分見。所以《大般涅槃經》中 佛說：「十住菩薩雖見佛性，猶未了了；

以首楞嚴三昧力故，能得明見。」原因就在這裡，所以，你一定要有定力，而且必須是修習看話頭——無相念佛首楞嚴定——的基本定力；沒有這個基本定力，我再如何的幫忙，也是沒有用的，一樣看不見。

由於深信眞如心體在因地時就是阿賴耶識，就是未來成佛時的眞如心體無垢識，心得決定、永不退轉；在此基礎上再進修眼見佛性的條件，也就是定力、慧力、福德莊嚴等三個法；具足以後才能眼見佛性。沒有明心而先眼見佛性，或是明心同時眼見佛性的人是極稀有的，那是有特別因緣的再來菩薩才會這樣的；而且這種人一定都是自參自悟的人，不會是被人接引以後才悟入、才見性的。當你在六住滿心位證得眞如心性而轉入七住位了，接下來漸修福德、定力、慧力而到十住初心，努力求見佛性，最後終於眼見佛性而滿足十住心，進入初行位了，這時雖然只是少分見，但是已經取得眞如法身的中品用的功德了，所以就一定會深信眞如法身，就會確認**如來身**無去無來、無有斷絕；這時候所確認的如來身，就函蓋體與用二法了。

如來身講的是如來有兩身：一個叫做解脫身，另一個叫做法身。爲什麼叫做解脫身呢？是因爲如來已經斷盡了分段生死的現行，所以雖然還沒有捨報，還同於人類的五蘊身，但這個五蘊身存在的當下卻就是如來的解脫身；我們悟後依於這個五蘊身去修行而證得有餘涅槃，捨報的時候你就能夠入無餘涅槃，所以你已經有了解脫身。有時候我們會方便說：「諸阿羅漢有解脫身，佛也有解脫身。」但是這兩個解脫身還是有所不同的。阿羅漢其實是只有解脫而無身的，所以只能說是解脫而不能說是解脫身，這有二個原因：

一、因為他只斷煩惱障的現行（見、思惑），可是煩惱障的習氣種子隨眠，阿羅漢們都還沒有斷！所以他們仍然還有煩惱障上面的習氣。你罵他，他還是會氣的，只是不會從瞋轉為恨，更不會從恨轉為怨、轉為惱。但是，菩薩從初地開始，就已經在努力斷除瞋的習氣種子了！在每一剎那的現行中都要觀照到，都要除掉！這是初地開始所斷，到佛地時究竟斷盡。所以 佛的煩惱障習氣種子隨眠都斷盡了，不是像阿羅漢只有把煩惱障的現行斷盡，所以 佛的解脫身和阿羅漢的「解脫身」畢竟不同。雖然他們入無餘涅槃時的涅槃境界是一樣的（假設佛會入無餘涅槃境界的話。無餘涅槃的境界相都是完全相同的：三乘無學都無差別，境界相同，因為無餘涅槃的境界相就是把十八界一一滅盡，所以三乘聖人所證沒有差別），但是諸佛與諸阿羅漢在涅槃證境的實質上面，卻有很大的差別；這個差別就是在於解脫道的修證上面，二乘只斷現行，佛則是連習氣種子的隨眠都斷盡了的。

二、阿羅漢不曾證得解脫的本際——第八識法身實際，所以說他們有解脫而無解脫身；他們斷除了我見與我執，但是都還沒有斷除習氣種子隨眠，又因為他們同樣都知道進入無餘涅槃的境界就是滅盡十八界的自我；可是諸大阿羅漢都不知道滅了十八界我以後，進入無餘涅槃時的實際究竟是什麼，都不知道涅槃中的法身，所以有解脫而無身；然而諸佛、諸地菩薩都已經實證無餘涅槃中的實際——法身第八識，所以不但有解脫，也有解脫身。所以諸大阿羅漢所證得的解脫，其實是與諸佛的解脫大不相同的，所以兩者在「解脫身」的有無修證上，還是有很大差別的。阿羅漢入了涅槃，親證解脫的五蘊身就沒了，所以他們的解脫身都只是方便說為身，其實都是無身的，因為五蘊解脫身都是必定會滅壞的；但是諸佛都有解脫身——法身第八識心體——永遠不斷絕，這是如來的第一種莊嚴身。

在《增一阿含經》裡面有一部《鴦掘魔羅經》，開示說諸佛的這個解脫身叫做「解脫色」；也就是說，雖然還有色身（例如莊嚴報身）在三界中永不入滅，但卻是究竟解脫的（在大乘經中更說諸佛的解脫是進一步斷除習氣種子隨眠的），因此增一阿含部的經典中說：「**無色是二乘，如來解脫色。**」因為十方如來永遠不入無餘涅槃，可是你卻不能說祂沒有證得無餘涅槃啊！因爲祂不但斷了分段生死的現行——證得阿羅漢所證的解脫境界——又更往上推進而把分段生死的習氣種子隨眠也都斷盡了，這是證得有餘涅槃，甚至於正受滅度的「阿羅漢」所作不到的更究竟的解脫，正是諸大阿羅漢所作不到、修不成的解脫境界，那你怎麼可以說如來沒有證得無餘涅槃呢？所以一切如來一定都有解脫及解脫身，遠超過諸大阿羅漢。但是祂們卻又永遠不入無餘涅槃裡面安住，而以未來無量時劫中、盡未來際都沒有間斷的莊嚴報身、他受用莊嚴身以及應化身，去度化無量無數的有緣眾生。這種妙理，並不是大乘經典中才有說的，而是在阿含部的經典就早已說過的了，所以阿含部的經典中說「如來是解脫色」，又說「解脫是如來」；也因此而說「二乘是無色」，因爲他們要斷盡色法、色陰而入無餘涅槃中，而如來是以究竟解脫的遠超阿羅漢解脫的境界，卻不斷滅種種色身而利益眾生——辛苦的、永無窮盡的利益一切眾生——所以這個解脫色也算是如來的解脫身，所以法身無垢識即是如來的解脫身。

是故，如來有一個法身是阿羅漢所不能證得的，那就是阿羅漢自己也有的第八識眞如心體，這個實相心只有大乘見道以上的菩薩才能親證，名爲眞如心、阿賴耶識、異熟識、無垢識、阿陀那識、心、法界、實際、本際、我、非心心、不念心、無心相心、佛、法身、涅槃、不生滅……等種種異名。所以如來有解脫身和法身，所以說如來有法身德，也有般若德，聲聞緣覺卻都沒有法身德，也沒有般若德；馬鳴菩薩因此而說：**如來身沒有去、沒有來，也沒有斷絕。**如來的法身與自受用身、他受用身，都正是這樣啊！你不能說法身與應化身有來有去啊！因爲法身不是色法，既不是色法怎麼可以說有來、有去呢？如來的解脫身，祂可以有自受用的報身，祂也可以有他受用性的應身、化身；雖然都有形色，但是哪裡需要，就在哪裡化現，並沒有一定的處所；那你說祂走了嗎？祂並不是走了！祂只是形色暫時消失掉，法身第八識心無形無色，不能說是去到什麼處所，怎可說是走了？當你又需要時，祂又化現出來了，所以你也不能說祂有來去啊！所以如來的解脫身也沒有來去。《楞嚴經》就是以這個重點來加以宣說，但是很少有人能知道這個眞相，卻都落入有爲有作、有來去的六識心自性中；所以台灣、大陸、南洋都有許多所謂的大修行人、大禪師，因此而誤認六識的見性、聞性……知覺性作爲眞如、作爲佛性，不知六識心的見性乃至知覺性等自性，其實都是六識心所化現的功能差別，不知道這六識自性正是 馬鳴菩薩所說的「轉識影現」，所以就成爲自性見者了。

菩薩在六住明心不退轉而進入第七住位中，證得法身的不可知之「了」，又在十住位見性而深信眞如心體常住，而見到法身在三界六塵外的少分之用。因此知道如來身無去無來、無有斷絕；也知道一切的如來身，都是如來的第八識——無垢識——自心所化現出來的，所以如來色身就好像法身的影子一樣。衆生總是覺得自己的色身非常眞實，百分之百的眞實；地上菩薩所見的自己和衆生的色身，總是確認爲虛幻不實的；如果有一天你們去證得「猶如鏡像」現觀的時候，這種現見的感覺就會全部顯露出來了。證得「鏡像觀」時，一定會經過十迴向位，在十迴向位中就會開始出現一些現象：你自己過去世的那些善惡業行，你多多少少都會觀照到，你都會有幾分感應到；知道自己過去世曾做了什麼毀法的大惡事，後來又曾作了什麼護法利生的大善事……等等。再把所見過去世和看昨天、前天的事情作一比對，發覺昨天所作的事情與過去無量世完全沒有差別，都是過去的事；這樣現觀比對而看起來，你這個色身就在事實上變得非常虛幻，絕對不會把它看做是非常眞實的。但是這種現觀的心境，和你現在所想像、所體會、所思惟的，完全不同；將來等你證得「猶如鏡像」現觀的時候，你再來返觀現在的所見，再來返觀眾生在凡夫位、在賢位時的所觀，絕對不同；跟親證前的想像，又有一段很長的距離。

這就是說，一切凡夫輪迴色與聖位有情的解脫色，乃至究竟佛地的佛身解脫色，都是**唯心影現**，都是由自己的第八識心所現，就好像色身會產生影子一樣的現前；所以色身從來不離眞如心，離開了眞如心就沒有你的果報身，也沒有你的依業識——沒有你的末那識來運作了。可是這個初行菩薩雖然見到法身的中品用，但是還沒有辦法離開微細的分別。這一個中品用，就是說你在十住位見到佛性而轉入初行位的時候，你已經了知佛性和眞如不一亦不異，佛性由眞如起用，但是祂並不就是眞如啊！

可是只有明心而未眼見佛性的人，聽到我這句話時就一定會這樣子想：「我看到眞如心在作用，那個作用應該就是佛性啦！那就是見性啦！所以明心和見性是一樣的，所以沒有另外一個眼見佛性的事。」那我告訴你：「不是！絕對不是你所想像的那樣！」我敢在大庭廣眾中公開說這句話，是因爲事實上絕對不是你所想像的這樣！你如果不信，你可以問其他眼見佛性的人，他們會跟我同一個鼻孔出氣，說的將會跟我完全一樣，而不會如同明心的人所想像的見性情境。並不是說你找到眞如心，看到眞如心的作用時就是見性，絕對不是！見性的人和明心的人同樣會說「佛性是眞如的作用」，可是明心者所看見眞如心的作用，卻不是眼見佛性者所說的眞如心體作用的佛性。明心者所說的看見佛性，那只是見到眞如心在萬法中作用、而能使人在未來世成佛的體性，但不是《大般涅槃經》中 佛所說的眼見佛性，與眼見佛性者所見到的眞如心的另一神用大不相同。

如果有一天你像我們會中少數眼見佛性的同修們一樣的見性了，你所見到的佛性的運作，在山河大地上面親眼見到自己的佛性，也在別人身上見到自己的佛性，那也還只是法身的「中品用」罷了。至於凡夫的隨順佛性，他們就只能在那邊體會感覺：佛性大概就是怎麼樣、怎麼樣……！誤以爲六識心的能見、能聞、……能覺、能知之性即是佛性，然後就自以爲是：「哦！我這樣就是見性了。」其實不然，等你眼見的時候，你才會知道說：「根本就是南轅北轍，完全不同調。」這就是 佛所說的「凡夫隨順佛性」。

但是就算你眞的已經眼見分明啦！進入了初行位，你還是沒辦法離開微細的分別，所以根本就不能領略到我前面所說的地上菩薩隨順佛性的境界相；那你就得要在未來的很長時劫裡面，把**佛性的微細用**好好的體會整理，這個微細分別卻是你必須要去一一親自經歷的。可是這卻不能沒有道種智，否則再怎麼整理也沒有用的。見性的人在見性後的第一要務就是保持定力不退，以免眼見佛性的境界失去；但是有的人事務很忙，沒辦法繼續保持定力，所以必需強行規定，讓他繼續禮佛作功夫，先保持定力一段時間，讓他經歷很長時間的眼見佛性階段的體驗與領受。如果不讓他這樣經歷的話，萬一有一天，他的定力退失了，看不見佛性了，終有一天他會懷疑：「我是眞的見到佛性了呢？還是假的見呢？」所以每一次禪三，從第二天下午就請護三菩薩們在早上開始燒水，因爲那個熱水爐要燒四個鐘頭才會熱（編案：這是說以前石城禪三道場燒木柴的熱水爐），爲什麼要燒熱水呢？因爲要讓已見性的人去沖澡，在身根上面從頭頂沖下來時，如果是見得淺的人，也會因此就整個爆發出來；在那個時候，常常有見性的人會這樣說：「我活到四、五十歲了，平生是第一次會洗澡啊！」有的人卻說：「我活到四、五十歲了，今生是第一次不會洗澡啊！」你會站在那邊沖水，心想：「佛性怎麼這麼妙啊！」心想：「以前怎會看不見呢？別人怎麼會看不見呢？」只會這樣子想來想去想不通，忘了洗澡了，眞的不會洗了！

會洗澡的意思是說：「我終於懂得佛性是怎麼樣了，我終於在六根上、在山河大地上都看見佛性了。」所以他說現在起眞正的會洗澡了，那也對啦！說不會洗澡的人也對啦！都對啦！可是你如果沒有眼見呢？聽起來就會很矛盾，可是見性後的洗澡時，那叫什麼呢？那就叫作微細分別。讓你在佛性很微細的境界狀態中體驗與領受佛性：「我眼根見性是這樣子，我身根又怎麼見？我鼻根又怎麼見？我舌根又怎麼見？……等等。」讓你這樣在六根之中一根一根的見，一　領略佛性，這就是微細分別。但是沒有看見佛性的人，聽了就會亂想：「這一定是讓他在洗澡時領受身根神經傳導等觸覺作用吧！」那可就天差地別了！

到後來很長久的一段時間以後，你一步步進修，到後來你根本不管自己還見不見得到佛性；剛見性後經過一段期間，你還會想：「我好久沒有注意去看佛性了欸！再來看看還在不在？」起心看了一下：「嗯！還在！還在！還是看得見！安啦！」那就是不會退失了嘛！從此安心的不再去看佛性了。剛看到佛性的時候都會一直看，捨不得把所見的佛性丟開啊！但是你不看時祂其實也是在啊！你不想看的時候雖然就沒看見，但是你一起念、起一個作意要看，那就又看見了，也不必加行之後再慢慢去看，只要一起念就可以看得見；你不想看的話也可以不看見，只是單看色塵境界，就這麼簡單！可是這個觀察的結果，畢竟都還是微細分別！

這個微細分別稱之爲「未入地菩薩隨順佛性」，都還未進入法身菩薩位；眞正進入法身菩薩位的聖者，必須再親證十行滿心位的陽焰觀、十迴向滿心位的如夢觀，然後才可能進入初地的入地心中，才算是法身菩薩。

看不見佛性的人都是以什麼爲障礙呢？經中的答案是：以淨解爲礙。因爲那些不信佛性可以眼見的人，都是由於心生邪解：認定佛性清淨、無形無色，當然不可能被肉眼所見；或者心中生起佛性清淨的知解，以爲佛性就是靈知心的見聞知覺性離開染污了就變成佛性，所以他們當然是要用領略、體會的，不可能以肉眼看得見的，這就是淨解爲礙。或者是根本就不相信大乘經典的說法，認爲《大般涅槃經》等大乘經都是後人所創造的，不是佛所講的經典，所以不信佛性眞的可以用肉眼看見；這些人，都是以「淨」解爲礙的人，所以永遠不會有眼見佛性的時節因緣出現。這些人都是被「佛性清淨、無形無色所以不可能以肉眼看得見」的知解所障礙了，成日裡都在能否眼見上面思惟，成日裡都在眼見佛性是什麼境界上面思惟，而不肯在見性所應具備的大福德上面努力修集，不肯依照善知識所教導的見性方法用功，也不肯依照善知識所說的勝妙智慧而增長慧力，都是被「佛性清淨、無形無色」的知解所障礙的人，所以稱爲「淨解爲礙」。

「淨解爲礙」還有另一個意思，就是以見聞覺知性作爲佛性，這就是「淨」解爲礙，所以就把六識心的見聞知覺性處於不執著五欲時的清淨性當中，就把六識心的知覺性當作是佛性，就自認爲已見佛性了，就不肯承認眼見佛性的說法，這就是 佛所說的「淨解爲礙」的**凡夫隨順佛性**的境界。一般人都是因爲沒有眼見佛性，所以對眼見佛性就生起了種種的想法和見解；遇到眞能幫你見性的善知識時，也會有「見解爲礙」的情形發生，老是在想佛性應當眼見爲憑，就無法依照善知識的教導，無法在見性所需的功夫、福德、慧力等方法上用功，這就是以能見的見解障礙了進一步的修行，導致無法眼見。

眞正見性的人，都會有這樣的了知與見解：「佛性就是要眼見爲憑，沒有眼見時就不算數！」所以想要眞實隨順佛性的未入地菩薩，一定得要尋求眼見的方法。你若已經有了這樣的觀念，絕對不能捨棄，否則就沒有眼見佛性的因緣了。見性後的定力一直保持不退的話，佛性都是隨時要見就有的，這是很稀鬆平常的！沒什麼好奇怪的！就只是直接的見，根本用不著討論是以肉眼見、慧眼見、法眼見、天眼見、佛眼見的問題，就只是直接而自然的見。

眼見佛性十年、二十年以後，有時正在開車或者走路的過程當中，也許你突然生起一念：「*這棵樹很漂亮，在這樹上看一下佛性一定也很享受的。*」所以就起心動念再把佛性瞧一下，還是有嘛！但是一瞧之後你就會馬上丟開了，不會再去端詳所見的佛性，不會再去品味祂。這就表示你已經進一步離開了**佛性能以肉眼看見**的看法，對於佛性可以眼見的「見」已經不再有罣礙了；因爲執著於佛性可以眼見，這也是一種佛道進修的障礙，會障礙見性的人向上進修**諸地菩薩隨順佛性**的道業，所以這也是「見解爲礙」。這就是說，這個眼見爲憑的觀念上的執著所產生的障礙，你已經超越了，已經進入法身位了。接下來 馬鳴菩薩又說：

「淨心菩薩見微細用，如是轉勝，乃至菩薩究竟地中見之方盡。此微細用是受用身，以有業識見受用身，若離業識則無可見。」這個眼見佛性，其實還是以你的妄心七轉識去看眞如心所示現的佛性，一般人是用妄心來看妄心自己的見聞覺知的六識自性，就說這樣叫作見性，根本就弄錯了！所以 佛說這種人就是**凡夫隨順佛性**，正是誤會佛性眞義的凡夫；這些人根本就誤解十住菩薩眼見佛性的境界，當然更無法了知淨心菩薩的見性境界。淨心菩薩見性的境界相，跟未入地菩薩見性的境界相又不相同。未入地菩薩他會在佛性的微細用上面去觀察、去做分別：「*佛性在這方面是這樣！在那方面又怎麼樣呢？*」隨著就起觀察與分別，但是雖然起了微細分別，單憑那個微細分別，還是無法發起大作用，也只是眼見佛性而比明心者較能增益智慧罷了！

可是淨心菩薩就不同了；淨心菩薩是講初地開始的菩薩們，從初地開始都是清淨心菩薩。如果有人說他是初地菩薩，可是一天到晚卻喜歡人家紅包錢財的供養，喜歡人家說好話奉承，喜歡上電視亮相以求名聞，喜歡利用電子或平面傳播媒體來達成他在佛教界和社會上的知名度，也喜歡在背地裡說別人的事相上的是非……等等，這就是求名、求利……等等，那你就知道他一定不是淨心菩薩；假使他自稱是幾地菩薩，你就別信啦！因為名與實不相符。

淨心菩薩之所以名為淨心，是因為不貪名、不貪財，不貪一切人的眷屬。特別是當他看見某一些人：這個人過去世是我老爸、那個人過去世是我老媽、這個人過去世是我兒子、那個人過去世是我女兒、這個人過去世是我兄弟、那個人過去世是我配偶……等等，但是他一定會一世一世的把他隔開，不會混在一起。不會說：「啊！這是過去世的老爸，今生也把他請回家來供養。」也不會因為看見過去世的太太，就想要「再續前緣」，絕對不會壞了世間法而修菩提。因為菩薩在世間本來就是這樣嘛！從無量世以來，一世一世的受生修行，這樣子不斷的延續下去，當然會有很多的父母兄弟姊妹親眷，永遠會有很多的嘛！數之不盡啊！過去世有緣，這一世當然也會再相逢的；而且會有很多人的身分是重複的，也就是說有時候同一個人既當過你的太太，也當過你的媽媽，有時也會當過你的女兒，這常常是一世又一世而重複的。

瞭解了、現觀了這種重複的現象，所以就會以平常心來看待過去世的眷屬，心想：「這一世的眷屬都照顧不完了，我還要貪求更多往世的眷屬幹什麼？他過去世就曾是我的眷屬了啦！未來無量世中也還會有很多機會再成爲我的眷屬，我還要貪求什麼呢？」想通了就不需要貪求別人這一世的眷屬了！至於錢財上的供養，他就更不會對人需索了！因此心性清淨而無染污，所以說祂們都是淨心菩薩。所以，常常有人想要以紅包錢財來供養我，我從來都不要！也有人想要送珠寶或金飾給我，我心裡不曾想要過！我什麼都不想要！捨壽時這些都帶不走，功德才是最重要的，可以自己受用，也是生生世世永遠跟著你的。

雖然三地滿心之前，都有隔陰之迷而在重新投胎出生時，暫時好像忘記了一樣，但是當你未來世重新證悟了以後，它們又會漸漸的開始出現，就會漸漸的開始又冒出來。這就是說，淨心菩薩能夠從眞如和佛性裡面去看見眞如法身微細的作用，並且能隨分運作它，迅速的增益自己的道業，不是以意識揣摩而對眞如心的微細用——佛性——作微細的分別。這種淨心菩薩的微細用，從六、七識上來講，是說你全部都可以去親證的：譬如初地的鏡像觀、二地的光影觀、三地的谷響觀……一直到菩薩的究竟地，成就大法智雲以及大法智雲所含藏的種種功德，這些都是眞如法身的微細用。因爲祂不能離開佛性而現前，這眞如的微細用得要配合著佛性而現前，這些都是祂的微細用。

譬如猶如鏡像現觀，你會很清楚地去證知：你所觸的五塵相，都像是鏡子裡的影子一樣，是由眞如法身所化現出來的。既然已經現觀所觸五塵、法塵都是鏡中的影子，既然都是自己的內相分，你還需要去貪求它嗎？不需要啦！鏡子裡面照出來有黃金，你會想要貪求鏡子裡面的黃金嗎？鏡子裡面映現出有火，那個火能燒著你嗎？不行欸！當你證得這個鏡像觀的時候，表示你已經見到眞如法身的另一個層次的微細用了。接下去你還會證得光影觀——二地滿心菩薩的猶如光影現觀——從此時開始，你就可以開始轉變你自己的內相分，乃至於夢中的相分也可以自己去轉變它，這也是眞如法身的微細用啊！你如果沒有見到那個微細用的話，你就一定做不到。這就是說，眞如法身的微細用，一地有一地的差別，乃至三地滿心，觀察自己化身於十方世界度眾生時，自己為眾生說法時猶如谷響，這個猶如谷響的境界現觀成就的時候，你絕不會這樣子想：「我現在三地滿心了，我能化身到十方世界為眾生說法了！」不會就在那邊沾沾自喜啊！為什麼呢？因為谷響觀成就了嘛！現觀它們只是像山谷中的聲音迴響：你在這邊觀察到自己到處在說法，如山谷迴響一樣，那些化身在四處說法時，都是虛妄不實的。

這就是說，菩薩必須地地增上，才能成就佛地的究竟功德，所以　馬鳴菩薩說「如是轉勝」；一直到菩薩的究竟地，成就大法智雲，以及大法智雲所含藏的無量無邊功德，統統成就了，三種意生身就會隨著都成就了，就是眞如法身的微細用都成就了，這叫做「菩薩究竟地中見之方盡」。為什麼九地菩薩才有力波羅蜜多？因為他的法無礙、義無礙、辭無礙、以及樂說無礙，都是從見到眞如心體的那個微細用已經即將具足了，所以他才能夠有這四無礙；有這四無礙，才能夠有「力波羅蜜多」。所以不論是諸天天主或者諸方菩薩來見，他都無所畏懼。那你說：「如果是十地菩薩來見時，他怎麼辦？」可是十地菩薩絕對不會為難他嘛！十地菩薩還會送法給他，他有什麼好畏懼的？他有這種功德，所以才稱之為圓滿證得「力波羅蜜多」，所以就有大神力了。但是這些都是從眞如微細用上面的親證而說的，得要這樣地地增上轉勝而成就，絕對不是一世或者一悟就可以成就的。

「此微細用是受用身」：這個微細用，正是受用身。爲什麼說這個微細用是受用身呢？等你見性的時候你就知道說：「原來啊！一切有情眾生在三界六道之中，如果沒有這個眞如法身在，如果眞如心沒有這個微細用——佛性——的現前，根本就不會有眾生在三界中啦！都將不可能存在的。」因此說，這眞如的微細用就是地上菩薩的隨順佛性，所以說佛性就是淨心菩薩的受用身，所以有時候講一心三身時，講的就是第八識、第七識、第六識：以第八識爲法身，以第七識爲報身，以第六識爲化身。除此以外，另外也說一個人同時有三身：說每個人的第八識是法身，他的第七識是他的報身，五陰是他的化身。也就是說：已經眞正明心的人，可以**方便的**說他已經證得法、報、化三身了。換句話說：在大乘法中，如果還沒有證得七、八識的時候，是還沒有證得因地法、報、化三身的凡夫；如果他宣稱說自己已經證法報化三身了，那他就得準備捨報之後下地獄，因爲那是大妄語業。

但是有時候，我們卻又說眞如心是法身，佛性是報身，六識心的見聞知覺性是化身，這也都可以說得通啊！如果你有明心又有眼見佛性時，這些說法都通，因爲你很清楚證知，確實是這樣子：如果沒有第八識眞如心，佛性是不可能存在的；如果佛性不存在，第七識報身也不可能存在，前六識的見聞知覺性也就都不可能存在的了；所以佛性也是眞如心的微細用，佛性如果不存在，七識心王都不可能會現行的，何況能有六識心王的能見、能聞…乃至能知能覺之心性？而這個佛性「微細」的「用」，又是地上菩薩的隨順佛性，祂是地上菩薩的自受用身，正因爲有這一個末那——也就是依業識——因此見性者才會看見這個自受用身！如果沒有末那識，第八識所顯現的佛性就不可能現起了，也不可能會有六識心的見聞覺知性來看見眞如心所示現的佛性。所以，眞如法身所顯佛性，雖然也含攝了七轉識在裡面，但最主要的功能卻在眞如心與末那識的心所法上面，這就是地上菩薩所見的佛性，不同於未入地菩薩所見佛性之所在，所以是有很大差別的。

接下去最後一種佛性，我們在《宗通與說通》裡面曾說過有四種佛性——四種見性的宗通——最後就是佛地的隨順佛性，也就是**十方如來隨順佛性**。那你要問我這個，我就沒有辦法跟你說明啦！「不是家裡人，莫說家裡事！」如果硬要去說呢？那我就得要自己想像編造啦！但是編造出來的法就一定會有錯誤，有錯誤時就一定得要自己負因果！所以那個境界相，你們就別問我了，我也不能說，我也不會說，也不敢說，因爲那畢竟是只有如來才能知道的。

如果離開了末那識，你的眼見佛性境界相就不會存在，因爲你所眼見的佛性是依這個末那的現識功能而現前的；佛性雖然也含攝八識心王的共同運作在內，但是未入地菩薩所見佛性，多分與六轉識相應，少分與末那及眞如心相應；已入地菩薩所見佛性，多分與末那及眞如心相應，少分與前六識相應，所見各有不同的地方。但是沒有眼見佛性的人，聽我這個說法，仍然一定會誤會。

接下來說，淨心菩薩的見微細用，還有一個說法，是由於祂的增上心學的配合，使得祂在三地滿心時生起了五神通，使得祂起了神足通而成就如意通；因爲如意通的關係，所以祂成就了意生身的輪寶。輪寶並不是想像的輪圈，其實就是天界的菩薩們腳下所站的蓮花啦！那就是他們的輪寶。那爲什麼說這個也是地上菩薩所見的微細用呢？因爲他們由於心淨的關係，加上增上慧學、增上意樂、增上戒行，以及將增上慧學與禪定增上心學的配合，所以使得他們發起了意生身，這個意生身也是屬於眞如法身的微細用中的一種，都是從眞如法身中出生的。

「一切如來皆是法身，無有彼此差別色相，互相見故。」一切如來都是法身！如來如果不是成就法身的全部功德相用，那就不叫如來了。可是這裡，我們所能著墨的地方很少，因爲我們與如來的境界相差太遠了。不要說我們，就算你修到了等覺地，你還是無法形容的，因為等覺與妙覺之間差距太大了。看來雖然只有一個階位，但是距離很大，就像初禪和二禪的距離很大。二禪與三禪間、三禪與四禪間，乃至四空定越往上，距離就越小了；同樣的道理，妙覺和等覺間的距離雖然是很小的一個為位階，但是這一個位階的差異實在太大了，因為光是佛地無垢識——眞如法身——能與二十一個心所法相應，這個境界就是等覺菩薩永遠都沒有辦法想像的。所以對這個很高層次的法，就只能依文解義而跟大家說明了。

一切如來都是法身，既然都是究竟成佛，當然完全沒有差異嘛！所以有人問：「請問你，這一尊佛像是什麼佛？」我說：「你不要看祂什麼佛！你認定祂是什麼佛，祂就是什麼佛！」因為十方諸佛都同樣是三十二相八十種好，每一好又都有無量好，那不都一樣了嗎？那你還能分別祂什麼佛嗎？不需要嘛！如果祂認為應該要讓你知道祂是什麼佛，祂就會讓你知道——當你遇見化身佛的時候。

至於佛像呢！每一尊佛都是一樣的，既然統統是究竟佛，就沒有差別了！沒有差別時怎麼還會說「佛還有分幾等」呢？大陸發行的《禪雜誌》裡面有一篇文章舉出李洪志的講法：「佛有分為五等、幾等的佛！釋迦牟尼佛是層次最低的佛，我李洪志的證量比釋迦佛還要高。」大意是這樣說的。但我看來，他是比他想像中的佛高啦！因爲他所想像的佛只是凡夫而又沒有氣功的人。他連三乘菩提的見道內容都不懂，怎麼可能修證會比 佛的修證高呢？這是對佛法完全不懂的人才敢說的話。一般人看見了秀才，都不敢去招惹，因爲秀才隨便一個狀子寫上去，他就完蛋了！但是有一種人就不怕啊！那就是古時的阿兵哥、大老粗，他根本不跟你說理嘛！你雖然是秀才，他反正不怕死，照樣一刀兩段把你給砍了，砍了以後還有你這個秀才嗎？至於殺人償命，那是以後的事！所以「秀才遇到兵，有理說不清」，同理，不懂佛法的人才敢亂違犯，懂佛法的人都不敢隨便說話的。所以現在佛教界那一些大法師們都還算是稍微懂得一些佛法的。只有喜饒根登和義雲高那種外道，如同李洪志一樣完全不懂佛法，才敢公然登報誹謗我們，才會公然違背 佛說而主張意識不生不滅，說意識心可以去到未來世去，眞是荒唐！（編者補案：大陸西藏密宗的有名上師索達吉，也和義雲高、宗喀巴一樣的公然主張意識心是本有法，所以索達吉寫書公然違背佛在諸經中所說的「意識是依意根與法塵為緣而從如來藏中出生」的聖教，公然違背佛說意識心是「依他起性、緣起性空」的聖教，在他所寫的《破除邪說論》中，公然主張意識心是不生滅法，公然違背佛說以後，反而誣指平實導師所講的「如來藏才是不生不滅法，意識是生滅法」的正理為邪說。今由正安法師所造的《真假邪說》一書舉出教證與理證，證明索達吉的《破除邪說論》才是真正的邪說。詳見正安法師《真假邪說》一書之辨正。大約同一時間，星雲與證嚴法師二人，也都同樣在書中公然主張意識心是不生滅的實相心，故意違背四阿含諸經中佛的聖教，公然與世尊唱反調，並且寫在書中四處流通，意思似乎是：佛在原始佛法《阿含經》中的說法錯了。2005年的《正覺電子報》中，將會一一舉證而連載之，敬請讀者們密切注意。）

這就是說，既然諸佛都同樣是法身，而且祂們的第八識所含藏的無量無邊的無漏法種，也都同樣**佛佛具足**而且圓滿了，全部有漏法種也都斷盡了，都不再變易了，所以諸佛之間完全都沒有差別而平等平等，怎麼可以說諸佛會有等級高下的差別呢？所以諸佛都是平等平等而沒有差異的，所以說李洪志完全不懂基本佛法，是個門外漢。但是因爲世間的眾生心性有種種差別不同，所以諸佛做了種種不同的化現。表面上看起來好像是這一尊佛跟那一尊佛不一樣，看起來 阿彌陀佛的身量似乎比人間的 釋迦牟尼佛高大太多了，似乎並不平等，似乎是有高下的差別；但是你如果想想 盧舍那佛的身相，比起 阿彌陀佛來又高大太多倍了，簡直不可相提並論，那又要怎麼說呢？所以，諸佛其實都一樣，本來沒有身量高下的差別；但是在事相上看來往往會有不同，那就是因爲他們在因地時所發的願有種種的不同，所以示現時就有種種的不同，藉以契合眾生的需要，所以諸佛都是平等平等的，都無差別。

想要去極樂世界是很容易的，五逆十惡的人都可以去啊！只要不謗三寶、不謗大乘經典、不謗方廣諸經中所說的如來藏妙義，都可以去！殺人放火的人，如果肯唸佛，不誹謗大乘，下品下生也可以去；明心見性的人，上品上生也可以去！極樂世界全部攝受。如果是想要生來娑婆世界這裡呢？那也一樣啊！什麼人都可以來，就只是誹謗三寶、誹謗方廣的地獄種性人，這裡的人間不收；所以他方世界有地上菩薩要來，那也好，可以來這裡的色究竟天隨 盧舍那佛聞法，也可以乘願來人間利樂有情；五逆十惡的人也好，來我們娑婆世界的地獄中受苦，然後再當餓鬼和畜牲，受完惡報的速度比其他的長劫世界快，那也好！都可以啊！沒有惡業的人們想來這裡來當凡夫呢？那也可以啊！也歡迎他啊！這就是說，諸佛在因地所發的願各有不同，所以世界就會有所不同。但是來這邊可就不像極樂世界了，來這邊修行是讓你苦樂參半，讓你容易發起菩提心，讓你容易精進修行。去極樂世界的話，你得要先發起菩提心再去，你心裡想：「我要脫離生死，所以要去極樂世界。」那就發起聲聞菩提的心而獲得中品往生極樂；心裡想：「我有惡業，怕下墮地獄，所以想去極樂世界。」那你就發起大乘菩提的心願，就可以下品往生，除了誹謗三寶、誹謗方廣正法的如來藏阿賴耶識。

所以諸佛在因地所發的別願各各不同，因此諸佛世界，容許有種種的差別不同，所示現的佛身就會跟著有所不同。但是諸佛的自證聖智境界、法身境界、報身境界、化身境界都一樣，都沒有高下差別。為什麼說諸佛不會有彼此的差別色相呢？因為互相都可親見的緣故。譬如 琉璃光如來看見 釋迦牟尼佛也有化身、也有報身、也有自性法身啊！ 釋迦牟尼佛也看見 阿彌陀佛的法身、報身、化身，也都一樣而沒有差別，都是互相可以親見的緣故，所以 馬鳴菩薩說「互相見故」。

這就好像你明心啦！遇到另一個明心的人，彼此互相心知肚明：你所悟的是如來藏阿賴耶識，我也一樣悟得這個心！大家互相都知道嘛！沒什麼好籠罩人的嘛！可是如果明心的人遇到一個沒有明心的，他可以說一些表面上似乎奇奇怪怪的佛法，讓對方聽不懂；但是遇到真正明心的人，他所說的話就一點兒都不奇怪了，都可以聽得懂了；同理，諸佛既然都已成就究竟佛果啦，那麼法身、報身、應化身都是相等的境界，也因為互相可以親見的緣故，所以實際上是沒有差別的。

但是！我們這裡還要補充說明：法身和報身都是三災之所不及。佛在世界悉檀中說，我們這個器世間，有火災、水災、風災。最先來的是火災！把欲界和初禪天的整個世界都燒光了啊！還有水災，連二禪天世界都給淹了。但是風災最厲害，一直吹到三禪天，把三禪天人的宮殿全部吹壞了。風災是什麼？風災就是世界毀滅了啦！不就是宇宙大爆炸嗎？像暴風一樣就擴散了嘛！風災可以把三禪天以下的世界全部毀壞，但是四禪天的世界就不會壞掉。

法身當然吹不壞啊！法身既然無形無色，再大的火、再大的水、冉大的風也吹不到祂嘛！所以人家問：「如何是佛？」禪師跟你講：「火燒不著。」你又去問某一個禪師：「如何是佛？」他跟你說：「水滴不濕。」或者說：「水撒不進、水潑不進。」「如何是佛？」另一個禪師答說：「風吹不入。」都是講這個體性。那樣子答覆，就像是答你「六六三十六」一樣，當然都是另有絃外之音；但是字面上的意思就是說，法身根本無關三災。但是報身呢？也是三災所不能及的，因爲凡夫有情縱使還沒有悟，只要修得禪定的第四禪，生到四禪天中，三災就沒有辦法迫害到他了，何況諸佛的報身是在蓮花台藏廣大世界之上，都是遠超四禪天的境界，當然更應如是，所以法身與報身都是三災所不能及。

譬如說現在有科技3D的影像，你們如果去日本迪士尼樂園玩過就看見了，它有三個鏡頭放出光線，在那個三道光所接觸的地方，看起來有一個影像，就好像有一個眞的人在那邊活動。但它其實只是一個影像，那個影像你如果拿火去燒它，開槍打它，用風去吹，都不會傷到它，莊嚴報身就像那個樣子。

另外，我們要說初地開始都有兩種法身，前面我們說地上菩薩有五分法身：戒身、定身、慧身、解脫身、解脫知見身，是說地上菩薩的第八識以這五法爲身，故名法身。但這裡要從另一個觀點說有兩種法身：先從第一個法身來說，這是從經典上抄下來跟諸位說的：「**於第一義諦法流水中，從實性生智故，以實智爲法身。**」這是第一種，地上菩薩的第一個法身是說由於親證第一義諦，因此從他們親證的第一義諦勝妙法中，有智慧不斷的出生；就好像水一樣不斷的流出來，在這個法流智水中，說這種第一義諦的智慧，是從眞如的眞實體性而產生的智慧。這就是諸地菩薩的第一個法身，地上菩薩的第八識心體都以這種眞如的眞實智慧爲身，這個叫做「實智法身」——以眞實智慧法做爲第八識法之身。

第二個法身是說：「**法名自體，集藏爲身。**」法是什麼？法就是講眞如心自體，眞如心本身，稱之爲法，所以眞如心的體性就稱之爲法性。眞如的自體是法，眞如心體則能夠集藏種種的智慧法門，所以是萬法之身。由於眞如心所生的七轉識和合運作，能夠了知眞如心體的種種性用，所以說，以這種集藏諸法的體性爲身，所以眞如心（阿賴耶、異熟、無垢識）就叫作法身。因爲眞如心體能夠集藏一切法種，所以眞如心就是法身；由你的七轉識證得**眞如心體能生萬法而又自性清淨**的體性，就產生了第一義諦的智慧，因此，法流水就源源流出。這樣，以實智爲法身，這叫做實智法身，這就是地上菩薩必定有的兩種法身。

一切眾生由於自己的善根，因此能夠感召到實智法身，這就是第一種法身。如果沒有善根，聽到某某人出世來弘法說：「現在雖然是末法時代了，但是時代是末法，人不必一定是末法，所以眞的可以開悟！可以明心！可以證悟！」那些善根不足的人聽了就開始罵，說是大妄語、騙人。像現在網路上面有很多人在罵我：「現在這個佛教界呀！被這個宋七力、妙天、青海、蕭平實他們搞到烏煙瘴氣啦！」把我跟宋七力、青海：那些附佛外道相提並論了。這就是說他們的善根不夠！這些在網站論壇上貼文罵我的人，大部分都沒有讀過我的著作，如果眞的細細讀過了，就一定不會這樣講；就是因爲還沒有讀過，才敢這麼說！所以那些人絕大部分只是聽人家說：「那個蕭平實是個邪魔外道啦！」就跟著誹謗了，這就是善根不夠。有善根的人他會把所要評論者的書，拿來看看，求證了以後再去說話。

但是網站上的事情要去理他嗎？不要！挑選一、二個比較嚴重謗法的人來做法義辨正就好了，這個辨正的目的是在教育學佛的人，提升大家的知見，目的不在法戰或降伏某些人，所以這樣作就夠了！你如果要一一回應那些人啊！那一定是沒完沒了的！而且，**網站上的議論都有一個共同的特性：罵死人不必負責；沒根據的損害任何人的名節，也不用負責。**因爲你根本無從查起嘛！是誰上網罵你？你不知道。大家都用化名，所貼的無根誹謗的文章是從哪裡來的，也查不到。所以網站上面說的話，通常多是不可信賴的。只有少數人，爲了正法慧命而不得不上網去辨正；大多數的人所講的話通常是不可信賴的，因爲根本都不留下眞實姓名與電話號碼，都用化名，你也查不到。反正他心裡面想：「我怎麼樣罵，罵到多麼粗俗，都沒有人知道是我，沒有人管得到我！」可是他沒有想到的一點是：這一些事情都記錄在他自己的第八識中，未來捨壽時間到了就賴不掉了。這一點他們都沒有想到。

這意思就是說，有善根的人，他會先瞭解：到底這樣的人，這樣的事情，應該是怎麼樣？他會先做深入瞭解之後，再加以判斷。很多人是不信有護法神跟在身邊的，他認爲說：「我偷偷的做了，我一個人關在房間裡上網去罵，都沒有人知道。」卻不曉得護法神在旁邊看著，他們不曉得！他更不知道的是自己的第八識都會記錄下來。等到捨報的時候，短短的半秒鐘之內，一世的所有的善惡業行、無記行，都在那裡面好像幻燈片一格一格那樣「刷！」地拉過去。那個時候的覺知心很伶俐啊！自己統統知道：這一件是什麼善業，那一件又是什麼惡業，每一件善惡業都知道。這樣「刷！」一下就過去了，接著就開始受報了。所以那個時候受報時，都不敢怨天尤人，因爲件件都知道是自己做的。所以眾生都是下一世出生了以後才開始怨天尤人的，因爲下一世時的意根仍然和此世一樣沒有念心所，當然不會記得上一世所作的事；而覺知心意識卻是下一世全新的另一心，根本不知道上一世所造的惡業；但是那時正報與餘報都已經開始了！奈何不了了！

有善根的人，他會先去探討，探討之後再判斷是眞或假，才會去做決定。如果說：這可能是眞的！他會先信，信了再去探討，再去求證是否有哪些不如理作意的地方。所以有的人常常會這樣對我說：「哎呀！老師！你太容易相信人啦！」我說：「我就是被騙一百次，我還是要去相信別人；我寧可先信，信這個人眞的有那個證量，然後再來求證他是不是眞有那個證量。我先信了，萬一那個人眞有那個證量，我就不會失掉好機會。我如果先否定，就失掉好機會。也許搞不好哪一

天遇到佛的化身或八地菩薩也不一定啊！」先信了，然後你再去求證，不應該先否定；這是我的習慣，我到現在還是這樣堅持。這個就是說，有智慧的人、有善根的人，他就會感應到這個實智法身。也就是說，他將來有一天，一定會悟得這個自心眞如，然後這個實智法身就因此而出現了！

從諸佛的立場來說，一切有善根的有緣眾生，都會感應到有緣諸佛的實智法身。所以諸佛能夠因爲眾生的善根，而由祂的眞如心——無垢識——直接應現無量的化身。所謂的一**切界國土身**、一**切衆生身**、一**切佛身**、一**切菩薩身皆悉能現不可思議身**。這意思就是說 佛所化現的化身，是要依著眾生的不同心量而感應化現的；眾生的心量如果不是已到那個層次，就不可能感應化現高層次的化身或他受用身。這就是說眾生的心量，如果是可以感應到報身佛的，就由報身佛直接感應；如果是只能見他受用身的，就由報身佛的決斷而從眞如心中化現出他受用身。如果眾生的心量福德只能看見五、六尺的化身身量，那他所見到的佛身將會只有五、六尺身長；所以，所能感應化現的如來身相，都是因眾生的心量而決定的。那麼 佛所化現而爲眾生說法時也是一樣，所以在《楞嚴經》裡面說：「**隨衆生心應所知量，而爲說法**」：隨著眾生心所應該知道的心量——他的心量能夠知道到什麼地步——諸佛就爲他說法到什麼地步。不會超過，因爲超過了的話，眾生也聽不懂，白白浪費了眾生的時間，諸佛也浪費了祂們寶貴的時間。祂們可以用更多的時間去爲別人說法。

所以說法一定要恰到好處。我早期就是不好，總是想要把最好的法送給一切人，所以每遇到人時，總是熱心過度的鼓吹：「眞的可以明心，眞的可以見性啊！你要好好學啊！」可是遇到的人多數是當頭一盆冷水就澆下來，根本不信！這就是我當時沒有那個智慧，不懂得「隨眾生心應所知量而爲說法」的方便善巧。現在懂得了，所以我有時出去外面辦事，有時在素食自助餐用齋時，常常有人在旁邊一面吃、一面講：「禪就是什麼、什麼……。」講得天花亂墜，我根本就不聽！我連聽都不想聽！連看他一眼，我都懶。爲什麼？我知道那種人的心量，我根本不應該跟他講眞正的禪，我說了一定沒有用嘛！那我還要跟他說什麼呢？我還不如繼續憶佛、吃我的飯好！等以後遇到有緣的人時再來說嘛！

這就是說 佛所化現的——祂的法身所化現的他受用身以及化身——都是依於眾生的心量而隨應化現的。一心三身所說的報身是第七識，因爲六識是屬於化身的範疇；但是第七末那識與第六意識一直是難兄難弟，從來誰都不離開誰。只有睡著無夢或者滅盡定、無想定……等時候，這個意識覺知心斷了，才會只有意根離意識獨自存在。只要意識現起，沒有一時一刻不跟末那識在一起的，所以這個報身末那識得要依著化身意識才能在三界萬法中好好的運作；如果沒有這個化身，報身的運作的範疇就非常的狹窄，無法在六塵中細膩的運作；這是依我們會中已悟的大部分人來說，乃至三地未滿心前都是如此。

但是，這裡面有不思議熏，這個不思議熏顯現了不思議用。有時候，你出來當老師在弘揚佛法，你在弘法的過程當中，有時會有一個學生跟你說：「**老師啊！我昨天夢見你，你跟我說什麼法！**」我告訴你：他跟你所說的「夢中的你向他所說的法」，一定不會超過你自己的修爲。他所說的法一定不會超過你所知道的法。這是什麼道理呢？知道嗎？這就是說你的眞如心，會與你的學生有所感應，但是感應而在夢中爲你的學生說法的時候，說法的範圍和層次，一定在你的六、七識所證的範圍之內，不會超過。所以，你的學生告訴你的，說你在他的夢中怎麼教他，說出來的法義一定是你所已經知道的，都是你所已經親證的法。如果是你還沒有親證的法，你的眞如心就不可能在他的夢中那樣教。所以你的修證越高，你的學生夢見你爲他所傳授的法，層次也就越高，會隨著你的修行而成正比。

但是你的學生夢見你跟他說了什麼法，你的六識、七識不一定知道。你如果到了初地以上，保證有一些會知道；但是你得要到佛地時，才可能完全知道「你的法身如來藏去跟什麼人說些什麼法」，這得要到佛地才能完全知道：在還沒有入地以前，你完全不曉得，入地以後你知道一點點，然後修證層次越高，知道得越多。可是就算到了等覺地，你所知道的也只不過有四、五成而已，所以等覺菩薩為什麼見了佛，都會那麼畢恭畢敬的？都是因為一切種智的證境相差太遠了。這意思就是說，如果你希望你的眞如法身能夠在你的學生夢裡面跟他說法，教導他，你自己的修證就要不斷地提高，你在夢中為他們所說的法，才能越來越高。

學生如果夢到說你跟他說的法都是很淺的，都不能為他說很深妙的法，學生就會想：「我這位師父修行不好！」這事情有時會是眞的哦！除非是觀察那個學生的因緣而說比較淺的法，所以這不是說笑話哦！當你的六、七識修證到一個層次的時候，你的眞如心化現為人而說的法，也會跟著提升；你的六、七識修證到哪裡，祂所說的法義就到哪裡。但祂是無功用行，祂不是由你的六、七識主導而去做的，是隨著過去世所結的緣，也就是你的學生和你結了善知識緣，曾經結了緣才會有那個現象出現。所以有的學生可能終其一生不曾夢見他的老師為他說法，因爲過去世沒有跟他結善緣；過去世的緣結得很深，就會夢見上師的眞心化現化身去爲他說法，這也是過去世眞如心的不可思議熏。你的六、七識的熏習，如果是清淨的，你在學生的夢中就是清淨的；你的六、七識是不清淨的，你在學生的夢中也都會是亂七八糟的，就這樣。這一個道理沒有人說過啦！今天爲你們說了，那以後你們夢見你們親教師夢中跟你們說妙法的時候，你就不必覺得稀奇了！你們那時就可以讚歎說：「**啊！我們親教師眞的是太棒啦！修行這麼好！跟我說這種絕妙良法。**」

那麼眞如心的這種微細用，是一般人所不能知道的，這個也是眞如心的功德性用的一種；而這個眞如心的功德妙用，祂的功德相，你得要入地以後才會少分知道，所知道的仍然很少；但是你多多少少會感應到，多多少少會開始去瞭解祂的自性，因爲你已經見到了眞如的微細用了。而這一種修證——由於入地以後的這一種智用——也就是你的增上慧學的修證差別漸漸增進，以及三地滿心的增上心學，因此使得這種微細用，祂的作用越來越殊勝。這樣子一直往上修，三地滿心的時候是一個分水嶺。三地滿心時能夠知道很多，雖然比起上地、比起諸佛來說，還是很少；但是比起二地、初地心來說，你所知道的已經又相差很大了。這就是眞如心的微細用啦！一直到佛地，才能夠具足了知自己的眞如法身是怎麼運作的。為什麼呢？因為祂的所知障的隨眠，已經究竟斷盡了，一分都沒有了，因此諸佛的眞如心能夠與五別境、善十一心所相應，因為這樣的緣故，佛的眞如心無垢識才能具有六塵中的證自證分，才能夠對這些事情具有完全的了知。等覺菩薩的眞如心不能與五別境、善十一心所法相應，所以對佛地的這種境界相，也是只能想像而無法思惟清楚的。

六、七識所證得的這一種上品妙觀察智、上品平等性智，而導致眞如心的大圓鏡智現前；所以大圓鏡智的現前，如果沒有六、七識的上品妙觀察智跟平等性智，大圓鏡智就不可能現前。大圓鏡智現前之後，才可能有成所作智的現前。這個道理，今天諸位聽了，出去不必跟別人談。出去會外談了，人家也不信，也聽不懂。這就是說，六七識的熏習會導致眞如心的不可思議熏；眞如心的神用也會跟著六、七識的修證而與時俱進，是同時進步的，但是要到佛地才究竟圓滿。那麼佛地的四智圓明，祂是有這樣的因果關係和次第性存在的，這就稱之為一切智人，才是究竟的佛道。那些外道們根本不懂，甚至於當代佛門中的大師們也都不懂，所以沒有辦法跟他們細說這個道理。前面講三身——法、報、化三身——以及佛性的微細用等等，馬鳴菩薩接下來又說：

論文：【「問：若佛法身無有種種差別色相，云何能現種種諸色？」答：以法身是色實體故，能現種種色。謂從本已來色心無二，以色本性即心自性，說名智身。以心本性即色自性，說名法身。依於法身，一切如來所現色身遍一切處，無有間斷。十方菩薩隨所堪任、隨所願樂，見無量受用身、無量莊嚴土各各差別，不相障礙無有斷絕。此所現色身，一切衆生心意識不能思量，以是眞如自在甚深用故。】

講解 這一段是延續前一段的說法而引申細說的。前面說佛的法身，祂是無形無相的，可是無形無相的法身卻又說祂能現種種色。但是有人不懂這個眞理，所以就產生了疑惑，又提出這樣的問題來。

前兩週我去台中辦事，有個人跟我說：「你講佛法，是不是可以把它講淺一點？讓人一讀就懂。」他的意思是說我寫得太深了，我跟他說：「佛法本來就是很深的法，但是我已經把它寫得夠淺、夠白了。」如果要照經典、論典的文句來領會的話，誰能讀得懂啊？沒辦法讀懂！可是我已經解釋得夠淺白了。可是佛法爲什麼會那麼深？那是因為出世間道本來就是很深的法，特別是佛菩提道的世、出世間的實相法，更是甚深極甚深。二乘法的解脫道，對我們會內這些明心的人來說，它不算深！雖然二乘解脫道其實也不淺，但對會內已悟的同修們來說並不算深，因為他們對解脫道已經能如實的瞭解、掌握了。可是反觀這一百年來全球的一切大善知識們，反觀今時台海兩岸以及全球五大洲，包括南洋所謂的阿羅漢，有誰能夠眞正的了知二乘法的解脫道呢？

現在有人傳聞南洋有所謂的阿羅漢，其實他們也都弄錯了；諸位可以瞧瞧看葛印卡大師、一行禪師、阿姜查、阿姜通、帕奧、隆波通（或譯為朗波田）……等大禪師，這些人有些曾應聘來到台灣；他們在南洋都是大師級的人物，可是來到台灣時所教的解脫道是什麼？那些動中禪……等等的聲聞禪，教的又是什麼？都是叫你保持意識覺知心處於清清楚楚明明白白的境界中，都要保持意識靈知心的清明覺醒而不要昏昧，而不是依照　佛的教示去斷除「意識覺知心常住不壞的我見」，這都是意識心啊！都不離常見外道見啊！

他們又說以後捨報的時候，就是要以這個意識心——清清楚楚明明白白的覺知心——來入住無餘涅槃中，這都是落在我見上面；連聲聞禪的初果人所應該斷的我見——意識我常住不壞的惡見——都還沒有斷喔！這樣的禪法知見，已經違背四阿含所講的聲聞禪的正見了，與 佛陀初轉法輪時所傳的聲聞禪大相違背，倒是完全符合常見外道所傳的「常住不壞心」的意識心，正是《楞嚴經》中所說的外道五現涅槃中的第一種境界，這樣未斷我見的大師們怎能稱其爲阿羅漢呢？這些南洋所謂的「阿羅漢」們，假使來到我們會中任何一位剛破初參的人面前，他都沒有辦法講話，因爲一破參就馬上知道原來涅槃的實際是這樣的，就曉得了；連二乘聖人所不知道的無餘涅槃中的實際都知道了；可是那些南洋所謂的「阿羅漢」們，卻是連初果所斷的我見都還在，三縛結都沒有斷除，哪有智慧能跟我們會中的初悟者對話呢？那你們想想看：二乘的解脫道，對我們來說算是很淺的法，可是對那一些南洋的大師們而言，仍然沒有一個人弄懂。二乘解脫道這麼淺，都不懂了！何況是大乘別教的佛菩提道呢？眞的是甚深極甚深、微妙極微妙、廣大極廣大、究竟極究竟的法，所以當然不會是一般人所能懂的法，所以眞悟的人永遠都只能是少數人。

上週有人問我：「老師啊！你那個《邪見與佛法》流通出去啦！有沒有人來挑戰？」你們想：會有人來挑戰嗎？只有一種人——沒有智慧的人——根本就不懂

佛法而又自以爲是的人才會來挑戰。另外有一種是有大智慧的人會來挑戰，他是抱著一個心：「如果他蕭平實的法眞的是那麼勝妙，連我都講不過他，那我乾脆拜他爲師，反而可以得到證悟的機會，這有什麼丟臉的？」他是準備拜師才會來的。只有這兩種人才敢來，其他的人都不敢來，所以目前並沒有人前來挑戰，將來應該會有不懂佛法的初生之犢來挑戰吧！但這不是在講誇大的話，而是說只要對佛法有較爲深入理解的人，他們就不會來挑戰（編案：直到此書出版時為止，仍然無人上門挑戰，都是只敢在網站上匿名的張牙舞爪、要求在網站上化名而作不必負責任的法義辨正）；因爲他們以前所不曾聞、以前所未曾了知的法，我們在書裡面都爲他們說了。讀過我的書以後，終於懂得：「原來佛法就是解脫道以及佛菩提道，以外就沒有別的佛法了。」弄清楚佛法的主要內涵，並且把整個道次第幫你鋪排好了，你只要來正覺同修會中按部就班去走就得了，就這麼單純。

雖然大乘別教不共道的法，畢竟還是甚深極甚深的，但並不是我們沒能力把它講得更淺、更明白，而是說：把密意明講了以後，眾生不會信受，而且也沒有功德受用，所以我們才要寫出這麼多的東西。這是爲已經見道的人，也是爲你們之中許多還沒有見道的人，預先把將來悟後起修時應該如何用功修行的內容，寫在書中，作爲大家悟後起修的依憑。因此才要寫那麼多書，還要每週勞累各位來這裏坐兩個鐘頭聽經；舟車勞頓還不算，坐在這裡這麼擁擠：膝蓋碰膝蓋，不然就碰到前人的臀部了，不然就被後面的人膝蓋碰著了，這麼擁擠的擠在這邊，無非就是要讓大家如實的證解佛法的二個主要道。

這意思是：並不是說佛法可以用很簡單的方法跟你說出來。而是說：它有許多的地方都不可以明說。只有解脫道可以明說，我們也已經明講了；如果有人已經具足證得四禪八定了，他只要讀過我的書，確實觀行而把我見斷了，當場就可以成爲俱解脫的大阿羅漢；因爲他只要把我見斷了，就成俱解脫了，也可以當下進入無餘涅槃，這是很簡單的事。但是現在的人已經做不到了，因爲在成爲俱解脫的過程中，他得要先把我見我執都降伏了；四禪八定修證的過程中，正好就是在降伏我見與我執，有這個降伏我見與我執的過程成功了，才能具足證得四禪八定；所以他這時只要斷了我見——聲聞禪的見道就夠了——就能立即成爲俱解脫的大阿羅漢了。可是現在仍沒有看到誰讀了我的書以後成爲大阿羅漢，這是因爲現在的人，莫說四空定，連初禪都很難證得，何況是四禪八定具足？

以往常常有些晚來正覺學法的人，在私下傳聞說：「**我們正覺講堂都在講慧、**

教慧、修慧，都沒有教禪定，也不修證禪定。」其實我們在最早時也有教過，但是後來不教了（編案：平實導師在初出弘法時，即曾講過小止觀，詳細的把修證初禪的理論、實修的方法、初禪中的證境和種種變化的體驗，都說過了，並且曾有人將原錄音製成整套的錄音帶，約有三十餘套，每套共有六十八卷60分鐘的錄音帶；現在仍然有很多人保存完好，所以不是不證禪定、不教禪定、不修禪定）。但是因爲佛菩提道的次第，不要你現在去學、去修禪定；佛菩提道的次第是要到三地心——等你入了三地心時——才開始修學禪定與五神通的。

前些時候，會中往往有人私下傳說某某道場有禪定可以修學，私下批評：「正覺同修會是修慧不修定的。」（編者2004年底補案：說這話的人即是蔡○○先生，那時他常去法鼓山的安和分院靜坐修定，認為法鼓山有在教人修定。當時平實導師並未明說是誰人所說。）可是我跟你講：那一些所謂的能教人修證四禪八定的大善知識們，有哪一個人曾證得初禪、二禪、三禪？沒有！找不到一個人有初禪的證量！你要去哪裡學禪定？你還是得要留下來，以後在這裡學禪定。我們可以教你，我們也有禪定的證量，不是空口徒言來籠罩人。以後你們想要修到初禪、二禪、三禪、四禪，我都可以教啊！但是不瞭解內情的人，就會到處去逛道場。那你如果想要到處去逛，你就去逛看看，沒關係！就當做觀光！觀光幾年下來，看透了那些大師們的底細之後，你再回來同修會中，我們還是一樣地歡迎你。因爲有的人就是這樣：不到黃河心不死，見了棺材他才願意掉眼淚的。眞的去花了錢、花了時間去學，學過了以後發覺原來沒有東西，然後他才會相信我們所說的話。這樣倒是好，這樣逛夠了再回來，就不會再退轉了，這也就是我要度的人。

這意思就是說：講得天花亂墜，大家都會講，但是當他遇到眞實有禪定證量的人，三言兩語就會被人看破手腳了；可是如果是還沒有入門的人，還沒有禪定證量的人，就辨別不出來了。同樣的道理，沒見道的人把般若禪講得天花亂墜，一般人是無法辨別的；但是一遇到眞正見道的人，就會被看穿手腳了。這就是說佛菩提道甚深、微妙、廣大、究竟，絕對不是一般人以意識思惟所能知道的，所以絕對不是專門研究佛學的藏密應成派中觀見的教授們所能知道的，特別是一切種智的妙法。但是如今我們是把它列出來了，那諸位見道的人就很清楚：「我現在走到哪一個地步了，接下去該怎麼走。」你就清楚了。至於還沒有見道的人，也可以知道說：「我現在還在初住位、二住位、三住位乃至六住位，因爲還沒有破參嘛！」都可以了知了，這就是我們對當代、後代佛教界的貢獻。

這就是說佛菩提道的法極爲甚深廣大，這種微妙究竟的法不是「少數的二、三十人」所能了知的。到了末法時代幾乎可以說是只有一、二人能夠了知啦！然後了義正法就要靠這一、二個人肯發心出來利益眾生了；如果這一、二人悟了不肯出來弘法，他們都躲著別人，只顧悟後進修，眾生就無法得到正法上的利益，只能得到修善而迴避大災難的世間利益。所以說佛法的修學不能像一般人所講的：「你難道不能把祂寫淺一點，讓人家都可以證得嗎？」如果很淺就可以證得的——譬如離念靈知的意識境界——那就不是佛法了；如果每一個人都可以輕易的證得，那一定不是眞正的佛法。這意思就是說，往往有很多人對佛法產生誤會，而這個誤會的情形是很多的，所以未悟言悟的人當然是非常多的，所以接著下來就開始說明誤會的情形了。

現在有人提出這個問題說：「如果你前面所說的，佛的法身既然沒有種種色相，那爲什麼祂又能現種種色？既然一切有情的法身都是平等的，爲什麼祂顯現出來的表相又會有不平等？導致有的人現天人相，有的人現人、有的現狗、貓、乃至成爲地獄色身，爲什麼會這樣子呢？平等的心應該顯現出來的表相也是平等的嘛！」但是，如果這樣想，那就不平等了，那叫做齊頭式的平等；眞正的平等，應該是立足點平等。

接下來馬鳴菩薩就答覆說：「**由於法身，祂是一切色法的實體的緣故，所以祂能夠顯現種種的色法。**」第八識如來藏法身既然是心，爲什麼又是色法的實體？這就是《楞伽經》裏面所講的如來藏阿賴耶識具有「大種性自性」：一切眾生的八識心王中，只有法身如來藏有這個功能差別。前六識只能夠分別六塵；第七識只能有遍計所執性，執著六塵一切法，於一切法上都執著；但是執著歸執著，祂卻沒有辦法變現色身，沒有辦法執持色身，只有第八識有這個功能。這就是我在前理事長郭老師往生法會上面所說的法，這裡就不再重說了。可是當時從農禪寺來參加法會的那五、六十個人，不聽這種聞所未聞的勝妙法就走掉了，當中少數人看不懂我的機鋒，還說我是乩童起乩呢！他們當場退席走掉而不肯聽聞，那就失掉未來證悟的機會、因緣，就失掉法益了。我那時在法會上說了許多法，指示出證悟的方向來，剩下的部分，就是如何去找到法身如來藏了。這個部分既然經中已經明講，我也就跟你們明講；至於如何去找到如來藏的部分，既然經中不明講，所以我也不跟你們明講，你們得要參加禪三去參究體悟。

「四大種的性自性」就是講眞如法身祂有這一種體性，就是說祂能夠藉著外緣而執取地、水、火、風，變現出有情的有根身，這叫做大種的性自性啦！你如果要進入初地，大種性自性的道理，你可得要知道哦！你如果不知道，就沒有資格成爲初地菩薩啦！至於大種性自性實際上的運作，還有很多微細的地方，你都得要去弄清楚祂，這個就是進入初地所必須親證的七種性自性裏面的一種。由於祂能夠藉外緣（「最早」的外緣就是父母爲緣，接下來就是專藉母親的緣，然後祂藉著母親供給的四大）變現自己的色身，這就是法身如來藏的大種性自性。七轉識永遠都沒有能力執持身根的，祂只能住在你的五勝義根腦子裏面，做種種的分別，做種種的執著；那既然這個法身如來藏能夠變現有情的色身，當然法身就是色法的實體。不但是這樣，法身如來藏也和共業有情共同變現宇宙中的四大物質、變現山河大地，所以當然是色法的實體，所以 馬鳴菩薩說：「法身是色實體。」

接下來說，法身祂變現色身之後，就藉這個色身的五根又變現了六塵，可是六塵中的法塵其實是依附於五塵而顯示的，所以仍然不能不攝歸於五塵；然而五塵都是色法，這個五塵的色法既然都是法身所變，當然法身就是色法的實體。這樣子說明了以後，諸位就清楚 馬鳴菩薩這句話啦！可是你們如果到處逛道場去，我跟你講：他們解釋出來的就不是這個道理，他們就只會憑著想像去說祂。而這樣講錯法的人，偏偏都是當代最有名的大師，這就是現代末法佛子的悲哀所在。

為什麼說法身是色實體、又能現種種色？《起信論》裏面又有說明，也就是說：「從本以來，色法以及這一個眞實心是無二。」從無量劫以來，色法與眞心如來藏並不是兩個！但是你不要把祂們引申解釋說：祂們既然不是兩個，那當然就**是一個囉**！假使說**如來藏與色法是**一，那又錯囉！因爲如果是一的話，那麼人老了、死掉了，色身壞了的時候，法身如來藏應該也就同時壞了嘛！那法身豈不是有滅之法？所以，法身如來藏與色法雖是不二，也是不一；不二與不一是不可以拆開的，所以叫做非一亦非異。如果把這二法肢解了來講佛法，那就錯啦！所以不一與不二是不可分割的。這個眞實心既然從本以來就與色法無二，由於色法是講我們的色陰以及所變現的色、聲、香、味、觸，這個色法的本性其實也就是眞實心的自性。爲什麼色法也是眞實心的自性？因爲所變現的色法，不管是五塵還是色身，都是眞實心的功能差別所生的嘛！怎麼能說不是眞實心的自性呢？所以色法當然也是如來藏的自性了；所以 馬鳴菩薩說**色法的本性其實也還是眞實心的自性**，所以說：把這個色身以及眞實心合起來，就叫做智身。

換句話說，如果有人自稱他有菩提智，而又說這個菩提智是離開色法以及眞實心而有（譬如達賴喇嘛說眞心在身外），那他就是妄說，就是打誑語。譬如你明心了，說你證得根本無分別智了，但是你這個根本無分別智如果沒有了色身，如果沒有了色身爲緣而生的五塵相，以及色法所附帶而現的法塵相，那你證悟所得的根本無分別智還能存在嗎？（大眾答：不行！）不行啊！因爲如果離開了這六根以及六塵，那你就入涅槃去了；入了涅槃就畢竟空了，畢竟空的時候哪來的智慧呢？沒有智慧可說啦！所以說：智以「色、心」爲身。以眞實心及色身而出生這個智身，但是智身則是藉由色與七識心而去悟得那一個第八識眞實心。因此產生了這個眞實智慧，所以 馬鳴菩薩就叫它爲實智法身。但是剛見道時還不能叫做法身，因爲那只是根本無分別智，還要透過悟後進修所證的後得無分別智，再去證得道種智；有了道種智時，才能算是實智法身，這也叫做初地的法身，所以初地的法身是以什麼爲法身呢？是說他們的阿賴耶識同以這個眞實智慧做爲法身，這是初地兩種法身之一。而初地的實智法身，歸結到最後，其實仍然是如來藏——又名阿賴耶識的心體。

接下來說，由於這個眞實心的本性也正是色法的本性——色法也攝歸眞心如來藏——所以說這個眞實心就叫做法身。意思是說：眞實心如來藏是萬法出生的根源，所以是萬法之身，名爲法身。剛才我們說那些很有名氣的大法師們把法誤解了，所以產生了誤導眾生的現象；那現在蕭平實也算是很有名氣了哦！因爲現在也有人肯爲我花費六百萬台幣，在各大報紙頭版刊登半版的彩色廣告啊！（編案：即是義雲高、喜饒根登二人在台灣所有報紙第一版刊登半版廣告、全面誹謗）接著我們現在又出版《宗通與說通》、《邪見與佛法》了，有的人讀過以後眞是滿心歡喜；可是還有一部分人讀了以後一定是寢食難安的：吃也吃不下、睡也睡不著。是什麼原因？你們知道嗎？

有的人看了歡喜，就把這兩本書拿去南部送；南部不是有個中國佛教青年會嗎？有人拿去送給他們的副會長、法師啦！他們以前接到這位師兄送給他的《楞伽經詳解》第四輯的時候，就暴跳如雷了；現在再送《宗通與說通》給他，他就不肯收了，他說：「我們又不識字（其實不是眞的不識字，只是說氣話），你拿這個書來，我們看不懂啦！我們不看！」所以不要這書了，故意說不識字啦！那我們那位師兄送書時只跟他講了一、兩句話，結果他們那個青年會的法師就跳起來不准他走，把門堵住罵了他二十分鐘；師兄說：「我只不過在法上講了一、二句話，我也沒有作人身攻擊呀！何必氣成那個樣子？」結果這位師兄只好搖頭嘆氣啦！這意思是什麼呢？是說有些人讀了我的書以後眞的很生氣——很氣蕭平實——可是又找不出蕭平實的罩門在哪裏？比對經典所說卻又正確無誤，不能反駁，只能顯示自己所弘揚的「佛法」是錯誤的，所以就只好每天賭氣，悶悶不樂的過日子。

但是有智慧的人一定不是這樣的，有智慧的人會去探討，不斷地探討；他會用中性的立場去探討，他會認爲說：「蕭平實這個說法如果是對的，我就應該要接受。因爲我出家的目的本是爲了法界實相的親證啊！」應該是這樣嘛！我一向對善知識都是這樣想，我說：「也許眞的有一個修證特高的善知識給我遇見了也不一定，我絕不把人家先否定，除非他有錯誤的證據在我手裏，我已經確定他是錯誤的。」因爲我如果不先瞭解就加以否定，可能就喪失了跟上地菩薩修學的機會了，那眞是這一世最大的損失了。我們大家也應該有這個觀念，不要像外面的某些人一樣，根本都還沒有讀過我的任何一本書，都不知道我在講什麼，爲了護持被我評論的、誤導他學佛法的師父，就先開罵啦！同樣的道理，有資格宣說法身義涵的善知識，你不容易找，因爲那些大師們所說的什麼法身的，講來講去都誤會了，都是把常見外道所說的意識靈知心當作法身。比較好的大師是用揣摩、想像、臆想的道理來說，雖是依文解義，但至少不會自作聰明的亂講一氣、誤導學人；但是大部分的大法師，根本就不管自己的道理對或不對，他就認爲自己的無妄念的覺知心就是法身、眞實心啦！他們就這樣認定而不斷的誤導眾生，並且永遠都不聽勸、永遠不肯改正！這個現象在末法時代中很普遍，絕大多數的大法師都免不掉；所以說法身之理非常深，因爲祂包含了很多廣泛的層面。

法身如來藏有許許多多的功能差別，就是種子，又叫做界，有時候又叫做法界——眾法之界限。那這個法身爲什麼叫作法身呢？因爲這個眞實心的本性就是色法的自性，由色法爲緣，又可以從如來藏中衍生出種種三界法來，所以如來藏中的色法的自性也叫做法身。那祂也可以是什麼呢？也可以是七識心法的自性，所以也可以叫做法身；因爲是一切法的自性，所以如來藏又叫做法身。但是在這一段論文中先講的自性是說色法，後面才會再講到的心法的自性；也就是說：一切的心、一切的色、一切的法，都是以眞如心如來藏爲主，都是從如來藏中出生，故名如來藏心體爲法身。凡、愚眾生所知的心，無非就是見聞覺知的心、處處作主的心；這六識心加上處處作主的末那識，就是凡、愚眾生所知的心。娑婆世界如是，極樂世界也如是，琉璃光如來的世界也如是，乃至十方虛空無量無數的虛空世界也如是，都是這七識心，不出於這七識心之外，這是凡愚眾生所知的心。

但是一切眾生的七識都不能離開法身如來藏而獨立存在，也不能離開他們的法身如來藏而現行運作，所以一切眾生的心都是以眞如心如來藏爲身，所以眞如心是一切眾生心的根源，因爲祂出生了一切眾生心嘛！一切眾生的色法、色身，從地獄有情一直到色究竟天的大菩薩們的色身，都是由第八識眞如心所變現的。既然都是由第八識所變現的，那這一切的色法當然就是以眞如心爲身，離了第八識眞如心就沒有有情眾生的色身了，所以說一切色法都以眞如心爲身。有人會質疑說：「**可是身體外面還有很多的物質啊？這也是色法啊！難道那些身外的色法還是以眞如心爲身嗎？**」答對了！眞的是以眞如心爲身！因爲這是由共業眾生的眞如心中的不可知執受的力量所感應而變現出來的；同樣也會由共業眾生的眞如心中的不可知執受的力量，而使得世界變異、毀壞，在成、住、壞、空的過程當中，眾生就依各自的業力而在這世界裡面生存、受苦、受樂、造業、受報、輪迴，所以山河大地還是以心眞如爲身啊！所以說眞如心正是一切法的根本，所以才說眞如心是萬法之身，所以第八識眞如——阿賴耶識——就稱爲法身，因爲祂正是萬法之身。

「依於法身，一切如來所現色身遍一切處，無有間斷。」這一段論文所說的法身，就是講佛地法身無垢識。一切如來能夠在十方世界隨緣應現——於一切處變現——那都是依於祂自己的第八無垢識眞如心而變現出來的，並不是外於第八識眞如無垢識心體，而能有十方如來的應身、化身變現出來。

「無有間斷」有兩個意思：一個是說如來的自受用身常無間斷，長劫永無間斷。也就是十方如來的自受用身——祂的莊嚴報身——永遠沒有間斷的時候。至於如來的他受用身有時現前，有時不現前；初地菩薩所見的如來他受用身和二地菩薩所見不同，乃至九地菩薩所見的如來他受用身和十地菩薩所見又不相同；既然是這樣，它就不是恆常的，而是有時消失掉、有時現前；但是仍然可以方便叫做沒有間斷，因爲有時在這邊現，有時在那邊現，有時上方世界現，有時下方世界現，不斷在示現；這就像《楞嚴經》所講「眾生的見聞知覺性沒有斷」的道理一樣：並不是沒有斷，而是說依於如來藏就可以世世、日日現起，因此而方便說見聞知覺性沒有斷。所以今天晚上睡覺滅了，明天早上又現起，方便叫做沒有斷，其實在眠熟時還是中斷了；但是因爲如來藏不斷，所以這個見聞覺知性就可以夜夜眠熟斷了以後，再日日現起而方便稱爲不斷。所以上輩子的意識見聞知覺性過去了，永遠都不會再有前一世的意識見聞知覺性再現起了，可是這一輩子又生出一個全新的意識來給你恆審思量的意根使用。

諸佛的他受用身也是一樣的道理，這個他受用身隨著十方世界有緣的地上菩薩的緣分而隨時變現出來。這一種他受用身的變現都是盡未來際而永遠不會斷絕的，所以說「無有間斷」。在《阿含經》裏面有一部《央掘魔羅經》這麼講：「無色是二乘」，又說：「佛是解脫色」，就是指這個道理啊！十方如來的色法是究竟解脫的色法，但是以二乘人來講，他們如果還有色法在，就表示還沒有進入解脫的境界中，所以他們要把色法滅盡了、進入無餘涅槃裡面，那才說他叫做進入解脫境界啊！如果他們這個色法還沒有滅盡，他們就是還在生死輪迴中。可是諸如來不然，如來把色法維持著延續不斷，但祂們都是解脫的，因爲二乘阿羅漢所斷分段生死的現行，如來一樣斷盡了；然而二乘阿羅漢所不曾斷盡的煩惱障習氣種子，如來也斷盡了，那正是究竟解脫的境界，怎麼可以說如來不是解脫呢？以這種遠超二乘聖人的解脫境界，而依無盡的悲願來變現色身利樂有情、永無窮盡，盡未來際永遠不斷絕，仍然是解脫啊！大異於二乘聖人滅盡色身的解脫，所以《阿含經》才會說「如來是解脫色」，才會說「非色是二乘」，因爲二乘的法就是要把色身滅盡才算是證入解脫的。這就是說，一切如來的色身變現是遍十方而不間斷的，因此說無有間斷。這是從自受用身，以及盡未來際不斷變現的他受用身而說的。

十方菩薩隨著他們所堪任，隨著他們所願樂而見到無量的諸佛受用身、無量的莊嚴土各各差別。爲什麼要把十方菩薩加上四個字「隨所堪任」呢？因爲你的心量如果沒像初地那麼廣大，你就見不到初地菩薩所見的如來，你只能見到化身的如來，就好像普通人的身量一樣；如果你的心量夠廣，如來才會現那個廣大的身量來給你看。二地菩薩所見如來身相又比初地所見廣大，因爲他的心量更廣大；所以二地所見的如來他受用身的身量又更廣大。就這樣地地增上，十地所見各各不同。這就是說，十方如來顯現他受用身的時候，一定要依這些菩薩們的心量差異而做不同的化現。如果你見到的如來只有五、六尺的身量，那就是說你的心量適合看見的化身只有五、六尺高；你要見高廣大身，你就得要有更廣大的心量才能夠看見，所以叫做「隨所堪任」。

而「隨所願樂」呢？就看你心裡面希望看到什麼樣的佛身。人希望見到的佛身通常都希望像人一樣，如果現三十二大人相給你看，你就不會承認祂就是佛，因爲你覺得這個人很奇怪呀！如果是在鬼道的眾生，他們希望看到的佛就要像鬼道眾生的那個模樣，只是比他們莊嚴一點，這叫做「隨所願樂」。

「見無量受用身」：看見了無量受用身；並不是你一個人看見了無量受用身，而是無量的菩薩各自看見了啊！十方的無量菩薩會看見十方如來所化現的無量受用身，不管是哪一尊如來所化現的，而且各各見到的莊嚴土也是有種種的差別。我們這個世界也一樣有四種佛土，你去到極樂世界，照樣也有四種佛土，並沒有差別；其中有差別的部分，就是這個凡聖同居土的不同。你如果去到色究竟天，有幸覲見 盧舍那佛，難道那個世界會輸給極樂世界嗎？不會的！一樣地殊勝！

如果你去極樂世界，結果你一直想說：「我去到極樂世界，希望還有我最喜歡喝的永和豆漿。」那我告訴你：你去那邊時一定是生在凡聖同居土中，你在那邊將來的修持最高不會超過初地境界。為什麼呢？因為只有凡聖同居土才會有飲食的需要，如果生到方便有餘土，那就不需要飲食了，那也都是解脫聖者所住的地方嘛！實報莊嚴土則都是地上菩薩所住！同於此界的色究竟天的境界。也就是說，上品下生住在花苞中七天，相當於娑婆世界的七大劫；蓮花開了，聞佛說法，修學佛法就成初地菩薩了，那都是相當於此界色界天的境界了，還需要飲食嗎？還要喝永和豆漿啊？如果你的心老想著欲界的五欲法，那你生去那邊時當然就一定是凡聖同居土，才會有飲食。

至於造惡業而往生極樂的人，都是下品生的人。你如果說：「我沒有造惡業，為什麼要變成下品下生的人？」那你就中品下生待在蓮苞中慢慢地等，待到你對於欲界飲食等五欲的貪著消失掉了，蓮花就開了，你出得蓮花的時候，就是生在方便有餘土了；方便有餘土中修學的是二乘解脫道的法，那也不會再起心動念想喝永和豆漿啊！這就是說，十方眾生由於他們各自心量的差別，因此他所感應到的往生境界就會有差別，十方諸佛的化現當然也會有種種的差別；這個就是十方諸佛「隨眾生心應所知量」而為化現。化現時當然就要隨眾生心量而為說法嘛！所以諸佛為眾生說法時，都是看眾生心量程度，而為眾生宣說適合的法義。

接著 馬鳴菩薩又說：「不相障礙，無有斷絕。」不相障礙：譬如 阿彌陀佛化現到娑婆世界來度化某一個有緣人，跟這裏的 釋迦佛不會有互相障礙；釋迦佛化現到極樂世界去度極樂世界的某一個與娑婆有緣的人，也不會跟 阿彌陀佛有所障礙。 阿彌陀佛絕不會這樣說：「欸！釋迦牟尼佛！你怎麼跑到我這裏來度人呢？你搶了我的人啊！」祂們不會這樣想、這樣說，反而是互相推薦； 阿彌陀佛還這樣告訴極樂世界的菩薩們說：「你們上午得要乘著極樂世界的寶蓮華台，帶著許多極樂世界的寶蓮花，到十方世界去供養諸佛、聽聞妙法。」十方世界諸佛則說：「你們對未來世如果沒有把握，那就趕快到極樂世界去！有修有證的人也可以生到極樂世界，面見阿彌陀佛進修佛法。」諸佛都是這樣互相推薦的。所以阿彌陀佛化現來的時候——譬如古時的豐干禪師啊——釋迦佛並沒有指責說：「欸！你怎麼跑到我這裏度人、拉走了我的人啊？」絕對沒有這樣的事情！而是隨因緣而各自化現度諸有緣，絕對不相障礙。

而這一種化現也是盡未來際的，並不是偶然一時的示現，以後就永遠不再示現了。這一種化現化身而度眾生的善業，十方諸佛都是這樣做的；所以，有時我去你那邊度一兩個眾生，有時候你化現到我這邊度一兩個眾生；我推薦眾生生到你那邊去，你也推薦眾生生到我這裡來。其實一切的佛子在修學佛道的過程當中，都是有種種不同的因緣，種種因緣數之不盡。每一個人這一世都會跟許多善知識結緣，過去世也一樣，就這樣一直的結緣下去；當然未來修菩薩道的時候一定就會有許多的因緣，不是只有值遇一佛一因緣。所以十方諸佛也不能夠說：「這一個人永遠都是要由我來度化的。」不能夠這麼說啦！因為這個人這一世可能是我度化的，上一輩子則是另一尊佛度的，上上輩子又是另一尊佛度的，因緣都互相涉入的。也許你現在這一世是究竟佛度的，但上一輩子卻是另一位菩薩度你，這很難說啊！所以諸佛的這一些化現，祂們不會產生任何的障礙，也沒有任何的隔閡，而且也是無有斷絕的，都是盡未來際的。不論是應身也好，化身也好，報身也好，或者佛所化現的他受用身也好，都是佛地眞如色法的化現；離開了佛地眞如的大種性自性，就不可能有這一些應身、化身、報身的化現。

「此所現色身，一切眾生心意識不能思量，以是眞如自在甚深用故。」一切佛所化現的色身，以及眾生們自己變現的色身，和共同變現出來的山河大地，這都是一切眾生的心、意、識所不能思量的。眾生的眞實心是離見聞覺知的，如何能思量這些法界實相？但是佛地的心眞如第八識卻能思量，因爲佛地的眞如心能與二十一心所法相應，因地眾生的眞如心不能作到的，所以是不能思量的。至於眾生的意根，了別慧極差，也不能了知這個道理啊！那又如何能思量呢？乃至有的人聽到善知識講這個道理的時候，他就起煩惱：「哎呀！那個都是你自己編造的說法，我才不信啊！」這意思是說，連眾生能思惟分別的意識心，也沒有辦法思量啊！因爲大部分的眾生從來都沒有聽過這種妙理，他們也沒有辦法證實它，又如何能思量啊？所以 馬鳴菩薩說「一切眾生心意識不能思量」。

諸佛所變現的一切色身，眾生心所變現的六道色身，都是眞如心的作用變現出來的；但是眾生對這個實相並不瞭解，也無法實證眞如心阿賴耶識，所以完全不能理解這種甚深極甚深的眞實義，所以連自己的眞如心在何處都不知道，如何能現觀眞如心出生自己的色身？又如何能了知自己的眞如心能與眾生共同變現山河大地？當然更不能了知諸佛化現種種色身的深妙正理了；這意思就是說，諸佛的眞心無垢識能做種種的變化示現，都非眾生心所能臆想而知，這是因爲諸佛的眞如心有大自在，有甚深作用的緣故。

眞如心爲什麼叫作自在呢？一般而言，自在的意思是無所畏懼的意思；但是在這裡，自在的眞實意思是說「自己本來就已經存在」，不是修行而後有，不是製造而後有，不是由別法來出生了自己，那叫做自在——自己本已存在。但這裏的「眞如自在」是說祂可以應化無方，沒有方所的拘束；也不像等覺以下菩薩的眞如心，還不能與善十一心所法相應，也不與五別境心所法相應。佛地眞如無垢識具有這二十一個心所法（因爲原本就已經與五遍行心所法相應，所以共有二十一個心所法），所以祂叫做眞如自在；有了這一種眞如自在，就會有許多甚深之用，這種甚深之用絕不是一般人所能知道的。這就是說，等覺菩薩所能瞭解眞如心的種子差別，畢竟還是非常有限，眞如心的甚深用，只有妙覺如來才能夠究竟了知。

前面我們也說過，你的眞如心往往能在別人的夢中爲人說法，但是祂在夢中爲別人所說的法，絕不會超過你的意識所能夠知道的法，這是有侷限的，祂的程度一定是這樣的；但是有的人往往會把自己亂夢一場的夢境，拿來跟我所說的這種眞如心的甚深用混在一起。所以有一個前提得要先弄清楚，就是說：在那個夢境裏面我是純粹爲你說法的，而且是在很清淨明朗的境界中。千萬別把睡醒之前、膀胱尿急導致的胡思亂想亂夢境界，拿來跟我說的這個夢中說法的事情相提並論；否則就是在說夢話了。這就是說，色身以及五塵色法、山河大地，都是眞如法身的作用而顯現出來，色法既然是法身所變現，當然色法也就是法身種種自性中的一種。

可是經上說：「色法即是法身之用。」說色法與法身不二啊！結果就有人誤解啦！西藏密宗因此就講：「我們即身成佛，我們就是用這個身體成佛，因爲身體就是法身，法身就是身體。」依照字面上的意思來看，他們說的似乎也沒錯啊！所以他們就從外道性力派的邪思謬想中取來雙身修法，振振有辭爭辯說雙身法才是眞正最高、最究竟的佛法，就說「即此色身而成究竟佛果」。這就是說：「由於知見的邪謬，就會產生修行法門的錯誤差別。」那他們也從經中文句上引證出來說：

「你看！經上不是講：『色法就是法身，色法與法身不二』？」你從文字表面上看來好像是對啊！那你如果沒有知見、沒有見地，你就會被藏密矇騙了。因爲他們用一個方式來證明他們的祖師、上師是有證量的，他們就說：「你看！我們某某上師死了以後，色身都沒有變壞啊！然後他就縮小變成兩尺高、一尺高啦！」其實這種事情都跟佛法的證量無關，如果這樣就叫做有證量，那現在印度還有人能夠做得到啊！現在還有啊！可是我跟諸位說：那裡面是有機關的，那都是經過加工的，再把骨頭都抽掉了，只剩下支撐所必要的骨頭，所以都是人工所成就的。你們可能不知道，南美叢林還有一些原始部落的人，專門製作乾縮人頭；就是把人頭中的骨頭拿掉，乾縮以後就變小了，並不是只有藏密的人才能這樣製造。有一些密宗的祖師屍乾，現在還被供奉著；如果允許加以檢驗的話，你把那個一尺高的那些祖師像拿下來檢查，裡面連一根骨頭也不見了，都只是人爲加上所成的世俗法，這跟佛法證量的解脫道修證、佛菩提修證都不相干啊！

至於月溪法師，你們沒有看過他死掉坐缸數年後的開缸照片。開缸的時候，他眼睛瞪得像牛眼那麼大，看來似乎是很驚訝慌張的樣子；嘴巴也張很大，而且又是歪斜的；鼻頭也凹陷不見啦！可是爲什麼他被供在龕中的所謂肉身舍利，面部會那麼整齊好看呢？這就是經過整修的嘛！換句話說，他那個「舍利」其實只是屍乾，經過整修以後用來矇騙世人。也就是說，沒有智慧、沒有證量的人，他想要在死後讓人繼續恭敬崇拜他，就要出這些招數來；佛門常常有這麼一句話說：「師父不搞怪，徒弟不來拜！」這是事實。其實有許多東西，都是可以動手腳的。

譬如說甘露；甘露也是可以動手腳來作的，甚至於說如果我要搞怪的話，我還可以貼佈告、定價：某一種口味的甘露，一杯五百萬；另外某一種口味，一杯一千萬，我還可以定價碼給你；然後我就假裝弄一場法事，然後就變出甘露來。但其實只是變魔術，用魔術手段來矇騙眾生。所以甘露的口味其實也可以預定，也可以定價的；縱使眞能求到天界的甘露，那也只是欲界天人的日常飲食而已，與佛法的修證完全無關，因爲那扯不上與解脫道、佛菩提道的關係，還在欲界六天的世俗境界內。所以這都是外道所說的東西啊！不要把它混進佛門裡面來啊！

西藏密宗還有一種創造邪說的方式，當他們想要誇大自己的時候，剛開始都會先用傳說的方式來傳播訊息，不會先寫出來。所以他們如果有祖師剛死的時候，徒弟們會先私下處理掉上師的屍體，然後就開始傳說：「我們上師就用這個色身直接往生到空行淨土、烏金淨土去啦！」那我們就要請問第一個問題：「空行淨土、烏金淨土是在三界中的什麼地方？」空行淨土、烏金淨土總不能超出三界啊！因爲三界以外絕無一法、一境可以存在的啊！既然一切世界都不能超出三界外，那好！請問：「空行淨土是在四王天呢？還是忉利天呢？或者色究竟天呢！是在哪一天？」你這一問，他們就只能嘴巴張開、瞠目結舌，沒辦法跟你回答啦！爲什麼呢？因爲他們被你這麼一問，心裡就知道說：「啊！我這句話講錯了。」因爲他如果說是「在四王天！」那你就問他：「請問四王天的天人身體是怎麼樣的？你知道嗎？」再笨的人也不敢回答啦！因爲這個肉身是沒有辦法在四王天存在的，四王天人都是另外一種微細的物質色身。那既然你這個極粗糙肉身是不能去到四王天的，那你說你的上師用這個肉身上昇到四王天中的空行淨土，那不是說謊嗎？所以他們不敢回你這一句問話的。

再請問你：「空行淨土、烏金淨土是天界二十八天中的哪一天啊？」如果說空行淨土是在人間，那你們西藏密宗的「修證者」根本就是還在人間境界中打混嘛！那跟世俗凡夫有什麼差別？如果說是在天界，可是天界總共就只有二十八天（三十三天是欲界第二天分成三十三天），並沒有一個空行淨土可以存在的地方；如果他們硬要說是在天界二十八天中的某一天，都會有很多的大過失，難免會被人廣破的；而且這個道理說起來就很冗長了，我們暫時就不細說了！所以空行或烏金淨土，只能存在一個地方，那就是夜叉、羅刹所住的地方；也就是說，往生空行或烏金淨土的人，其實就是去投胎爲夜叉或羅刹；而且他們的心性和境界相都完全一樣：**貪淫極重而修雙身法的第四喜淫樂境界，心有大瞋而修誅法，貪吃肉食、血食、淫液，愛吸淫液精氣**。這類心性的眾生，連進入欲界天境界都不可能，何況進入淨土？

所以藏密創造空行淨土、烏金淨土的說法，這裡面有很多自我矛盾的地方呢！但他們自己說的人都不知道。像這樣自己創造一個不合法界眞相的傳說，私下傳久了以後，漸漸傳到第二代、第三代以後，如果沒有人以智慧證量出來破斥，他們就正式把它寫下來，因爲那時大家都信了嘛！而且創造傳說的人也都死光了，死無對證了，後人就把它寫下來成爲密續，大家就更加信以爲眞，代代這樣奉行，就這樣迷信下去了。有了密續以後，後後代的人就完全相信，誤以爲古時藏密眞的有這種「大修行人」，還覺得不可思議呢！但是未來的無量世以後，終將難免遇到眞有智慧的人，會出來加以據理破斥，最後還是落得更沒面子，也會使得藏密成就**欺騙世**人的事實，成爲眾所週知的印象，將會永遠無法擺脫這種印象；被拆穿了以後，不免要漸漸滅亡，只剩下回歸正法一條路了。所以弘法的人，最好別幹那些欺騙眾生的事，最好都完全遵循　佛所說的三乘經典的法義，千萬別自作聰明、發明新佛法，免得有朝一日被有智慧的人加以廣破，那就會成爲佛教界的一大笑譚了！

這些藏密所傳的法，都是錯誤的邪見；他們因爲對於佛菩提道和解脫道的認知不清楚，又不肯安分守己的努力進修，不肯尋找大善知識學法，心樂世間的種種有爲法，所以專幹**索隱行怪**的事情，因此就產生了這些邪謬思想。可是眾生不瞭解這個道理啊！又沒有人把它的眞相說出來，所以大家就相信了，就說：「密宗果然修行**比顯教的法師們更高喔！**」可是弄到後來，有人出來這麼一拆解呀！把這個底牌拆穿了，牛皮給刺破了：「**原來西藏密宗呀！跟佛法完全無關，只是外道法。**」就沒有前途可說了！

所以密宗所說的「色身即是法身」的說法，是虛妄想，他們妄想以肉身直接生到天界去，或者像宗喀巴一樣妄想以觀想所得的天身作爲眞正的天身，作爲成佛所用的佛身，都是永遠都不可能成功的事，因爲法界中沒有這種事，因爲完全違背法界中的眞相故。所以法身一定是第八識心體，因爲萬法都是以第八識心體爲身才能存在的緣故。所以說：「於第一義諦法流水中，從實性生智故，以實智爲法身。法名自體，集藏爲身；一切眾生善根，感此實智法身，故法身能應現無量法身：一切國土身、一切眾生身、一切佛身、一切菩薩身，皆悉能現不可思議身。」也就是依眾生心而應現其身。

換句話說：若眾生的心性狠毒、狡詐，他的法身如來藏就爲他營造往生畜牲道的境界相，使他捨報後生到畜牲道去，就爲他創造出後世的毒蛇身；眾生喜造地獄業，心性適合地獄，他的法身如來藏就爲他在未來的無量世中創造出地獄身；如果眾生喜樂與人歡喜相處，樂以仁義五倫和父母師長親友相處，心性適宜爲人，他的法身如來藏就會在捨壽時創造出往生爲人的境界相，就會遇到來世的父母和合，就去投胎爲人。這就是說如來藏這個法就是一切有情的自體，而如來藏以集藏一切法種的集藏性作爲自身；這個自身如來藏能出生眾生心所須要的萬法：包括善境、惡境中的萬法。一切善惡無記法都以如來藏爲身，所以說如來藏就是眾生各自的法身；因爲眾生身上所領受的萬法，都是以如來藏爲身的緣故。

如果眾生具足善根，就可以遇到眞正的善知識，而且會對眞善知識所傳的正法具足信心，而不會心中始終生疑不信，漸漸的就能隨著善知識親證自己的法身如來藏，這就是「一切眾生善根，感此實智法身。」又因爲證得佛法了，心中對諸佛具足信心，也就能在因緣成熟時，感應到諸佛爲他化現種種適合他看見的化身。眾生因爲這樣實證法身如來藏的緣故，所以成爲菩薩；也因爲這個緣故而可以生到各種菩薩所應往生的佛國淨土，變現出他所應有的菩薩身；乃至未來成佛時，也可以由這個法身如來藏——改名無垢識——而變現出一切國土身、一切眾生不可思議的佛身，依眾生心量所應知悉而變現出種種不同的佛身。但是這些無量的變現，都不離法身如來藏、無垢識，所以第八識如來藏就是法身。

此外，一切法（包括二乘菩提解脫道的出三界法，也包括大乘別教不共二乘、不共外道的菩薩實相法）都是從如來藏中出生的；所以，三乘微妙不共外道的法要，以及大乘第一義諦的種種深妙法，從如來心中猶如滾滾洪流一般的流露出來，都是從親證第八識法身所得眞實智慧中出生的；所以第八識如來藏被稱爲法身，實際上正是以眞實智慧爲身，所以稱爲法身。因此，除了第八識如來藏以外，沒有一法可以稱爲法身，因爲世間、出世間萬法都是以如來藏爲身故，因爲第一義諦一切勝妙的、不可思議的佛法，都是以親證如來藏而生起的眞實智慧爲身故，所以第八識如來藏才是萬法所依之身，所以如來藏才是法身，除此更無法身可尋、可求。如果外於如來藏而求法身，就一定會成為心外求法的佛門外道。

法身，所以 馬鳴菩薩說：「一切菩薩、一切如來都是以第八識為法身，一切如來的最終依止也是第八識為法身，當然一切如來的法身都是同樣的體性、同樣的功德作用、同樣的具有一切種智，所化現出來的自受用法身當然也不會有所差別；所以 馬鳴菩薩說：「無有彼此差別色相。」因為一切如來都已經親見第八識法身，也都具足發起法身如來藏所含藏的一切無漏法、一切無漏有為功德法，互相之間都不可能有所隱瞞的，所以 馬鳴菩薩說：「互相見故。」合起來就是：「一切如來皆是法身，無有彼此差別色相，互相見故。」所以說，佛法的如實了知確實很不容易；可是你如果能遇到一位眞正的善知識，佛法的修證卻又變得很輕鬆、很容易了，你只要按部就班去學、去行，不要打別的妄想，一步一步去走就對了；因為路已經為你開好了，柏油也給你鋪好了，就等著你開車上路、一路飛馳。接下來 馬鳴菩薩又說：

論文：【復次，為令衆生從心生滅門入眞如門故，令觀色等相皆不成就。云何不成就？謂分析麤色漸至微塵，復以方分析此微塵；是故若麤若細一切諸色，唯

是妄心分別影像，實無所有；推求餘蘊漸至剎那，求此剎那，相別非一。無為之法亦復如是，離於法界終不可得，如是十方一切諸法應知悉然。猶如迷人謂東為西，方實不轉；眾生亦爾：無明迷故謂心為動，而實不動。若知動心即不生滅，即得入於眞如之門。】

講解　到這裡就開始拆破**五蘊**實有的假相了，就是宣示五蘊的空相。上面那一段論文是說**色法與心法不二**，但是這一段就要講**色法與心法不一**啦！前面的法說過以後，眾生往往產生誤會，誤以為色法果然就是心，卻不知道非異卻又非一的道理，所以這裏就解釋非一的道理。馬鳴菩薩為什麼要補充宣講五蘊的空相？為何要說五蘊與眞實心非一？也就是想要讓眾生從心的生滅門而轉入心的眞如門。可是有很多的假名善知識，看到這一句論文，就罵《大乘起信論》是偽論，誣說是外道寫的，說是外道假託馬鳴菩薩的名號來造論、流通邪法；其實《大乘起信論》的內涵，絕非那些專搞佛學研究的外道學者所能知悉的，也絕非那些佛門裡面跟著外道研究者所立的邪理，而專作佛學研究的印順法師、達賴喇嘛他們所能理解的，他們根本不瞭解眞正的佛法。即使是初悟不過三、五年的菩薩們，也還是無法眞實的理解《起信論》中的深妙意涵，何況印順與達賴……等人根本就未證得如來藏，完全無法現觀如來藏的體性，又如何能夠知道《起信論》中所說的悟後進修的種智妙理呢？所以心眞如、心生滅二門，都是甚深極甚深的第一義諦眞實智慧，絕不是他們誤會了以後所誣謗的「眞如不可能有生滅、不可能有緣起」的表面意思，而是說眞如心具足一切法，所以必然有種種相貌，從因地到佛地的過程中，有種種的異同存在，絕不是一悟就一定可以成佛的，當然就不是佛學研究者依靠學術研究所能理解的。

心眞如自體本非生滅門，但是也不能離開生滅門而獨自存在於三界中；而佛地眞如境界也必須依靠生滅門的修行，來變易眞如心中的種子才能成功，所以離開生滅門的種子變易性，佛地眞如是不可能修成功的。反過來說，如果祂一開始就是佛地眞如的話，那眾生根本就不必修行了，應該都本來就是究竟佛了，又何必歸依三寶及修行佛法？經上講的「本來是佛」，是說你這個心體本來是佛地的心體，不是在第八阿賴耶識心體以外另有一個眞實心體，所以眾生現在身中的第八識如來藏就是未來成佛時的眞心無垢識——佛地眞如。但這是在理上說的，在事相上，你卻要透過修行，把你的所知障隨眠等無始無明所攝的上煩惱（塵沙惑）斷盡，還要把煩惱障中的分段生死的現行斷盡，還要把能導致阿羅漢迴心以後繼續在三界中受分段生死的習氣種子隨眠斷盡，已經都沒有異熟性了，心眞如裡面變易生死的種子才斷盡了；這樣才叫做佛地的眞如，才能改名爲無垢識。

所以現在的阿賴耶識心體自身——如來藏——雖然就是未來佛地的眞實心，雖然還有不淨法種含藏在內而不等於未來佛地的心眞如；可是離開你這個第八識如來藏阿賴耶識心體，卻又找不到未來佛地的眞如，所以祂其實就是佛地的眞如；但是心體的內涵法種卻有所差別，所以般若系的經典裡面說如來藏不異眞如、不即眞如。這就是說，想要親證佛地眞如，得要在因地菩薩位時，從眞實心的生滅門去下手，等你證得如來藏之後，現觀如來藏中含藏種種不斷變易的種子，以及不清淨而應該加以修行轉變清淨的種子，就要懂得去轉易第八識裡面所含藏的煩惱障種子以及無始無明的隨眠；所以在常住不變易性的心體之中，含藏了種種有生有滅、可以轉變的不淨法種，這就是已悟般若的現觀心生滅門的菩薩。但是你還得要知道如何斷除祂所含藏有生有滅的不淨法種，把祂們一步一步的斷盡了，祂就可以成爲佛地的眞如心了；所以，佛地眞如的成就，得要依靠心生滅門中的種子可以生滅變易性，才可能圓滿成就的，然而眞如心體卻是本來就在、不是修行而後出生的；眞如心體的自性也是本來就清淨的，不是修行以後才變成清淨性的，變的是祂所含藏的七識心的不淨種子與七識心的現行。因為這個緣故，所以講：「佛地的眞如心，非緣起也非不緣起。」這樣才是中道啊！藉著這個中道的修證過程，最後才能成就佛地常、樂、我、淨的無垢識的眞實、廣大功德。所以馬鳴菩薩為了讓眾生從眞實心的生滅門而轉入眞如門的緣故，首先教導眾生先觀察「色等相皆不成就」。

由此可知：眞實心體固然是常住不壞的心，而心體自身的體性也是本來性、有自性性、本就清淨性、本就無生滅性，所以是永遠顯示自體的眞如性的；但是這個自體眞如性的第八識如來藏，卻含藏著七轉識相應的種種生滅法，也含藏著自體相應的種種無漏有為性的種子，一直在不斷的變易著，所以心眞如性與心生滅性是一直都和合而存在的，所以心眞如門與心生滅門是不可分割的二法，如果眾生的第八識心體單只有心眞如性，或者單只有心生滅性，都無法成就世、出世間萬法的；必須眞心心體有種子生滅門的實用，能出生色身、色塵及七識心王，才能顯示出心的眞如性；而心的眞如性，也正因為心體常住而無所著，才能藉色身等法而顯示出來，所以色蘊與如來藏法身是不異同時不一的。前面說色身就是法身所變現出來的，所以說色身與法身無二；但不知道眞實義的人，就誤會說色身與法身是同一個。這樣一來，問題又出來了：色身壞掉時法身也應當跟著壞掉囉？所以這裏又告訴眾生「非一」。「色等相」既然有個「等」當然就包括受、想、行、識，也包括色、聲、香、味、觸的五塵法。

爲什麼說「色等相皆不成就」呢？也就是說把色法拿來加以分析。分析這個粗的色法、再分析，一直分析下去，到最後變成微塵，微塵再分析下去就變成鄰虛塵。到了鄰虛塵，就沒有辦法再分析了；假使能夠再分析下去，就算你有天眼也看不見，佛眼也看不見，統統看不見，因爲鄰虛塵就是最微細的微塵，再下去就沒有物質色塵了，所以是不可能被看見的。所以說鄰虛塵就是世間最微細的微塵，再過去就沒有物質了，就是虛空啊！但是鄰虛塵會不會變成虛空？不會！只是它太微細了，無法再分析下去了，所以才叫做鄰虛塵。但是這個極微的鄰虛塵還是存在的，就是地、風、水、火四大元素，四大的極微還是存在的，而這個微塵一定都是圓相。

現在有個問題出來了，請諸位把一包彈珠放在桌上，把它疊成像金字塔那樣，行不行？沒辦法嘛！因爲通通是圓相嘛！一切色法的極微通通是圓相，圓相必須要有外緣才能把它凝聚起來，你一放它，它一定四散開來。同樣地你的色身也是由地、水、火、風的四大極微凝聚成的，那爲什麼會變成頭髮、牙齒、皮膚、骨骼、肌肉……等等不同的堅固相呢？那是由於心眞如有大種性自性，所以能夠將四大極微凝聚成爲一個色身——完好的色身。可是你再把這個色身來加以分析又分析、再分析，分析到最後還是極微部分的鄰虛塵，沒辦法再分析了；再過去就是虛空，連佛眼也看不見。而你這樣去分析的結果，你會發覺這個色身根本就是暫時而有的，不是永恆的存在。

因此 馬鳴菩薩就做了一個結論說：由這個緣故，不管是粗的色法或者細的色法，一切的色法都是妄心分別而從眞心中所引生的影像，實際上沒有實有的法性存在。有的人也許說：「怎麼沒有實有？我這個身體好好用欸！你蕭平實不是也正在用你那個身體？不然你怎麼說法？」是啊！沒錯啊！但是，如果你把祂轉換到另一個時空：當你正在做夢的時候，你那個夢中的身體到處晃來晃去，到處逛、到處去遊玩，你那個身體是眞的？還是假的？當你醒來時說是假的！當你正在夢中時卻又是眞的啊！所以眾生夢中不知身是夢。你在夢中覺得好眞實，等你醒來時又說是假的。可是等你悟了以後才知道，原來這個身體也是假的，是從如來藏中出生的，事實上就是這個樣子。

所以說眾生不瞭解這個道理，因此他就起了種種妄心的分別，認爲這個身體實有。認爲是眞實有的緣故，所以他捨壽之後就想：「我要再去獲得另一個身體。」這樣他就投胎去了。所以說眾生會生生世世輪迴生死，就是由於這個色身：由於這種身見不能斷除（當然也包括「覺知心以身體爲身」的邪見）。這個色身，且先不說是人間五十年、一百年的壽命啦！就算是讓你生到四禪天，對世間人來說，那可是壽命無量了！但是從　佛、從初地菩薩來看，那還是只有一個短短的時間而已，畢竟還是由如來藏藉極微細的四大種假合而有的。所以說它實無所有，都是由於妄心的虛妄分別，因此產生了色身。色身如是，推求餘蘊，就是其餘的受、想、行、識，漸漸推求到剎那、剎那間的識蘊；然後再來求此剎那剎那相的識蘊，也是前後剎那剎那、相相有別的：前後剎那的識蘊也並不是同一個識蘊心啊！

譬如說識蘊，如果這個覺知心（離念靈知心）是眞實的存在，就不該在眠熟時不見了！所以祂是由許多的緣聚合而成的，不是本來就有的。於存在的過程中，祂也是剎那剎那前後轉易的：這一剎那心上來隨即落謝，下一剎那心又跟著上來，才能了知、分別；這樣一剎那一剎那地轉易，你這個覺知心才能有了了分明的了別作用啊！如果不是這樣剎那的轉易，你的覺知心就不能有分別的作用了。這就好像是錄音帶一樣，如果不是前後不斷的從磁頭上滑過去，就不能有聲音變化的作用了；同理，覺知心必須是前後剎那變異、不斷的變換，才能夠有覺知、了別的作用，所以覺知心——離念靈知——一定是剎那變異的無常法。可是前剎那的覺知心所了別的境界，跟後剎那的覺知心所了別的境界，都會有一點點的差異。

就好像你在看影片，你在大略的觀察電影膠片的時候，你不覺得前後格的膠片影像有差異，可是你如果將電影膠片一格一格用放大鏡仔細比對看，就會發覺上一格跟下一格都有一點點的差異，就這樣一點一點的變化而有很多格膠片連續累積起來，讓你覺得影像裡面那個人在動，所以一定得要前後格膠片影像都有變異，才能成就電影的作用。如果沒有變易，你這個見聞覺知心就會像單格的影片膠捲一樣成爲幻燈片，就失掉電影的作用，就不能分別有人在走路了。既然剎那剎那了知有人正在走路不停（有電影的作用存在，那就一定是有很多格膠片前後不斷的變異，才能夠有電影的作用）；同理，覺知心一定是前後變易的，前剎那與後剎那都一定各有一點點不同的地方。所以說你去求此剎那與後剎那，求前一剎那與這一剎那的意識心，這兩個剎那之間互相有別，一定可以證實離念靈知的意識、識蘊，必定是前後剎那不同的，所以 馬鳴菩薩從色蘊的虛妄上面，接著說：

「推求餘蘊漸至剎那，求此剎那，相別非一。」也就是說五蘊的法相，一一蘊都是有前後差別的，前後剎那都不是完全一樣的。這也就是《阿含經》裡面講的法，我念一段阿含裡面的經文給諸位聽，今天我把它抄出來，證實 馬鳴菩薩的說法是完全正確的。從這一段阿含中的經文，也可以瞭解《阿含經》早就告訴我們：有一個眞實而沒有眾生我性的「眞我」，與沒有常我性的色身、沒有常我性的離念靈知同時同處的；正因爲這個第八識心體本來自在，不從緣生，不是像蘊處界我一般的無常性、無眞實我性，所以就叫做「我」；所以說：五蘊都是非我，但是卻有一個眞實的我存在著。

在《雜阿含經》卷一的經文上是這麼說的：「舍利弗云：『輸屢那！當知色若過去、若未來、若現在、若內、若外、若粗、若細、若好、若醜、若遠、若近，**彼一切色不是我、不異我、不相在**，是名如實知。』」這就是告訴你：你的一切色法，不管是過去世的色身、現在世的色身、未來世的色身、內色身、外色身、粗的色身以及細的色身（細色的色身，譬如說六欲天、色界天的細色身）、好的色身、醜陋的色身、遠的色身、近的色身（云何遠近？譬如說過去無量劫以前是遠的色身，上一輩子是近的色身），這一些色身都不是眞實的「我」，但也不能說它跟「我」

無關，所以又說**不異我**。「不異我」：這個色身不是眞實不壞常住的我，但是也不能說它不是我，不能說它與眞實我有異；所以色身既不是我、同時也就是我；「不異我」也就是說「它就是我」。

但你卻不能因此而說這個色身是**在『我』裡面**，或者說**『我』在色身裡面**，如果這個**眞實我**是在色身裡面，那就像《阿含經》所講的那個外道村長一樣：他把一個活人拿來一點一點的割，在一點一點割掉肉塊的時候，詳細看看有沒有一個實我從活人的身體中跑出來？結果因爲這個我只是一個無形無色的心，所以他找不到這個眞實我，所以說**不相在**。能夠這樣知道，也能夠確實證驗這個道理的人，才能夠如實知道色法，乃至如實知道識蘊。那麼從阿含這一段「**一切色不是我、不異我、不相在**」的經文中，有沒有說出一個眞實不壞的常住我存在啊？（大眾答：有！）有嘛！所以《阿含經》裡面，祂不但講「五蘊無我」，祂也有說「常住我」，所以阿含是具足我法與無我法的。

那麼色蘊說過了，接下來經文就說：「如是，受想行識若過去、若未來、若現在，若內若外、若粗若細、若好若醜、若遠若近，彼**一切識不是我**、**不異我**、**不相在**，是名如實知。輸屢那！如是於色受想行識生厭離、欲解脫。解脫知見：我生已盡，梵行已立，所作已作，自知不受後有。」你看！有沒有說「我」？（大眾答：有！）有啊！為什麼 佛要在《阿含經》裡面說這個第八識叫做我呢？因為祂是本來就自己已經存在的體性，不是有生有滅的法性，所以才叫作我；因為祂是恆常不滅的，本來就有的，不是修行而後有，所以祂叫做我，不同於五蘊有生有滅無常體性而說為無我性。至於常見外道所說的神我、梵我，那是沒有常住我性的，因為那是會壞掉的神我，只是覺知心第六意識。至於一般人所說的五蘊，那也是無我性的，那不是舍利弗在這一段經文中所說的常住我，因為識蘊覺知心的我一定會壞掉，不能去到下一世，在這一世時也是念念變易的，並且是經由四大假合的色身為緣而成就的。

但是這個阿含經文中所講的常住「我」，不是印順法師所知道的「如來藏我」。因為 佛與舍利弗尊者所說的這個我，就是大乘方廣經中所說的如來藏，如來藏是沒有五蘊我的體性的，但因為如來藏是常住性的，不同於五蘊我的無常性的緣故，所以 佛所說如來藏是「我」，不同於無我性的五蘊世間我，所以如來藏是完全沒有五蘊我性的，這才是眞正的我。但是印順法師所認知的如來藏，則是有見聞覺知的五蘊我性的，所以他說「如來藏就是外道神我」，因為他所認知的如來藏其實就是意識心，所以是有意識我性的，是有六塵見聞覺知性的，所以同於外道的神我；然後再以他誤會後的如來藏（其實正是外道的意識我），來套到 佛說的如來藏身上，而把如來藏阿賴耶識視同外道的神我意識心，就以這個誤會的道理，而謗說第三轉法輪的方廣諸經都不是 佛親口所說，謗說是 佛滅後的弟子們長期創造結集出來的僞經，而謗說阿賴耶識有六塵中的見聞覺知性，而謗說如來藏就是外道的神我、梵我。但是 佛所說的如來藏阿賴耶識心體——我們正覺同修會所證得的如來藏——卻是離六塵中的見聞覺知性，卻與外道神我的意識覺知心完全不同的；這樣的如來藏，才是四阿含諸經中所說的「不是我、不異我、不相在」的「我」，絕不是外道神我的無常住性的我，也不是印順法師所想像的有見聞覺知性的有生有滅的「**假如來藏**」我；因爲印順所知的外道神我是能知能覺的第六意識心，而 佛所說的這個我——如來藏——阿賴耶識，卻是離見聞覺知的第八識心，印順法師怎可混爲一譚？

所以，「我與無我」義理甚深極甚深，不是一般人所能瞭解。印順導師研究佛法六、七十年，還是弄不懂佛法中**我與無我**的眞實道理。今天諸位聽過了，知道了識蘊：識蘊裡面有七個識，前六識加末那識—也就是意根—共有七個識，這七個識都不是眞正常住的我；但也不能說這七識不是眞正的我，因爲這七個識是由眞心第八識我生出來的，八個識同時同處和合運作、似如一心；可是你卻不能夠說這七個識在第八識我裡面，也不能說這個第八識我就在七識我裡面：不相在。

外面有些人不瞭解我書裡所講的道理，讀過以後不懂、誤會了，所以就有人說：「這個如來藏，照你的書中所說，祂應該在十八界裡面啊！爲什麼你的《眞實如來藏》又說，如來藏不在十八界裡面？」那就是說他沒有眞正懂得我的意思。如果這個如來藏是在十八界裡面的話，那就一定是「互相在」了嘛！那麼十八界壞掉的時候，如來藏也應該要跟著壞掉啦！因爲依他的說法，祂是在十八界裡面嘛！不能自外於十八界啊！那麼我們倒要請問：如來藏既然在十八界裡面，請問哪一界是如來藏？所以說他們眞的讀不懂我書中所說的已經很淺白的佛法正理。所以我在很多地方——特別是《楞伽經詳解》——在很多地方的遣辭用字都很嚴謹，大家不可以隨便亂移動它，因爲亂移動的話，意義就會被變更了，將來就會有上地菩薩來指責：你這些地方說錯了。這就是說佛法的眞實義理，光只是二乘菩提就已經是難知、難解、難修、難證的了，更不要說是大乘的佛菩提道了。

這就是說：五蘊非是法身；但是它也不能夠說不是法身，因爲它是由法身的功能性所造作出來的。既然是法身的功能性之一，你就不能夠說它不是法身，但是為讓眾生瞭解五蘊不是法身、也非即是法身（因為如果這個五蘊是法身的話，五蘊壞了法身也就一定會跟著壞了，就成為斷滅了），所以為了幫助眾生把這一個五蘊的虛幻弄清楚，接著由五蘊的虛幻再去探究「實相第八識是什麼？」等他弄清楚之後，就可以證得那個眞如法身，這樣就可以從心生滅門中轉入心眞如門了，就可以了知五蘊與如來藏不一亦不異的道理了，就可以證得「五蘊不是我、不異我、不相在」的法界眞理了。

五蘊是生滅的，五蘊中的色法——色身——當然也是生滅的。色身如果不是生滅法，那你上一世捨壽入了母胎，就永遠不能出生了，因為永遠都只是一顆單細胞的受精卵，那你怎麼能出生？正因為祂是生滅法而不斷地變異增長，所以你才能夠漸漸的成長五根具足，然後你才能出胎。出胎之後也是藉著母乳中的四大長養，你才能長大；再藉食物四大的長養，才能長成大人。既然你有長大的過程，當然色身必定是念念變易的，那就一定會老、會死；世間不可能有人長大之後不會老，將來老了以後又得要死了，死了以後四大又得要分解掉了，所以色身是念念變易的，念念變易而無常的色法，怎麼可能是常而不斷的法身呢？所以色身也是心生滅門所攝的法。

但是除了色身的生滅門之外，還有識陰啊！識陰也是如來藏心生滅門所攝的法，都同樣是從常住的如來藏心中所出生的心法，所以攝屬心生滅門中。然後色身與識陰和合所產生的受、想、行三蘊，照樣也是念念生滅，變異不斷的。這樣，從五蘊的生滅變異而瞭解：原來我們的如來藏能夠有這些五蘊的生滅法相出現，這個五蘊的生滅變易的法，其實也就是如來藏的無量法性之一，它們都是從如來藏心中所出生的，都不能自外於如來藏，所以它們其實也是如來藏的功能性之一；但是了知了如來藏的這個功能性之後，知道五蘊……等法都是生滅性以後，你要去探求：「到底我的如來藏在哪裡？」探求出來之後，現前觀察而發覺只有祂才是不生滅的：覺知心的我睡著了，覺知性的我斷滅了，但是如來藏還在啊！乃至說我把自己十八界滅盡而成為蘊處界都斷滅無我的境界之後，如來藏還是沒有斷滅，祂繼續存在，那祂就是不生不滅的涅槃，所以涅槃就是依如來藏而建立的。因為不生滅的如來藏心體中，含藏著這些不斷生滅性的一切法種，在不斷的變異，所以就從這個觀點上，建立如來藏眞實心的生滅門，講的是五蘊……等法及如來藏種子的生滅性，不是講如來藏心體自身有生滅；所以心生滅門的說法是完全正確的說法，不是像那些無根誹謗《起信論》的未悟凡夫們所說的那樣。

所以接下來 馬鳴菩薩說：「無爲之法，亦復如是……」，無爲法就是指虛空無爲、不動無爲、擇滅無爲、非擇滅無爲、想受滅無爲、眞如無爲。這六種無爲法（或者有時說八種無爲法、九種無爲法）都一樣，不管細分施設成幾種，無爲法始終都是由心眞如門的如來藏自體，配合心生滅門的五蘊…等法而顯現出來的。

譬如說眞如無爲，一切眾生的眞如心，本來就是常住涅槃的；五蘊的你有生死，可是祂從來都沒有生死啊！上輩子能覺能知的你死掉了，這輩子換了一個全新能覺能知的六識覺知心的你，五蘊十八界之中就只有一個意根還是舊時的你。那麼五蘊的你有出生，可是你的眞如心如來藏，卻從來都沒有出生過；因爲祂是本來就有的，不是被生的，不是後來才有的，那怎麼可以說祂有出生？所以你有生死，祂沒有生死。可是在大乘法中，這個眞如無爲，你得要先求證祂，然後才能斷盡思惑而取涅槃、或成就佛道。切不可以說：「我先入了涅槃，我再來求證眞如無爲。」那你就錯了，你一定證不得！因爲你要想證眞如無爲，就得要有你的五陰在，你才能證得祂。證得祂之後，你就了知無餘涅槃中的本際，以後要入無餘涅槃時再入，這樣，你證得那個無餘涅槃，你才不會白證。

定性不迴心的阿羅漢們證得的無餘涅槃，還眞的是白證了，因爲他根本不能證得無餘涅槃的本際嘛！他們都不曉得無餘涅槃裡面的本際到底是什麼？因爲入了涅槃，就是沒有入涅槃，也就是把自己給滅了嘛！十八界的自己全部滅盡了就叫做無餘涅槃，可是滅盡了十八界以後的無餘涅槃又是什麼境界？到他們進入無餘涅槃以後，還是不曉得涅槃裡面是什麼？因爲阿羅漢的十八界都滅盡了，根本沒有阿羅漢的覺知心可以瞭解無餘涅槃裡面的境界相。可是你們證得如來藏以後，還沒有入無餘涅槃中，你就已經證得無餘涅槃中的本際了，就能現觀無餘涅槃中的實際了。

還沒有證悟的人，初次聽到我這麼說的時候，眞是震驚！還以爲是耳背，所以聽錯了，因爲不相信蕭平實眞的會講出這種法來，不相信大乘般若佛法會是如此。凡夫如此想，阿羅漢們也一樣，所以阿羅漢們一聽這種大乘法，心想：「這大乘法怎麼這麼妙？怎麼我老是聽不懂呢？」所以菩薩們還沒有證得無餘涅槃，就先證得無餘涅槃的本際，這才是眞正的實證無餘涅槃；阿羅漢們不懂，心想：「我已經證得有餘涅槃，我可以入無餘涅槃了，但我卻永遠無法證得無餘涅槃中的本際，這個眞的是很難懂！確實難懂！」所以說，這個眞如無爲，不能入了涅槃再去證，你得要沒有入涅槃之前就去證得無餘涅槃的實際。

那麼眞如無爲是講什麼？是講一切眾生的第八識心體，祂本來就是眞實常住性、無爲性，本來就是涅槃性，祂本來就是自性清淨的，離開六塵見聞覺知，也不會思量作主，就是那麼自在！一切法都無所謂，你快要死了，祂也無所謂；你要去享受，祂也無所謂。祂都無所謂，只有你有所謂，祂就是這個無爲性；也就是說，祂是眞實常住的心法，祂常住而又於三界萬法如如不動，合此眞實性與如如性，所以說祂就是眞如；祂的這種眞實而又如如的無爲體性，就是眞如無爲。可是這一個眞如無爲離開了色法，離開了你的七轉識心法，這個眞如無爲就顯現不出來了，因爲你的七轉識滅了以後，就沒有你存在了，那就無法去證得眞如無爲了！

可是在你還沒有證得心眞如第八識心體之前，這蕭平實講得口沫橫飛，可是到底是什麼意思呢？你還是聽不懂！可是你一旦證得眞如心的話，你一定會說：「本來就是這樣的嘛！」爲什麼呢？因爲你完全聽懂了嘛！因爲你已經現觀了嘛！這就是大乘法中見道和不見道之間的差異所在。這個見道的牆，是無形的牆；這道牆上的門，也是無形的門；可是《楞伽經》說的這個「無門爲法門」，你要找到這個無門之門，還眞的是困難。今天你來到正覺講堂求法，算你找到這個無門之門了；可是你還要找到那個無門之門的門把呀！這個門把在哪裡呢？這個門把一旦找到了，手一轉，你就進門去了；你進了佛法的殿堂，裡面非常地豐富，具足一切法，佛門就爲你打開了。可是這個門把是什麼呢？就是如來藏！只要找到了如來藏的所在，你就可以入門了，一切佛法就都顯現在你面前了，就等著你一步一步去修了，所以《楞伽經》中 佛說「佛語心爲宗」，找到眞實心如來藏了，就懂得佛語所說的宗旨了，那就是進入大乘法之門了。

這個眞如無爲的親證，必須要有心眞如再加上色法和七轉識——我們的色身五根加上末那識再加上六識——還要有這八識心王所都具有的五遍行心所有法，以及意根所有的部分慧心所，以及六轉識所有的五別境、善十一、六個根本煩惱、二十個隨煩惱、四個不定法，這五十一個心所有法配合起來；然後你才能在心不相應行法的過程當中，由第八識如來藏顯現出祂的眞如無爲自性了。可是這個眞如無爲得要你證得自己的心眞如——你自己的第八識如來藏法身——你才能夠知道：「果然蕭老師說的沒錯，果然這個無爲法還是沒有辦法離開法界呀！離開了心眞如法界，離開了八識心王的法界，離開了九十四法的法界，你就找不到這個眞如無爲啊！」所以說無爲之法也是一樣，離開法界的時候，就一定會始終都找不到無爲法。

又譬如說「不動無爲」好了，不動無爲是第四禪境界；在四禪等至的境界當中，六識裡面的前五識滅了，只剩下意識覺知心。剩下意識的時候，當然意根也還在，這就有兩個識存在了；然後還有阿賴耶識持身，所以你這個色身才不會爛掉。不然的話，四禪等至位中，呼吸也停了、心跳也停了，色身不壞掉才怪！可是在第四禪中，它明明不壞不爛呀！因爲心眞如在身中攝持著，所以它就不會壞爛呀！那這一個不動無爲，就是第四禪等至位的境界相，其實就是意識心所安住的完全不動的境界；但是如果沒有這個阿賴耶識攝持不動的話，你這個不動無爲也無法證得，也是無法保持啦！因爲阿賴耶識一旦捨身，意識覺知心的你就不見了，你就消失掉了，還能有你住在不動無爲的境界中嗎？當然沒了！所以不動無爲如果離了法界——離了如來藏及七轉識的功能差別——當然就不可能存在了，更無法證得了。

又譬如「想受滅無爲」，當你入住了滅盡定當中，你的覺知心意識都斷了（四禪等至位當中呼吸斷、血脈停，但還是有意識覺知心存在，而能了知四禪等至中的境界相；但是入了滅受想定，意識也不見了，你都不知道你存在啦！只剩下末那跟阿賴耶識），而末那識又去掉了五遍行中的兩個心所有法，只剩下觸、作意、以及思心所，那這個時候呼吸也沒有，心跳也沒有了，三天後卻又可以出定，色身一點損傷爛壞都沒有。如果這個阿賴耶識這時候走掉了，你的末那就沒有辦法存在你身中；爲什麼呢？因爲你的這個色身都爛掉了、壞掉了，還能有末那識意根住在身中嗎？那就無法有想受滅無爲存在了！必須是有末那識意根和心眞如常住身中，色身才不會壞掉，才能有滅受想定這個無爲法存在啊！所以想受滅無爲還是離不開八識心王法界等有爲法啊！想受滅無爲，就得要有你的色身這樣安住，得要有你的末那識意根和你的心眞如這樣安住，才能叫做想受滅無爲啊！眞如無爲、不動無爲、想受滅無爲如是，其餘一切的無爲法也莫不如是，都是要靠你的色身、你的識陰、你的如來藏這樣安住，才可能有無爲法存在；離開了第八識法身，離開了十八界裡面的種種法界，一切的無爲法也就不可能存在了，所以 馬鳴菩薩說：「無爲之法亦復如是，離於法界終不可得」。

接著 馬鳴菩薩又說：「如是十方一切諸法應知悉然。」如是：就像是這個樣子啦！十方的一切諸法，我們都應該要知道：都是像這樣子的。因爲十方一切世界中所有的一切法，無非也就是十八法界。由這個十八法界的安住境界相，再把它拆分為欲界、色界、無色界；所以十方無量世界也是不離三界性的，十方的一切法界也是不離這三界的；而三界無非就是十八界的或多或少而顯現出來的差異相。但十八法界中的任何一法，也都不能離開我們的第八識法身；所以說無為之法，也是不能離開第八識法身的。無為之法，你想要證得，就得在三界中的一切法界當中去證；出了三界法、出了十八界法，就像眞如無為、想受滅無為的自身境界相一樣，你就一定無法證得這些無為法了，所以十方世界都和此界一樣，都得在有為法界中修行，才能證得無為法。

接著又說：「猶如迷人謂東為西，方實不轉；眾生亦爾：無明迷故，謂心為動，而實不動。若知動心即不生滅，即得入於眞如之門。」譬如說迷失了方向的人，他不曉得方向，就誤說東邊是西邊，可是東邊仍然還是東邊，西邊仍然還是西邊，不因為他迷失了方向就改變它們原有的方向。那麼眾生也是一樣，由於無明所迷，所以他們就說是心動了。其實眞實心從來都沒有動，動的永遠都是妄識。

「無明迷故謂心為動，而實不動」，這意思大家都懂；但是，如果能夠確實知道**動心就是不生滅心**的眞正義理，那這個人就能夠進入心眞如門啦！可是動的心明明是妄心，妄心明明有生滅性，爲什麼 馬鳴菩薩卻又說：「動心即不生滅」？我們就來探討一下他的眞意吧！

所謂「無明」是說對眞實理「不知道」，不知道就叫做無明；如果你知道了，那就不是無明，而叫做「明」了。所以《阿含經》說什麼叫做無明呢？ 佛說：「**無明就是不知道！**」又問什麼叫「明」？ 佛說：「**知道了就是明！**」知道就是「明」，就是這麼直接簡單。所以明心就是你知道了眞實心的心，找到祂而知道祂了，這就是明心。有的人不瞭解說：「我知道眞正常住的心在哪裡了，可是有人說那個眞正的心，我應該可以用手抓得住祂，我應該怎麼抓住祂啊？」但是這心猶如虛空、無形無色，你又怎麼抓得到祂？無形無色的心當然不可能以手抓住祂、以繩綁住祂。這意思就是說，你只要了知那個心在何處，能夠體驗祂、領納祂，那就是明心了；因爲你把祂找出來了，祂怎麼運作的，你也知道了；這樣了知了，就是「明」，「明」就不是「無明」了。

但是眾生由於不了知，沒有眞正地了知祂的眞實相與如如相，誤把妄心離念靈知當作是眞心，所以他就以爲：「**我們的眞實心是有動的！**」看見了漂亮的花就喜歡貪著一下，遇見了好吃的東西就喜歡多吃一點：心會動。如果你告訴他眞實的心是不會動的，他則會說：「那我還是不要那個心好了！」爲什麼呢？因爲他以爲眞心和白痴一樣，誤以爲轉依眞心就是變成白癡。大家都不願意當植物，因爲植物不動心嘛！可是他們卻不曉得：七識動心其實也只是第八識不動心種種體性中的局部體性，因爲這個動心其實就是從不動心裡面生出來，依附於這個不動心而做種種的運作，本來就攝屬不動心的局部體性之一。

既然是這樣，那麼動心當然就是不生滅心囉！是不是這樣子？不是的！反而是從動心的生滅性中，顯示了有一個不動心是不生滅心；因爲不動心恆常不滅，所以祂才能夠在每天晚上動心斷滅了以後，第二天又把動心生出來；也因爲有一個不動心存在不滅，祂才可以在每一世死亡的時候去進入母胎，讓眾生會動轉的覺知心斷滅了以後，下一世又生出一個全新的會動轉的心起來；所以說動心其實就是不動心如來藏心體中所含藏的種種體性之一，攝歸如來藏的無漏有爲功德法，本是如來藏所蘊藏的體性之一；所以依**如來藏攝盡一切法**的立場而言，這個會隨著六塵而動轉的意識覺知心，其實也就是不生滅心了！

並不是只有 馬鳴菩薩這麼說，在《楞伽經》中也有說過：「生即不生」，意思就是說：「會出生的心，也就是不出生的心。」一般人讀到這段經文時往往會說：

「既然有出生，爲什麼又說祂不出生？眞的是愈說愈迷糊了，我想這經典可能不是佛親口說的吧！」但它講的其實就是這個道理：就是說，每天早晨被出生的生滅心、覺知心，本來無自體性，本來是屬於不生滅心的許多種體性中的一種，本就攝歸不生滅的第八識不動心；但是因爲眾生都落在生滅心上，不知道還有一個不生滅心存在，所以就隨著生滅心而流轉生死，所以就說七轉識都是生滅性的妄心，目的是要眾生去尋找不生滅的眞實心如來藏。等到眾生找到不生滅心了，卻反過來告訴他們：生滅心其實也就是不生滅心中的許多自性之一，不必急著滅除生滅心而入無餘涅槃，可以利用生滅心轉依不生滅心而修學佛道，來利益眾生共成佛道，所以就又點醒他們：生滅心其實只是不生滅心中的種種自性之一，攝歸不生滅心如來藏，所以本就沒有所謂的生滅心，只有一個不生滅心；而由這個不生滅心來出生種種生滅法，來顯現種種無爲法。這樣，菩薩們悟後就不必急著入無餘涅槃了，就可以繼續進修佛道，就可以利樂有情永無窮盡了。

禪宗祖師也有一句話要點醒弟子們，因爲有的人是狂禪：「一悟即成究竟佛，一悟即至佛地；那我悟了就是成佛了，我就不用再辛苦修行了！」好！禪師看見徒弟們落入狂禪中，慢心起來了！想要救他們，所以就問他的徒弟們：「明知『生即不生之性』，爲什麼還被『生』之所繫？」你今天既然明明知道這個有出生的心，就是那個從來不生的眞心的許多體性之一，爲什麼你知道了生即是不生，卻還無法進入無餘涅槃？還被生所繫縛？世世照樣再繼續輪迴生死？徒弟想一想：「對喔！我這個有出生的心還是有執著，不能像眞心一樣完全沒有執著，所以我要把自己的執著修除掉。我如果不把對於自己的執著修除掉，我始終還是不能解脫生死。」他就瞭解了這個道理：「那我得要用功把自己的性障、思惑修除掉！」所以他就開始努力斷除煩惱障了，終於可以取證無餘涅槃了。

這也就是說，從法界眞實相的「一心說唯通八識」的正理上來看，動的心跟不動的心其實就是一體的兩面，就好像一張紙：一張紙有兩面，背面是空白，正面印了東西，那你不可以說這正面印了東西的這一張紙，跟背面空白的這一張紙是兩個。你不可以這麼講！因爲你不可以把它區分開來。同一張紙只是一面印了色彩，一面空白啊！空白的這一面是不動的，印了東西的另一面是動的；但是印了東西的那一面，其實是由空白的紙張所支持的；如果沒有那一張空白的紙，就不可能會有紙面上所印的東西。同理，如果沒有不動的眞心如來藏，就不會有動轉的七識心；但是眾生卻只看見紙上所印的文字色彩，卻忽略了文字色彩下面的紙張：只注意到心眞如所生的七轉識，忽略了心眞如本身。

這是從未悟眾生的立場來設想，而這麼說、這麼教導；可是從已悟的人來說，動心七轉識是由心眞如所生，動心七轉識其實本來就是附屬於心眞如的，本來就屬於心眞如種種法性中的局部，依事實而把動心七轉識攝歸心眞如的時候，當然動心也就是不生滅心，這就是心眞如與動心不異的道理。這樣依實相而攝歸心眞如的時候，菩薩們就不必像二乘人一樣急著滅除動心七識，而可以使七識心不再執著自己；並且轉依心眞如的清淨涅槃自性安住，又不取無餘涅槃，可以生生世世永利眾生，直到成佛亦不入住無餘涅槃中，利樂有情永無窮盡。由七識動心攝歸不動的心眞如來看，當然動心七轉識也就是不生滅的第八識眞如心；如果有人能親證第八識心眞如，悟後這樣確實的觀行，這個人就是已經親證心眞如門的人了，這樣才是眞實轉依心眞如的聖人，馬鳴菩薩說這種人就是了知「動心即不生滅」的人，「即得入於眞如之門」。

但是，在二乘道中卻說：「動心是生滅心，是虛妄心。」在大乘法裡面，卻因爲上述的眞理而說：「生即無生，無生即生。」可是沒有在大乘法中見道的人，或者見道以後還沒有出生無分別智裡的別相智——未發起後得無分別智的人——就不能通達這個眞實道理，他就產生了矛盾感。由於這個矛盾感而不能實證這個眞實的道理，他就產生種種的不如理作意；由於這一些不如理作意，然後他就產生了種種的虛妄想，藉著種種的虛妄想，他就去分析、整理、思惟，然後就寫出《成佛之道》、《唯識學探源》……等等，就寫出來誤導眾生、破壞正法，就謗說《起信論》是外道假藉 馬鳴菩薩聖名而作的僞論了。但是那些邪見都與 佛說的正法無關，眞正而且究竟、了義的佛法，就是這個「生即不生，動心即是不生滅。」這才是眞正的佛法，因爲本來不一亦不異嘛！因爲動心本來就攝屬不動心如來藏嘛！如果你眞的證知這個道理，那你就是已經進入眞如之門了。這就是說你已經得到了佛法菩提道的證悟了，那就恭喜你了，你成爲七住位的不退菩薩了！

二乘聖人由於不曾親證這個眞實理，所以只知「動心虛妄，應該滅除而入無餘涅槃」，他們根本不知道動心只是不生滅的心眞如中的局部體性，不知道動心其實是攝歸心眞如的；既然心眞如不生滅，心眞如所出生的種種自性當然也是不生滅的。二乘不迴心的聖人，不知不證這個實相，所以就堅決取滅而入無餘涅槃，不能像菩薩一樣求證及親證實相，不能像菩薩一樣不畏三大阿僧祇劫的長遠修行，不能像菩薩一樣的修學般若與種智，所以就無法發起般若的總相智、別相智，當然更無法修證諸地的道種智，那就無法成佛了。

因此，決定性的二乘聖人都無法成佛，所以 釋尊應身入滅以後，沒有一個二乘聖人敢自稱成佛；乃至當時已悟的菩薩們，從七住明心者一直到等覺菩薩，都沒有一個人敢自稱成佛；因爲他們縱使具足了般若的別相智，也只是進入初地而已；縱使有了道種智，也還沒有具足，還不能稱爲一切種智，所以都不敢自認已成佛道。何況二乘定性聖人，只有解脫道的證量，完全沒有般若德與法身德，如何敢自稱成佛？所以終 佛之世，乃至 佛滅後，都沒有一位二乘聖人敢自稱成佛。

現在《起信論》卷上已經講完了，但是我這一週（編案：這是二千年的事）也看到一本靈泉月刊，說惟覺老和尚曾經閉關去了，出關到現在六月十五號，又已經有半年了。換句話說，他是去年夏天閉關參禪的，到去年十二月十五號關期屆滿；屆滿後緊接著在十二月二十七號，就去師範大學演講。但是去到師範大學所說的演講，還是原地踏步，並沒有進步；也就是說，他半年閉關參禪的結果，還是原來那個靈知心，沒有任何突破。我唸一段他說的話給諸位聽一下，諸位才會瞭解佛菩提道的修證確實很困難：不要說重關的眼見佛性，光是一個初參的明心，就已經非常非常的困難了，所以他再度閉關苦參半年以後，仍然無法突破。

他這麼開示：「佛教裡面也有中道思想，在 釋迦牟尼佛成道的時候就講：『奇哉！奇哉！一切眾生皆有如來智慧德相，只因妄想執著而不證得！』如來智慧德相就是指中道實相，**中道實相是什麼呢？就是大眾聽法的這念心**，你們現在在這裡聽法的這一念心，覺悟了這念心呢；這念心就等於王陽明先生所說的良知良能，指的就是這念心。所以一切眾生都有佛性，這是最早 釋迦牟尼佛所談的，也就是釋迦拈花、迦葉微笑，就是傳這個道，就是傳當下這念心。佛法從 釋迦牟尼佛一直傳到現在，一脈相傳也是傳這一念心。換句話說：**你們現在在聽我說法，聽我說法的這一念心，清清楚楚明明白白，這就是真實心啊！**」

那麼諸位，依他的說法，你們今天晚上這一趟車票的票價都值回了：聽我說法時的這一念清楚明白的覺知心就是實相心、就是心眞如、就是佛性。可是沒這麼簡單！實際上佛傳下來的，並不是這一念心啊！而且這一念心正是 佛在四阿含諸經中所廣破的耳識心、意識心啊！這一念心是「耳根、聲塵爲緣，三和合觸而生」的耳識心，伴隨著「意根、法塵爲緣，三和合觸而生」的意識覺知心啊！可見他經過半年的閉關苦參，還是沒有弄出一個小成績來。當然這半年的閉關期中，他一定會私下偷偷的閱讀我的書，但是讀了以後要怎麼樣去探討出來？仍然沒有入處，眞的很困難、很困難！所以這個事情眞的很不簡單。因此有的人來到同修會六、七年還沒破參的也有，而有的人來到同修會不到一年就破參的也有，這都要看各人今世、往世的因緣。但是只要你這一世能夠緊緊的跟下去，捨報之前不必愁不明心，其實沒什麼好耽心的；至於眼見佛性我就不敢擔保，因爲見性要具備很多條件，缺一點或者缺少一些就不行了；參出來時如果沒有眼見，今生也就看不見了，所以我不敢擔保。

這意思就是說：明心確實很困難。而這個困難，並不是末法時的現在才這樣，而是古時就已經這樣了。當年菩提達摩大師來到中國，傳的根本不是惟覺所講聽**法的這一念心**；他從西天來到中國所傳的法，一代傳一代，都只有傳一個人，這樣傳到六祖以後，終於一花開五葉。但是四祖道信卻又旁出一支，就是傳給牛頭法融的那一支；但都是沒有實質法義傳承的。所以牛頭宗，從牛頭法融那一代就沒悟，再下來的第二代、第三代也沒有悟，第四代起才開始有證悟的人，也就是第四代的法持禪師。但是他所悟的心眞如，卻又不是從四祖道信那兒得到的，而是四祖特地吩咐五祖：以四祖的傳承授給法持禪師。所以是後來四祖捨壽以後，法持禪師從五祖座下證悟而被五祖印證的，但卻是傳承在四祖的法脈下，而對外說是被四祖開示而證道的。所以牛頭宗的開悟，法持禪師其實是在五祖座下證得的，但法脈傳承卻不是五祖，而是四祖道信；這件事是五祖弘忍在四祖捨壽前，被四祖授意而作的事。所以禪宗的「禪的明心」，本來就很難悟。但是這麼難悟的法，在一般的學佛者當中，這是他們窮其一生所想追求而不可得的見道；可是這個證悟，在我們同修會裡面只算是修學佛法的起步，但這個起步對一般人來說，卻已經是可望而不可及的了。

那些大法師們私下讀過很多我的書，他們大部分會秘密設立一個小組，專門在研究我的書中所說的法；但是，這位大禪師如今又經過半年的閉關，還是沒辦法參出來，仍然落入清楚明白的靈知心中。這就表示說：佛菩提道的證悟——般若的證入——本來就是很困難的事。但是在我們這裡卻是很輕易的事、很簡單、很基礎的事，那就看大家怎麼修行，有沒有依照親教師所教導的如實去作？

言歸正傳，回到《大乘起信論》，現在進入卷下，卷下的部分都屬於破邪顯正和建立對於大乘法的信心。馬鳴菩薩就在自設問題而自己回答當中，為眾生提出了他們可能會有的疑惑，以及為他們做了解答。

論文：【對治邪執者，一切邪執莫不皆依我見而起，若離我見則無邪執。我見有二種：一、人我見，二、法我見。人我見者，依諸凡夫說有五種：】

講解 這一段論文是說，眾生之所以會不瞭解佛菩提道，其最大的障礙、最大的困難，就是「我見不斷」。各位來到我們同修會，我們依佛菩提道的次第來授法。而佛菩提道，一定得要依止六度而學、而修；菩薩六度則是先教導你布施，作為修集證悟的福德資糧；然後叫你要持戒清淨，不要犯口四業、不要犯身三業、也不要犯意三業，以免障礙見道。接下來就告訴你要怎麼樣修忍辱行，怎麼樣安住。儘管人家流長蜚短、儘管人家怎麼大聲的怒罵蕭平實是邪魔外道，你的信心還是不會失掉，你對聞所未聞的明心見性的深妙法能夠安忍，這也就是忍辱。如果你受不了人家幾句話，就懷疑或者生氣而被轉了，那你就是不能忍，忍辱這一度就沒有修成。譬如前些時候有許多人私下說我是瘋言瘋語，說我是邪魔外道，現在似乎是少了些；且不說那些人有沒有誹謗我是邪魔外道，就算真的有人這樣大力的誹謗，你還是得要跟我學。

假使我現在正在當午夜牛郎，身分絕不高尚，你還是得跟我學佛！這才是真的有信心，瞭解這個意思嗎？譬如《華嚴經》中所記載的婆須蜜多尊者，那是地上的菩薩啊！可是她卻當一個高級應召女郎。她早已證悟無生法忍了，卻照樣幹高級妓女；可是善財童子就是有智慧，還是找她學法，恭敬的參訪她（編案：但婆須蜜多尊者教授的法卻是第八識本覺之法，而不是藏密的男女雙身邪淫法）。你們說說看！如果我現在正在幹午夜牛郎，你們該不該跟著我學佛？還是應該要跟我學。不要跟著人家去亂傳謠言說：「蕭平實跟人家買了貨，卻不履行交錢取貨的義務，怎可能是有證量的人？（詳見《明心與初地》初版第五刷所增加之內容）」沒這回事！就算有，你也得要跟我學，這樣才對啊！既然別處沒有可以助你見道的法，那你就得依止正法而學，不要管傳法的人是什麼身分！因爲菩薩會示現什麼樣子，從來都不一定的；也許哪一天你遇到一個大菩薩時，偏偏她是專門搞援助交際的，也就是作應召女郎，那也不一定，那你還是得跟她學。所以你眞的要能忍，忍得下來，才有機會修習正法；你若忍不下來，那就沒有機會。

就像去年八月，喜饒根登花大錢，假藉釋性圓的名義，在所有報紙第一版登半版的彩色廣告來誹謗我，當時會裡就有十幾個人立即走掉了；他們走掉了以後，現在證明喜饒根登眞的是常見外道，證明我們的法義完全正確，那他們又該怎麼辦呢？幾個月後開新班時，他們還是得要回來會裡修學啊！除非他們不想求三乘菩提的見道了；所以他們裡面有些人，在我們開了新班以後又得要回來。爲什麼呢？因爲現在《宗通與說通》印出來啦！《邪見與佛法》出來啦！緊接著《菩薩正道》又要出來啦！（編案：都已出版了）他們終將會知道：「原來那是常見外道亂搞，亂謗正法，正覺同修會這個法才是眞的！」將來又得要回來啦！結果浪費了半年的禪三年資啦！是不是這樣？確實是這樣的！這就是說，你得要有那個忍辱的功夫。你能忍，能安住下來，然後我們會告訴你怎麼樣去精進，教你怎麼樣作功夫。你如果沒有好好的作功夫，單靠腦筋去想來的、探聽來的，那是人家明說送給你的，你一定沒有功德受用，智慧也一定發不起來，將來反而會生疑而謗正法。

我們的禪淨班，在最後進入講禪的階段之前，還要跟你說五蘊的內涵：說明五蘊爲什麼是無常、空。這個五蘊空的知見與觀行非常非常的重要。五蘊空的部分，我在台中的禪淨班準備要講半年，那半年講完了，你得要配合著觀行，把你的我見斷除了。你的我見要是不斷除的話，接下來我就算幫你證悟了、明心了，你也還是承擔不起來的，無法接受心眞如的。因爲祂是那麼的現成，那麼的自在，你的我見還在的時候就一定無法承擔祂；因爲太近了！太平實了！心眞如眞的很近，一點兒都不遙遠，近得令人想像不到；當你還沒有斷我見的時候，就算有人爲你明說心眞如的所在，也將沒辦法承擔，你就會誹謗祂；誹謗了祂，便成就身口意三種誹謗了義法的大惡業，這是成就謗三寶的大惡業。

所以，對於想要親證心眞如——想要明心——的人來說，這個五陰空相的法義非常重要；這個斷我見，是明心後能眞正轉依心眞如而不會退失的基本條件，否則縱使明心了以後，還是會退回離念靈知的意識心中，而不肯承認眞正的心眞如是眞如心體，就一定會誹謗心眞如——阿賴耶識心體，因此而成就謗法的地獄罪（編案：後來 2003 年初，就有楊先生等一批人，因為我見沒斷盡，所以否定阿賴耶識心體，謗為生滅法，改以離念靈知意識心作為真如心，證明 導師說法的正確。詳見《略說八、九識並存之種種過失》一文，及《燈影、辨唯識性相、假如來藏、真假開悟》四書之辨正，以及正覺電子報《識蘊真義》之連載）；因此我見的斷除很重要，因此五陰的空相，我們在禪淨雙修班的教材裡面編了很多內容，都要跟你們一一細說；說完之後，你們的我見應該已經由於聽聞熏習而作觀行，都已經斷除了，聲聞初果就已經放在你的口袋裡了！這就是大乘別教第六住滿心位的賢位菩薩了——聲聞教的初果聖人在大乘別教中只是第六住滿心位的賢人而已——接下去才是明心而進入七住菩薩位，這個才是最重要的。

斷我見，只是二乘菩提中取證初果的行門，並不是大乘法中見道的行門啊！那我們爲什麼要特別強調這個斷我見呢？這有兩個原因：第一是親證心眞如之前，必須先斷我見，否則一定無法找得到心眞如，因爲心眞如的體性與覺知心大不相同；第二是沒有先斷我見的人，縱使因爲禪三開示及機鋒而找到心眞如之後，仍然會懷疑自己所找到的眞如心究竟是眞、是假？還會因爲沒斷我見，所以就會回到我見上面的離念靈知心去，接著就會謗法。正因爲眾生輪迴生死的根源都是緣於我見啊！只要我見沒有斷，就無法出離生死，絕對不可能證得解脫道，更無法證得佛菩提道，般若實相智慧就跟他絕緣了。

這一種我見，並不是只有他們中台山惟覺法師才有，現在你無論是到哪個道場去，都是落在我見中；不信的話，你們隨便拿一位大師的著作檢查看看！沒有一個不落在我見中。有的人學佛一段時間了，所以知道：「我見，是不對的。」但是沒辦法按部就班去觀行而把它斷掉。以我的判斷，現在應當會有很多台灣的學佛者進入初果向的階位中，爲什麼呢？因爲他們已經把我的書讀到滾瓜爛熟了，有的人是每天抱著我的書一直啃，那麼他讀得很熟的時候，他接下去一定會思惟、觀行，在思惟觀行的過程當中，我見就會一點一滴的斷除。如果他眞的懂得如何作觀行，有一天終究能夠斷掉我見，也就是說：在他捨報之前，是可以把我見斷除的，他是可以斷除三縛結的。

詳細讀過我的所有書籍的人，就算是再執著的人，到捨報的時候他也會認命啊！怎麼認呢？他本來是想：「我要保持這個清清楚楚明明白白的覺知心，一直正念分明而不昏沈，不要讓覺知心斷掉啊！我要遵照南洋大禪師、阿羅漢的吩咐而保持覺醒性啊！」結果到了正捨報時，息脈斷了以後，他開始漸漸的昏沉了，沒有辦法保持覺知心的清楚明白啦！他只好認命：「啊！原來這個離念靈知心還眞是假有的！不是自在的心。算了！算了！認命了！」當時就不得不把我見斷了，所以他無妨去到中陰身的階段時再斷除三縛結，在捨報之後也可以進入須陀洹位啊！除非他根本就不讀我的書，或者讀了但是不信受、也不思惟與觀行。假使他在中陰階段斷了我見、三縛結，但是心眞如第八識心體在何處呢？還是不知道，所以般若智慧和他就無緣啦！因爲般若的證悟，必須要以證到如來藏心體爲根本。

那麼這個我見是眾生所無法斷的，無法斷的原因是因爲這一個覺知心的自己（能覺能知、能聽能知的自我），始終認定自己是眞實的、是不壞的、是常住的。由於這樣的認定，所以背後的自我——也就是末那識——那個隨時隨地在作主的末那識，就依照覺知心的判斷與認知，而把覺知心執取住：「這個覺知心自己就是常而不壞的眞我！」因爲這個緣故，所以有人告訴你：「你這個覺知心不眞實啊！見聞覺知都是虛妄的！」你就不能接受。所以，有人就拿這個冬瓜印章蓋在你頭上：「師父說法的這念心，你們正在聽法那念心就是眞如。」你那時就會同意他，就會相信他的邪說了。這就是師徒都落在我見裡頭，不知道覺知心意識的虛妄性。

如果你能夠如實的加以觀行、如實的加以探究，在行、住、坐、臥當中都去探究；探究到最後，你將會發覺到：覺知心是要依靠很多的法作爲俱有依，才能出生和存在的。那時你就會認定：「我這個覺知心確實是虛妄的！」那麼這樣一來，你的我見就斷除了。當你的我見斷了以後，接下來去到禪三道場參禪尋覓眞心如來藏，一旦破參——找到如來藏了——你馬上就敢承擔起來：「啊！果然祂才是眞的。」然後到了睡覺的時候，你會再去體驗：祂在眠熟的階段中斷滅了沒有？突然間一夢驚醒時，原來祂還在，這樣一來你就不會退失佛菩提了。憑著這個見地不退，你就進入到菩薩的七住位當中，就稱爲位不退的菩薩了。

這就好像在桌子上去拿椪柑一樣，是很簡單、很單純的事；對於我見已經確實斷除了的人來說，明心是水到渠成的事；但是重要的是你本身先要有正確的知見、要有見道所應有的福德，然後你才能夠安忍下來而不退轉。如果我見還沒有斷除時，有九十九個人都說：「覺知心是眞實心，只要一念不生時就已經變成眞心了。」只有一個蕭平實說：「那是妄心，另外有個第八識才是眞心。」那時你就沒辦法安忍，你就安住不下來，你就必定會退轉而離開同修會，再去外面各處道場逛；逛過十幾年、二十幾年，所有的道場都逛過了，發覺四處都是清清楚楚的這一念心，都是離念靈知心的意識心，始終沒有辦法再找到阿賴耶識以外的另一個心體了，於是只好再回到同修會來，那就已經是垂老之年了！但是沒有關係，再回來時，我們還是歡迎你，只要你有那麼一點善根，回來同修會中，還是有一半以上的機會可以悟入的。

所以，學佛法最重要的就是先斷除我見；如果我見不能斷，你就進不了佛門，永遠都是在外門修菩薩行。雖然說得很好聽：「菩薩六度萬行。」可是這個六度萬行其實都是在外門廣行，完全不能內門廣行啊！那麼一切經典就會像是跟你完全不相干：把經典翻起出來讀的時候，覺得經中的眞義距離自己是那麼的遙遠，佛法始終跟自己不相應。這就是說：你要怎麼樣去斷我見？這是眞正在學佛的人最急切、最重要的課題。我見斷了，你才有資格去明心；如果我見沒有斷，想要明心，大部分人都會在心裡面疑之再疑；就算是明明白白的指出你的心眞如，你還是會懷疑的。

說句老實話：「其實明心是再簡單不過、再單純不過的事！」可是卻得要讓諸位去慢慢地磨啊！磨啊！磨啊！這叫做「慢工出細活兒」。不這樣磨，你沒有那個體驗的過程，沒有「一一排除意識變相」的斷我見過程，縱使你明心了，還是不敢承擔，心裡面就會生疑；這一疑，不敢承擔，就導致你的般若慧永遠出不來，就被無明所障住。所以得要讓諸位這麼辛苦去參，也得要讓那麼多的同修，那麼辛苦去爲諸位護三，所以都不許明講！其實一句話就可以講得出眞如心的所在，但是不許明講。因爲不許明講，所以要舉辦禪三，很辛苦的弄出很多的把戲——我們公案拈提裡面就叫做扮盡神頭鬼臉——裝神扮鬼的弄出很多花樣來，使盡各種神頭鬼臉而讓你去找到祂、體驗祂、承擔祂。這都是爲了讓你有所體驗，也是爲了讓你可以在這個過程當中詳實的斷掉我見，悟後才不會退轉。

但是諸位！今天我們特別在這個地方講了許多，目的是要你們斷除我見，所以你們特別要注意的就是：「我見應該怎麼樣破除掉？」我見不破的話，就算是明白的告訴你心眞如的所在，你是無法轉依的，還是不會有所轉變的；貪還是照樣那麼貪，瞋還是照樣那麼瞋，記恨還是照樣記恨，愚癡還是照樣愚癡，沒有用的！所以明心之前一定要先斷我見，如果能夠斷我見，就不會有錯誤的執著，明心以後才不會退轉、才不會謗法。

這一段論文中所謂邪執的「邪」，就是錯誤、偏斜的意思。眾生爲什麼會有種種的邪執？那些錯誤的執著又是從哪裡來的呢？其實都是根源於我見而起。譬如有的人說：「**我能夠求到天界的甘露，能求到甘露，就表示我有佛法的證量。**」這也是從我見而起的。爲什麼呢？因爲「我」想要甘露，「我」想要藉甘露去證得佛法，都是「我」嘛！可是他們不曉得甘露只是欲界天的法，人家色界天人早就棄之如敝屣——好像破鞋子一樣早就不要了——如果色界天人執著甘露，那他們又要降低層次下墮到欲界天來了。可是人間無明眾生不瞭解，就被這些邪見所迷惑。

如果我們能夠把我見斷掉的時候，你說說看：你想求得甘露來做什麼？就算他們所說的甘露不是以魔術手法變出來的，就算他們是眞的有求到欲界天的甘露，那他們得到甘露以後又能做什麼？在解脫道中又有何提升的助益？在大乘菩提中又能證得什麼證量？那不過是欲界天的飲食法，連「我」都得要斷掉了，還要甘露這個**我所**來給「我」執著做什麼？「我」若斷掉了，什麼都不需要了，第八識眞我如來藏就出三界了，爲什麼我還要求取甘露？甘露又不能幫助任何人出三界，只是徒增我所的貪著而已，所以根本就不需要求！所以說一切的邪見都是從我見而開始的，因爲有個「我」：「我」要甘露、「我」要證佛法，所以就永遠與佛法的親證絕緣了。所以應該這樣說：「當你把一切法都斷除了，十八界都滅盡了，連佛法也不存在了，你才是眞正的出三界生死，你就眞正的解脫了。」

對於聲聞乘行者來說，對於只想修證解脫道的人來講，我們告訴他：「十八界都要滅掉！才能進入無餘涅槃。」可是菩薩有能力滅除十八界以後，就得要再告訴他：「你不可以滅掉自己的十八界，你要把這個有爲法轉變爲無漏性——成爲無漏的有爲法——來利益眾生，來自利利他，一直到究竟佛地。」能這樣修證，能這樣安忍而住，這就是般若智慧的親證者，就是眞見道位的菩薩。但是怎麼樣把十八界法轉變爲無漏的有爲法？那就必須要能夠不落於常見與斷見裡面，那就是親證般若啦！但是般若智慧的親證，卻必定是由於親證如來藏才能發起的，所以般若不容易修證是可想而知的。

接下來論文又說：「我見有二種：一、人我見，二、法我見。」這裏說我見有兩種。這段論文所說的我見有兩種，是依大乘法來說的，不是依二乘法來說兩種我見。在二乘法中雖然也講法無我，但是他們所說的法無我，是把五陰十八界加以細分；細分之後又將心所有法再細分，這樣列出許多法而說諸法無我。可是他們所說的法無我，並不是依第八識的無我性、中道性、涅槃性爲中心來說的法無我，而是依滅除五蘊後的空相——使他證入五蘊空——來說諸法無我。

所以，此處論文講的二種我見，是依大乘法來講。第一個部分是講「人我見」，大乘法所講的人我見，是從總相智上面來說的。般若的總相智就是明心，當你證得心眞如之後，總相智就跟著出現，人我見就斷了；第二個部分是「法我見」，法我見是說，你證得心眞如以後漸漸出生的別相智和種智所對治的我見；大乘法所說的「人我見」，則是明心而證得總相智時所對治的我見。

我們那本《明心與初地》小冊子裡有講「什麼是菩薩的人無我智？菩薩善知機發像起、咒力起屍，是名菩薩人無我智。」有些人看到這個小冊子時，不信經中有這一段開示，心裡懷疑說：「我怎麼沒有讀過這一段？」所以就寫信來要《三乘唯識》，我們就把《三乘唯識》寄去了，一看果然有。不但有，我們還用特別的字體把它標示出來。這意思就是說，很多人在經文中讀過了，但因爲沒有特別把它標明，他們都忽略了；因爲他們根本讀不懂，讀不懂就把它丟開了嘛！

菩薩**人無我智**，爲什麼會跟唸咒趕屍體有關？菩薩**人無我智**爲什麼會跟木人機發像起有關聯？這也是一個很奇怪的事情，他們怎麼想、也想不透。但是這個人無我的智慧，也只是總相智而已；你去到禪三，當我這個明心的印了幫你一蓋，你再來思索經上講的這一段：「菩薩證得人無我智，猶如木人機發像起、猶如咒力起屍。」你就通了，我根本都不需要跟你解釋了。外面也有人私下誹謗說我們的法不對，那你用這一段經文來對照我爲你印證的心眞如，就可以知道對或不對了！就不必再多作解說了！除非是愚昧到極點的人，否則，他在明心後讀過這一段經文時，一定會相信我的印證。但懂得這段經文時，也只是「人無我智」，它只是總相上的智慧。接下去還有「相見道位」的許多法，你還得要再修學，因爲這些深細的法還不懂嘛！那就是說，在大乘法裏面，人無我和法無我是兩個不同的層次，有前有後、有淺有深、有狹有廣，它們是不相同的。

接下來說：「人我見者，依諸凡夫說有五種。」這裡說，「人我見」依諸凡夫——不是依諸證悟的人來講——也不是依諸證得二乘菩提的初果人來講，是依凡夫來講；因爲若以證得二乘菩提的初果人來講，至少他不會落在我見裡面。雖然對於實相還不瞭解，但至少他不會落入我見裡頭；所以五種人我見，都是依諸凡夫的狀況來講的。而且這五種人我見，還是依大乘別教的實相般若來講的：

論文：「一者、如經中說如來法身究竟寂滅猶如虛空；凡愚聞之不解其義，則執如來性同於虛空常恆遍有，爲除彼執，明虛空相唯是分別、實不可得，有見有對、待於諸色，以心分別說名虛空。色既唯是妄心分別，當知虛空亦無有體。一切境相唯是妄心之所分別，若離妄心，即境界相滅。唯眞如心無所不遍，此是如來自性如虛空義，非謂如空是常是有。」

講解 這一段論文中先點出一般眾生的誤會；不但一般眾生誤會，很多大師也都誤會了。第一種人我見，「譬如大乘經典裡面處處說：『如來的法身究竟寂滅、猶如虛空。』」在這一句開示中說，如來法身有三個特性：第一、如來的法身是究竟的，第二、是寂滅的，第三、猶如虛空。第一、爲什麼如來法身是究竟的呢？因爲如來的法身——祂的第八識無垢識——般若經中稱之爲眞如，已經斷盡了所知障的一切隨眠、已經斷盡了煩惱障的現行、也斷盡了煩惱障的全部習氣種子隨眠，所以如來的法身無垢識是究竟的，是不可能再有改變的，所以不可能再超越祂的境界，所以是究竟的。第二、如來法身是寂滅的：寂滅就是說，不像眾生的心老是在色、聲、香、味、觸、法上面有種種的執取；而是於六塵如如不動卻又隨緣應物的，這叫做寂滅。也不再有執藏生死種子的執取性，所以是寂滅的。第三、如來法身——無垢識——猶如虛空。猶如虛空是說祂沒有形色，祂不是物質的法，所以猶如虛空。

可是凡夫眾生跟二乘四果聖人及辟支佛等愚人聽聞了，不能理解其意義。凡夫就是指那些還沒有證悟三乘菩提的一切有情，包括外教所有的聖人在內，當然也包括外教所有的教主在內，依解脫道來說，他們都是凡夫。對外教的信仰者來說，他們的教主是聖人；但從佛法的證量上來看，他們的教主仍然還是凡夫。因爲外教教主在三乘菩提的見道上面，不管哪一乘的見道，他們都沒有，所以在佛法中叫做凡夫。「凡」是指一般眾生和外教的教主、天主，「愚」則是指二乘聖人；定性聲聞的阿羅漢和不迴心的緣覺聖人們，還沒有迴入大乘去證悟佛菩提，那就是「愚」。換句話說：就算是二乘無學聖人的阿羅漢或辟支佛，不管他們是慧解脫或是俱解脫，成爲阿羅漢、辟支佛之後，仍然還是大乘別教勝法中的愚人；只要他們還沒有證得心眞如，就不可能發起實相般若的智慧；只要他們還沒有悟入般若，那就是「愚」！縱然你已經是阿羅漢了，有一天來到我們正覺講堂時，我還是會當面說：「你是二乘聖人，但仍然是大乘法中的愚人，所以你不是智者。」因爲你有的只是解脫智，你還沒有般若智啊！所以是「愚」。

「凡、愚」就是講外教教主、天主等凡夫，和二乘法中的有學與無學聖人，這些人聽到了「如來法身究竟寂滅猶如虛空」的開示，不曾眞正的瞭解它的眞實道理，所以就執著說：「如來法身的體性跟虛空是完全一樣的。」他們這樣想：因爲虛空是常，所以虛空永遠不會壞掉啊！你拿火燒它，它也不會壞啊！你拿水潑它，它也不會濕啊！你拿棍棒、拿刀子打它、砍它，它也不會壞啊！所以虛空是常嘛！而且虛空從無量劫以來就這樣，未來無量劫它還是虛空，所以它是恆；而且虛空遍十方界，沒有窮盡啊！所以是「常、恆、遍」，他們認爲「確實有這樣一個虛空存在。」但這不是猶如虛空的眞義，所以都是凡夫眾生的誤會想法。

佛說「如來的法身猶如虛空」，他們就執言取義，誤以爲「佛的法身就是虛空」。所以那個蓮生活佛盧勝彥（我們早已貼在佈告欄上，諸位有沒有人去讀它啊？）他說法身就是虛空、虛空就是法身，虛空盡十方無窮無盡，所以法身盡十方無窮無盡，所以虛空就是眞如。請問：他這樣的說法，對或不對？（大眾回答：不對！）當然錯了！這個就是凡夫的見解！不是愚人的見解；因爲盧勝彥還沒有斷我見，當然不是聖人，所以不叫作「愚」，只能稱他是「凡」，這就是凡夫誤會佛法所說**眞如猶如虛空**的具體例子。所以這一段論文說：「凡、愚聞之，不解其義，則執著如來性同於虛空、常恆遍有。」這種誤會佛法的現象，並不是現代才有，不是只有盧勝彥才犯，而是在古時候就已經這樣子了：在古時的天竺就已經是這樣了。實際上，佛說的是：如來的法身無垢識，體性猶如虛空無形無色；但不是虛空，只是像虛空一樣的無形無色。

接著說：「爲除彼執，明虛空相唯是分別、實不可得。」所以，爲了除掉這一些凡、愚諸人的執著，爲了讓他們瞭解虛空異於如來法身的地方，所以再詳細的說明。其實虛空只是分別心所得到的一種錯誤結論，因爲虛空並不是眞實有個法叫作虛空，虛空並不是眞實存在的法，它只是一個名詞而已。所以佛菩薩們都想要讓眾生明白：虛空只是由人們的分別心把它建立出來的，實際上並沒有虛空這個東西；虛空只是一個名相，其實沒有虛空存在，所以虛空是不可得的。

爲什麼是這樣的道理呢？因爲：「有見有對、待於諸色，以心分別，說名虛空。」這裡說虛空是有見、有對，相待於諸多色法而有，不是有一個法名叫虛空。「虛空」，請問你爲什麼能看得見虛空？正是因爲沒有物質擋住你的視線嘛！所以，虛空是相待於諸色才有的啊！它是緣於色法而建立的：「在沒有物質的地方就叫作虛空，有物質的地方就不叫作虛空。」不但大乘法如此說，二乘法的《俱舍論》裡面也這樣說：「虛空又名為『色邊色』」，換句話說，虛空是依附於物質的邊際而說的——物質的邊際之外叫做虛空——所以虛空是附屬於色法邊際而建立的，並沒有一個實法可以稱為虛空，所以《俱舍論》中說：虛空其實還是色法。既然虛空是附屬於色法的邊際而建立的法，所以當然是屬於色法的一部分，所以說是「色邊色」，正是物質邊際的色法。大乘法中也說虛空是色法，是色法中的一個法，所以《楞伽經》中 佛這樣講：「**虛空隨入色法**。」在《楞嚴經》中 佛也是這麼講的。虛空本身並無一法存在，只是依於色法的邊際以外的無物處而建立的，所以附屬於色法，所以是色邊之色。虛空無法，它只是人的分別心觀察色法的邊際之後，所建立的一個觀念而已：沒有物質的地方就叫做虛空。所以是依物質的不存在，而建立為虛空。

為什麼虛空是「有見、有對」呢？因為是依於物質的空無處而建立說：這裏是虛空，我看得見有虛空。諸位跟我之間，因為沒有物質擋住，就說你我中間這個無物處就是虛空。因為你可以感覺到這中間沒有物質，可以由覺知心證實與面對，所以虛空是「有對」的法，一定是與覺知心相對待的，也一定不可能離於色法的對待而有虛空；既然是相待於種種的色法，相待於覺知心而可以觀察到、看到，所以虛空是「有見、有對」。這意思就是說，由於我們覺知心的虛妄分別，而建立物質邊際以外的無物處爲虛空，如果你沒有這個虛妄分別的時候，就不會出現虛空這個名相與認知。譬如小孩子剛出生後，剛學會講話，你告訴他說有虛空，他一定跟你問個老半天：「什麼叫虛空？」因爲他從來不去分別虛空，也不懂什麼是虛空。然而虛空本來只是依物質的邊際外——沒有色法的處所——而把它叫做虛空。所以二乘法的《俱舍論》中說虛空是「色邊色」。

馬鳴菩薩接著開示：「色既唯是妄心分別，當知虛空亦無有體。一切境相唯是妄心之所分別，若離妄心，即境界相滅。」所以說：色法既然只是我們的妄心所產生的錯誤分別而有的認知，當然虛空一定是沒有眞實體性的嘛！因爲：**虛空是依於妄心對色法邊際的虛妄分別而有的**。如果眾生沒有色法上的虛妄分別，就不會再去入胎，如來藏就不會出生色身；也不會有共業眾生的如來藏創造共業而有的器世間，就不會有色法，所以色法當然是從眾生心的虛妄分別而從如來藏出生的，當然是依妄心分別所產生的。既然色法也是虛妄性的，則依附於色法而建立的虛空，當然也一樣是虛妄性的；因爲是依附於虛妄性的色法而建立的，所以虛空當然也是虛妄的。

那麼「一切境相」呢？是不是眞實的呢？可以說「一切境相」也都只是我們的妄心所分別而產生的。不管是哪一種境界相（色、聲、香、味、觸以及五塵當中的種種韻味法塵，包括定境中的一切韻味），也都是妄心所分別而有的法塵境界。如果你能覺能知的妄心完全止息而不再起分別了，顯境名言就跟著滅失不起了，所有六塵中的種種法味也就都不會再出現了。所以說，一切的境界相都是因爲妄心所分別而產生的，你如果離開了妄心的分別性，也就是說妄心的分別性已經止息了、停頓了，這一些境界相也就跟著消滅而不存在了。

馬鳴菩薩又說：「唯眞如心無所不遍，此是如來自性如虛空義，非謂如空是常是有。」意思是說，只有第八識眞如這個心，才是無所不遍的法。換句話說，在諸位五陰的一一陰當中，在你十八界的一一界裏頭，你的眞如心是遍在的，是遍在五蘊、遍在十八界的；祂沒有一時一刻停頓的，沒有一蘊、一界中是沒有這個眞如心存在運作的。在你的十八界裏面，不管那一界，都是與你的眞如心和合在一起運作，而示現出眞如心的存在，所以說「無所不遍」。既然十八界裏面，都有這個眞如心存在與運作，那麼十八界所生的法，當然也都是不離眞如心，也都是有眞如心同時在運作的。有哪一法是沒有眞如心的運作而能現行的？沒有！任何一法都是要依眞如心才能夠現行的，所以說眞如心無所不遍，遍於一切法中，這個才是「如來自性猶如虛空」的眞實道理啊！不是以虛無作爲如來法身啊！但是盧勝彥卻把虛空、虛無當作如來的法身。他是被藏密的邪見所誤導了，所以把虛空建立爲如來的法身，眞是誤會佛法了。

如來法身無垢識的自性，如果不是像虛空一樣的體性，就不可能遍十八界了。假使如來法身的自性就像物質一樣、像五塵法一樣，祂就不可能遍十八界了，就不能遍在一切法的功能中了，也就是說「不遍一切法界」了。所以說：「如來自性猶如虛空，遍於十八界、遍於十二處。」但並不是說如來的法身好像虛空一樣的空無、一樣的沒有眞實法性存在；如果如來的法身像虛空一樣，沒有任何能生萬法的體性——祂沒有自性——只是虛空、虛無的話，那你乾脆就自殺算了；自殺而斷滅了以後，不就成爲如來了？那還不簡單嗎？眞要是這樣的話，應該阿羅漢入入無餘涅槃時也就是成佛囉？也就成爲如來法身的境界了？可是爲什麼阿羅漢入了無餘涅槃還是不能成佛？爲什麼還只是阿羅漢呢？就是因爲他沒有去證得這一個如來的法身——第八無垢識，所以他們終究還只是阿羅漢，終究不是佛，差異就在這個地方。阿羅漢不能成爲菩薩，原因也在這個地方，因爲他們不知道如來的法身有祂的眞實自性，而如來的法身在何處？他們也不知道！所以不能成爲菩薩，所以不能進修而成佛。

「猶如虛空的自性」，並不是等於虛空；就好像說：「白雪猶如棉花，白白的。」但是這一句形容的話，絕不是說「白雪就是棉花」。同理，如來法身猶如虛空，不等於說「如來法身就是虛空」，所以並不是把蘊處界都斷滅變成空了以後，叫做如來法身。法身是有一個自性法在裏頭的，但是這個自性法，並不像是十八界法專在六塵中執取與運作的法性，祂離六塵中的見聞覺知，那你得要眞正的證悟到祂，才會曉得眞正的意思。所以，「如來法身猶如虛空」的意思，不是說「如來法身如同虛空一樣的空無一法」，也不是說「如來法身如同虛空一樣是常、是有」，因爲如來法身雖像虛空一樣的無形無色，但是卻有作用，不是像虛空一樣的常而無作用，不是像虛空一樣的依他法（色法）而有，也不是三界有的法性，也不是像虛空一樣由人爲建立而「有」。

論文：「二者、如經中所說一切世法皆畢竟空，乃至涅槃眞如法亦畢竟空，本性如是離一切相。凡、愚聞之不解其義，即執涅槃眞如法唯空無物；爲除彼執，明眞如法身自體不空，具足無量性功德故。」

講解 如果你能夠證得眞如心，第一種的「人我見」就可以斷除了，你已經知道：不是由我這個見聞覺知心去想像「如來法身有如虛空」，所以不會誤把虛空當作如來法身，這就不會落入第一種**人我見**裡面了；因爲「如來法身同於虛空」的邪見，都是依**人我見**的覺知心妄想而想像出來的。接著又說第二個**人我見**。在大乘經典裡面曾說：「一切的世間法，都是畢竟空。」因爲你如果要尋求五陰十八界及一切法的恆常不壞性，是永不可得的；你想要尋求它們的眞實自性，也是永不可得的。

譬如藏密喇嘛常常拿來作爲「有佛法證量」的「甘露」好了（奇怪！那個喜饒根登他們，近來似乎沒有再廣告辦法會、求甘露了，這可能是台灣魔術師協會出來舉發的大貢獻吧！）就算他們不是以菌類急速生長法來變魔術欺騙眾生，就算他們是眞的把甘露求來了，我們卻要請問：「**甘露是有爲法？還是無爲法呢？**」（大眾同答：有為法！）是有爲法嘛！因爲它是物質色法，它是本無、後來才有的法嘛！是變、生出來的，不管是變魔術或是天人送給他的，反正它是本無後有的法；本無後有的法，當然就是有爲法。本無後有的有生法，將來終究畢竟壞滅，一定會壞掉的；既然是一定會壞掉的法，不是證得本來無生的法，那這個甘露跟佛法的無生忍、無生法忍有什麼相干呢？完全不相干嘛！所以甘露與解脫道及佛菩提道的修證證量完全無關，向欲界天人求賜甘露，與佛法的修證是完全無關的。而且欲界天人也是凡夫，連二乘菩提的證量都沒有，成不了阿羅漢，何況大乘佛菩提道的證量？他們還得來人間向阿羅漢修學解脫道，或向菩薩求悟，喜饒根登向他們求得天人日常飲食的甘露，又能作爲什麼佛法證量呢？

又譬如說「神通」，如果意識斷滅了的時候，神通還能現行嗎？（大眾回答：不行！）當然不行！意識斷了的時候，神通就跟著滅了。所以他神通再大也沒有用，人家只要對他打上一針麻醉劑，麻醉醫師只要給他這麼一針，他的意識覺知心一定會斷滅，所有神通力也就跟著消失無蹤了，醫師就贏過他的神通啦！所以，有一些人被鬼神附身以後，力大無窮！他儘管力大無窮，沒關係！我就定時對他打上一針鎮定劑，附在病人身上的大力鬼神也一樣無可奈何啊！起不了作用了！爲什麼呢？因爲五根被鎮靜劑控制時，意識就無法正常運作，鬼神的意根就無法控制病人的六根與意識了！就不得不睡著而使意識滅了嘛！意識斷滅的時候，鬼神的大神通就沒辦法起作用了！可是爲什麼打上一針麻醉劑時意識就會滅？因爲意識是要依我們的意根和五色根共同配合運作，意識覺知心才能現起、才能運作啊！當五色根被麻醉時，意識就無法正常的運作，無法正常的分別了知諸法，意根就沒有辦法正常的在五根上面運作，祂只有在一個很小的局部範圍中運作，鬼神就無法操控病人的五色根去作事了，那時病人意識就跟著睡著而斷滅了，鬼神就不能在病人身上運作，病人奇怪的神通與大力，也就跟著消失了。

所以鬼神附身時再怎麼力大無窮，再怎麼神通廣大，都抵不了麻醉醫師這麼一針，幾cc麻醉劑就解決了；再不然的話呢，拿槍來，只要一顆衛生丸打入頭腦五勝義根，再有什麼大神通的鬼神附在身上，他都擋不了，沒有用的。更何況是捨報的時候？捨報時色身漸漸毀壞，五色根壞了，意識當然一定會跟著開始斷滅了；意識都斷了，他的神通就不可能現起，因爲神通是意識心相應的法啊！所以有一些沒有般若智慧的法師、老師，講什麼他們有大神通——其實多數是假的——但就算是眞的有，那些「大」神通也是沒有用的，抵不了生死的；在人間也一樣，只要他是依附於這個欲界人身，在他身上打一針麻醉劑，大神通就沒有用武之地了！他要是眞的有大神通的話，加修十善業而生到六欲天中去，人間管不著他，天上也沒有麻醉針，還可以有一些作用。如果要再使神通功能更大的話，那他就得要有色界天的天身，他還可以說：「我現在的神通是比欲界天的天主還要大！」但是，在色界天捨報時，意識一樣會滅，滅了照樣沒有神通。

這就是說，一切的世間法，不管是什麼法，譬如證得禪定境界，包括修得非想非非想定的境界，那也都是世間法。證得這個非想非非想定時，若把色身給砍壞了，他就得要生到非非想天去（除非他發願常住人間），去到那邊的壽命，最多是八萬大劫；但是八萬劫後，壽命終了時，突然間就會生起一念妄想，他就下墮了，還是生活在三界中，離不開生死啊！所以那也是三界中的有爲法。因此說：「一切的世間法，都是畢竟空！」你如果想要探究它的眞實不壞的體性，一定是不可得的，一定會壞滅的；只是時間的久暫差別而已，都沒有一個眞實不壞的體性。既然都是畢竟空，那有什麼好貪著的呢？所以學佛的人，都應當要去探究「如何可以眞斷我見而證得解脫果？」這才是學佛人最重要的事情！證得解脫果之後，還得要迴小向大：「怎麼樣去證得佛菩提果？」這才是最重要的，至於神通與禪定，那都是枝末事。

接下來 馬鳴菩薩說：「乃至涅槃、眞如法，亦畢竟空。」還沒有證得心眞如的時候，你就會想：「馬鳴菩薩這一段話是不是講錯了？怎麼涅槃也是畢竟空？心眞如的法也是畢竟空？怎麼會這樣呢？那我還要修學什麼佛法？還要求證涅槃幹什麼？」但是，事實上眞的是這樣！但不是你在未悟之前所想的那樣！

涅槃爲什麼畢竟空？經上不是講過嗎：「設若有法過於涅槃，我說亦復如夢如幻。」言外之意應該是說：涅槃是最究竟的法囉！可是爲什麼又說「假設有一個法是超過涅槃的，這個超過涅槃的法仍然還是如夢如幻。」爲什麼會這樣呢？「假設有法」意思就是說，沒有任何一個法能夠超過涅槃，當然涅槃是最究竟的了；可是二乘聖人所不能棄捨的無餘涅槃，到了這個大乘法裏面時，爲什麼還是畢竟空？在二乘法裏面說涅槃是眞實可證的，到了大乘法時卻說祂是畢竟空。這意思就是說：「涅槃並不是一個眞實有的法，涅槃是依附於心眞如才有涅槃。」所以涅槃也只是個名相、名詞而已，只是表示心眞如不住三界中時所顯現的法相。

無餘涅槃就是講十八界都滅盡了，也就是有念或離念靈知都滅盡了，處處作主的意根我，這個主宰也滅盡了；十八界都不再現行了，就只剩下第八識眞如心猶如虛空一樣的，離見聞覺知而不再出現於三界六塵與六識當中，就依這個第八識不再輪迴生死，不再出生十八界法的境界相，施設爲無餘涅槃。所以你看：涅槃這個名詞也只是講第八識的自住境界相而已，是依第八識的自住境界而說涅槃，所以涅槃只是顯示第八識心自住境界的一個名詞，所以涅槃也是畢竟空，哪裡會有涅槃可證？所以「二乘聖人證得涅槃」，那只是方便說，實際上並無涅槃境界可證，但卻是眞的可以出離三界生死苦。

可證的是你的如來藏不再去流轉生死，可是這個如來藏不流轉生死的境界也是不可證的。爲什麼呢？因爲進入無餘涅槃時，阿羅漢的五陰、十八界都已經消失了嘛！十八界都消失了才可以稱爲實證無餘涅槃；可是他們入了涅槃，十八界的他們都全部消失不在了，覺知心、作主心都滅盡了，還能有誰證得無餘涅槃？所以說沒有人能證得無餘涅槃！所以說「阿羅漢能證得無餘涅槃」，那是依二乘法而講的方便說，不是究竟說，所以無餘涅槃其實還是不可證的，所以涅槃其實還是畢竟空嘛！所以 馬鳴菩薩說的完全正確。所以，在二乘法中說「有涅槃可證」，但是到了大乘《般若經》的時候卻說：「沒有涅槃可證，才是眞的證涅槃；沒有人入涅槃，才是眞正的證涅槃。」不知道的人心裡面私下懷疑說：「唉！這部《般若經》可能有問題！會不會是僞經？」心中就不敢眞的信受了。古時二乘法中的法師們就是這麼講的，那都是還沒有證悟的人猜想而說的，都是還沒有證得解脫果的二乘凡夫法師們所講的，所以他們不肯相信第二轉法輪諸般若經是　佛親口所說，當然更不肯相信第三轉法輪諸唯識方廣經典是　佛親口所說，而以自己凡夫位中對於佛法的誤解，來判斷經典，因此就產生了佛教史上很有名的**空有之爭**。可是從眞正證得如來藏的人來看，哪有什麼**空有之爭**可爭的呢？空就是有、有就是空，就這麼單純、這麼簡單，所以涅槃也是畢竟空，所以涅槃也是非空非有；但是凡夫位中的大乘與二乘法師們，就各執大小乘經典，而以他們所誤會的空與有，互相的爭執起來，到現在還是沒完沒了，而由我們現在來加以解決、加以實際上的說明，來消除空有之爭。

那麼眞如法呢？眞如法爲什麼也是畢竟空？因爲眞如法也是依於第八識心體來施設眞如的。你說有眞如，而眞如也只是一個名相；但是眞如這個法，第八識祂自己根本就不管別人或自己是眞如、非眞如的，祂也不管自己心體是不是眞如法性，祂都不管，祂就是這樣，所以才是眞如心；但是眞的有眞如可證，由阿賴耶識出生了蘊處界等法以後，再由八識心王和合運作而顯示出如來藏第八阿賴耶識心體自身的眞如法性，所以眞如只是識性所顯，並沒有實質，絕不是萬法根源的實相；只有依識體所顯的眞如法性，才可以說是實相；離於識體的眞如法性，就沒有實相可說了，所以說眞如也是畢竟空：依識體而有，是識體的眞實性。

從另一方面來看，說有眞如心，那也是意識心的事情，是意識證悟後的事情；但是眞如心——如來藏阿賴耶識心體——祂是從來不返觀自己的眞如性的，所以是依意識分別心觀察如來藏的眞實如如的法性，而說有第八識眞如心；但是第八識眞如心卻是從來都不返觀自己的眞如性，絕不關心自己是否繼續存在，絕不關心自己是否眞如性，所以祂無所謂**證眞如**可說。而意識心是生滅法，一定是依意識心而觀行到有第八識眞如心，入了涅槃時，眞如心仍然不返觀自己的眞如性，而能觀察第八識眞如性的意識覺知心又滅失了，所以從實際理來看，也沒有眞如法的存在，所以說眞如這個法也是畢竟空。事實上是，你開悟了以後說：「**啊！我眞的有一個眞如心第八識！**」但是祂第八識才不管你知不知道祂，祂才不管你呢！祂從來都不會在這上面起心動念的。

總之，祂一直都是住在深宮內院裏面，你在外面攀緣執著，祂都不管；天王老子就是這種個性欸！所以臣下們到處攀緣：抓壯丁啦！課稅啦！打仗啦！建設國家啦！但是皇帝老子就在深宮內院安住，都沒他的事，他只管應對那些大臣們，不管外事。我們的眞如心也是就樣子啊！你七轉識不斷的在外面攀緣、分別、執取，七識中的末那識又執取前六識爲我，也把內裡的天王老子——心眞如——內執爲我，但是心眞如祂卻不計較。趙州禪師說：「眞佛內裡坐」，你這個第八識眞如心只在內裏坐，就是這個道理啊！很多人誤會趙州禪師那個意思啊，所以趙州說：「**木佛不度火、泥佛不度水、金佛不度爐，眞佛內裡坐。**」你的眞佛就在裡面坐著，祂不管外面六塵的一切事；但是在不管事當中，祂卻又什麼都管，專用七識心來應對外六塵；皇帝老子也是一樣啊！他不管事，外面的事他都不管，但是不管之中他什麼事都管——所有人都要歸他管。

木佛有什麼用？度不了火這一關；泥佛度不了水這一關，黃金黑鐵鑄成的佛，也度不了鍊鋼、鍊金的火爐；玉佛也沒用啊！一鎚打下去就壞了，所以我們可以加一句：「玉佛不度鎚。」但是眞佛呢？祂一直內裏坐，在裏面安坐而於六塵萬法都不動心的，那才是眞正的佛。這個意思就是說，祂根本就不管什麼眞如不眞如的；你在那邊講眞如無爲，還說眞如猶如虛空，所以又施設了一個虛空無爲；但是眞佛——眞如心如來藏——祂卻是絕對不去體會自己的眞如法性的；所以從祂自身的立場來說，並沒有眞如心這個法；所以從一個轉依眞如心的自住境界的菩薩來說，事相上縱使一直在為眾生宣說確有眞如心可證，確有眞如法存在，但是他自心卻又無妨轉依眞如心的自性，而認為沒有眞如心可言，而住於眞如心無智亦無得的意識覺知心智慧境界中。

虛空無為也是畢竟空，因為虛空無為其實是依「眞如心的體性猶如虛空」，來施設虛空無為這個名相啊！所以虛空無為這個法也是畢竟空，是依眞如的另一方面、另一層次來看待祂，而說眞如心的體性叫作虛空無為，並不是講虛空本身的無為法性。所以當你正在這邊探討眞如：眞如心的體性如何、如何……。又說明應該怎麼樣去參究祂，但是祂通通不管這個，所以你說有眞如心的存在，祂也不管你；你如果誹謗說沒有眞如心的存在，祂也不管你，祂都不管。所以你講眞如法，眞如法也是依祂的這種體性施設的名稱，依第八識的自住境界相，才叫作眞如嘛！所以眞如法其實也就是第八識心體的自住境界相，其實還是第八識自性，所以眞如法也只是一個名相，依第八識心體而施設眞如無為，所以畢竟空，並無實法。

如果祂一天到晚像你一樣：「有人說這個眞如法是假的，不可能實證眞如，所以我得要出來摧邪顯正。」那麼覺知心的你就出來摧邪顯正，就變成有為，可是眞如心如來藏還是住在無爲性裡面啊！祂照樣不管你啊！所以我在摧邪顯正，我的眞如心也還是不管我啊！祂照樣不動於境、不動心。我一直恐怕佛救正法斷了、怕正法被大法師們搞壞了，祂卻是從不耽心的。我一直在爲大眾說明：「**眞如心是無爲性的，但眞如心也是有眞實自性可以證驗的，也是能生萬法的，不是虛妄的，你們那一些人不要誹謗！**」聲嘶力竭的爲眾生說明時，我的祂照樣不動於心啊！還是安心的在內裏坐，不管正法是否永續流傳，也不管祂自己所顯示的眞如法性，所以對祂而言，沒有眞如法可說。所以說你一天到晚在講眞如法性時，其實眞如法也是畢竟空啊！眞如法只是依第八識如來藏的如如不動的自體性，依祂不被六塵所轉的體性，而施設眞如法這個名詞出來，由意識心來領受眞如法性，眞如心自己卻從來都不曾領受祂自己的眞如法性；意識開悟而領受了以後，只是再從另一個方向來說明祂的自體性而說有這個眞如法。但實際上，眞如法也是依祂施設的，與涅槃一樣是同一第八識心體所顯的啊！二乘聖人、大乘菩薩說涅槃，但是涅槃也是同一個啊！就是大乘菩薩同時宣說的眞如法啊！你又另外宣說不動無爲、想受滅無爲、擇滅無爲……等等，那其實也還是祂，都是依祂而有的，所以說也是畢竟空；而這些法也都不離三界法，都是在三界內顯現的，也攝在一切法中；所以依第八識眞如心而說一切法空，而說一切世法畢竟空，乃至涅槃、眞如法亦畢竟空。

馬鳴菩薩又說「本性如是離一切相；凡愚聞之不解其義，即執涅槃眞如法唯空無物。」心眞如祂的本性就是這樣子「離一切相」，見聞覺知心的我們都在六塵相當中，不管你是流轉生死、貪著五欲，或者爲了佛法、爲救眾生而破邪顯正，這都是有一切相的；可是正在貪欲或者救護眾生當中時，卻是你有相、祂無相。你正在破邪顯正，祂也幫你忙；說實話，破邪顯正的事情都是祂在作，可是祂卻從來不覺得祂在破邪顯正，祂就是這樣的體性，所以祂是離一切相的，所以對祂而言，沒有眞如法，也沒有涅槃。但是經中這麼說，大家都讀不懂——凡夫和愚人聽了以後不解其義——他們就產生了執著：「涅槃及眞如法就是像虛空一樣根本沒有，沒有這個法；因爲畢竟空，所以沒有這個法，所以一切法都是緣起性空，所以緣起性空就是眞如、就是般若。」其實不是！事實上是眞如心有祂的眞實自性，所以能生萬法，但是祂這個眞實自性卻是猶如虛空一般；祂的自體性從來不生亦不滅，所以是涅槃性，所以涅槃依祂而施設，但是從祂本身離見聞知覺性的立場上來看，卻沒有涅槃可說，也沒有涅槃境界可住；祂就是這一種眞實而又如如不動於六塵萬法、如如不動於第一義諦的體性，是眞實的存在，也是眞正的如，這一種體性是眞實存在的。

但是我們在解說這一些法的時候，都只是在名相上面講，用名相來顯示眞如法，來顯示第八識上所顯現出來的眞如法，所以眞如法其實是第八識上所顯示的法性，所以我所說的這些名相都是空幻的。當你還沒有證得第八識心體這個眞實法的時候，你就弄不清楚我上面所講的這些名相語言是什麼意思啊！你無法眞正的證驗祂、無法眞實的去體驗祂。那你就會產生錯誤的聯想：「啊！一定是講一切法都緣起性空，所以畢竟空，所以這些眞如法、涅槃等等，也都只是名詞施設啦！所以眞如與涅槃都是性空唯名。」因爲誤以爲只是名詞施設，所以就出問題啦！所以印順法師就說：「這個眞如、阿賴耶識、如來藏，都不是眞實有的，只是爲了方便度引那一些執著『我』的人，爲了方便度那些放不下『我』的人，所以方便說有眞如、如來藏，所以眞如心、如來藏都只是個名詞，沒有眞如心如來藏這個心，所以般若就是性空唯名。」就變成這樣子了，就以這樣的大意，寫在他的書中了，因此就錯會佛法了，所以他們就認爲：「涅槃也好、眞如也好，都是空，沒有任何一個自性法可以讓人證驗的，所以涅槃是不可知、不可證的。如果說有眞實心叫作眞如、如來藏，那就是外道神我，就是自性見者。」所以印順「導」師解釋眞如時，他說：「五蘊是會滅的，五蘊滅了以後呢？這個滅掉的滅相是永遠不滅的；五蘊滅掉後的『滅相』永遠不滅，也就是斷滅空的空相永遠都不會再被滅壞的，從此以後這個空相永遠不滅、永遠存在，所以這個滅相、空相就是眞如。」因爲他認爲滅相是永遠都不會再滅壞了，不會再被滅掉的滅相就不是可滅的法了，不是可滅的法所以叫做眞如。就變成這樣子了。這其實就是 佛所指斥的「兔無角法」，是虛相法，不是實相法，當然就不是 佛所說的眞正的眞如心了。

這就是說，經上固然有說：「乃至眞如法亦是畢竟空」，但是這個畢竟空，並不是講一切法空的斷滅空，而是依眞如的體性來說五陰、十二處、十八界、六入……等等法都畢竟空。但不是告訴你眞如心、眞如法也是畢竟空，而是說眞如這個法相也是畢竟空，只是依眞如心而施設眞如法，所以眞如本體的眞如心確實有祂的眞實自性不空。

馬鳴菩薩又說：「爲除彼執，明眞如法身自體不空，具足無量性功德故。」所以爲了除掉他們的錯誤執著於空，就跟他們說明眞如法身的「自體不空」。眞如法身即是第八識如來藏，確實是可以親證的，你可以在悟後去證驗祂的種種無漏有為法上的功德。祂並不是猶如虛空無法一樣的全無作用，體性是猶如虛空般的無形無色，然而祂不是虛空，不是無法，更不是印順所講的斷滅空；不知道的人就以為祂當眞就是虛空，所以就會有許多佛門中的虛空外道一一出現了；藏密中的喇嘛、上師們，有很多人是混合了虛空外道見與常見見的，盧勝彥也一樣認為虛空就是眞如、就是法身，也是具體事證。

馬鳴菩薩為什麼又要跟大家說「眞如的法身自體不空」呢？因為怕大家讀了經典所說「眞如猶如虛空」，就誤會**眞如即是虛空**而墮於斷滅空、虛無空，所以就跟他們解釋說：**眞如法身祂具有無量的自性和功德的緣故**。所以，眞如法雖然說是畢竟空，然而那只是從心體上來說：「為人施設解說的眞如法畢竟空，證悟者所體驗領受的眞如法畢竟空。」但畢竟空之中實有不空，也就是說，眞如法是依第八識眞如心而施設的法，眞如法只是第八識心體的所顯性，眞如法本身無自體性，是以第八識眞如心如來藏為體，只是以這個名詞來顯示如來藏的眞與如而已，只是在顯示如來藏的眞如性，並無實法，所以說眞如畢竟空；而眞如心自體如來藏，祂有許多的自性、祂有許多的功德存在，也能顯示祂自體的眞如法性出來。一旦你證得眞如心阿賴耶識心體的時候，你就會體驗到祂的無量自性、無量的功德。

論文：【三者、如經中說如來藏具足一切諸性功德，不增不減；凡愚聞已不解其義，則執如來藏有「色、心法自相差別」。為除此執，明以眞如本無染法差別，立有無邊功德相，非是染相。】

講解　馬鳴菩薩現在又舉出經中的開示說：「譬如經典中曾開示說，我們的如來藏具足了一切在各種法上的許多法性、許多功德，祂這種具足各種法的體性和功德的這種事實、這種特性，一直都是不增不減的。當你還在凡夫地時祂是這樣子，悟後進入菩薩地祂也還是這樣子；在你還沒有開悟之前祂是這樣子，在你證悟了以後祂仍然還是這樣子，這種自性是不增也不減的。」換句話說：這一些功能性都是祂本來就存在著的，不是你修行以後才有，是你還沒有開悟、還沒有修行以前祂就已經有了，只是你懂得用或不懂得用而已。

馬鳴菩薩接著又開示說：「凡愚聞已不解其義，則執如來藏有『色、心法自相差別』。」如來藏具足了這些本有的法性與功德，從來不增亦不減；凡夫和愚人聽了這個開示以後，不能眞實的理解這個道理，就產生了錯誤的執著：『如來藏有色法上的自相差別，也有心法上的自相差別。』」

那麼如何是錯誤的執著色法上的自相差別呢？譬如西藏密宗，他們常常會這樣虛妄的炫耀：「我們某某祖師，他入滅的時候，色身就化為虹光身，然後升到空行淨土去了！」我們卻要請問：你這個色身所變成的虹光身，是有色之法？還是無色之法？如果這個物質色身能夠轉變爲虹光身，顯然那個虹光身還是粗物質的身體嘛！因爲你不是留下色身而轉變往生，你是把色身帶著去嘛！可是色身物質不可能變成光的形態啊！所以那是騙人的謊言！所以藏密上師永遠都是死了好幾世以後才開始講出那種話的，永遠不會有現在世的人捨壽時當場顯示這種境界的。更多的是：對死了幾百年的藏密祖師，才說他們有這種能力；而且也不是古時死的時候就顯示這種能力，而是死後幾百年以後才漸漸的流傳起來，然後才有人寫在文字上，讓更後世的愚人信受，所以那都是編造的謊言。還要請問：粗重物質的肉身能變成光身嗎？變成虹光身以後，往生的空行淨土是在哪裡？是三界二十八天中的哪一天？這也得要明白的講出來啊！不能夠隨便發明一個淨土，就自我宣揚起來了。三界中總共只有二十八天，他們密宗憑空多出了一個天：空行天。憑空多出了一個「空行淨土」，這是在自創三界境界啊！但是自創的天界永遠都只是妄想。

且不談他們的說法是不是多數密宗行者的約定俗成，佛明明說三界共是二十八天；先不說 佛所講的，就算是約定俗成也好，印度一切外道的約定俗成，也說是只有二十八天啊！那你說的空行淨土的境界究竟是在哪一天？我們要問這一點！他們的空行淨土、烏金淨土，一定不可能是無色界天，因爲他們的雙身法的境界絕對不可能上生無色界的；那麼會是色界天嗎？也沒辦法啦！因爲肉身是不可能去到色界天的；而且雙身法「修成」的虹光身，也不可能生到色界天去的，因爲色界天是永離男女觸的，也是永無男女根的，只有已斷男女觸而且發起禪定的人才能往生的；而藏密的禪定根本不是禪定，都是以男女淫樂的觸覺境界妄稱爲禪定境界的，所以虹光身絕無可能生到色界去。那麼他們虹光身所生的「淨土」是在六欲天中嗎？也不可能啊！因爲六欲天也不是這種粗糙物質的色身啊！而人間的人類色身是粗色身，六欲天中的天人身體是細物質的色身，所以人身顯然也不能去到欲界天啊！若說是以虹光身往生欲界天，可是欲界天仍然是微細物質的肉身，才能有男女根；可是虹光身是光身，不可能有男女根，所以不可能生到欲界天去，那就要請問他們：空行淨土是在哪一天？

所以只有一個可能，就是在人間，那他們其實跟世俗人一樣嘛！只是轉一個地方：或者住到山上，或者暗地裡住到別人所不知道的深山隱密處而已！那爲什麼可以叫做空行淨土？那不該叫空行，該叫作地行，最多就是成爲地行仙嘛！修雙身法而成爲精行仙、地行仙，倒是很合理的，也只有地行仙、空行仙才合乎他們的空行淨土的本質。如果回到前面所說的虹光身來說，明明肉身不可能變成光身，而且他們講的祖師肉身變成虹光身而上生烏金淨土……等等，又都是死後很久以後才流傳演變而形成的，都不是當時顯現的證量，都是假託之言而已。就像蓮花生一樣，明明是父母所生的肉胎凡身，經過幾百年的傳說改編以後，卻變成蓮花化生的了；可是蓮花化生的人一定是中性人，不可能有男女性的，他卻又有男根而可以跟許多女人行淫生子，歷史記載也說他有娶妻生子，又跟許多女人行淫修習雙身法。而且虹光身既非物質身，不可能有男女根，但是他們所說的虹光身生到「淨土」「成佛」以後，卻是抱著女人永遠處在交合享受淫樂狀態而有男女根的，根本不合三界法界中的事實與邏輯。所以密宗這些東西都是很荒謬的，都是以訛傳訛而當作眞實歷史，用來欺騙眾生、籠罩眾生的。所以肉身本身是不可能轉變成爲佛身的，諸佛成佛時的人間佛身還是和人類一樣的粗糙物質的肉身；成佛與否，是以有沒有一切種智而認定的，不在色身上面作文章的。可是他們很執著：「我們以這個色身可以即身成佛，由於這個色身的第四喜的淫觸快樂覺受不退，就是報身佛所獲得的果報，所以就用這個身體變成佛身，當我住在第四喜淫樂的遍身觸覺中時，就成爲正遍知覺的報身佛了，所以不但是即生成佛，也是即身成佛！」所以他們對肉身很執著，也對淫樂的遍身受境界極度的執著。

這就是藏密的錯誤觀念，叫做**虛妄想**，簡稱**妄想**。我們要瞭解：這一種想法正是虛妄的自性妄想，這就是執著如來藏所有的色法上的自相差別；眞正懂得佛法的人，就不會相信密宗這種妄想，沒有眞正懂得佛法的人才會相信。而且這些說法都是密宗祖師入滅幾代以後才流傳出來的，在當時祖師死的時候，都不會有這種說法。蓮花生死的時候，當時也沒有人宣稱蓮花生升到什麼淨土去，過了幾代以後才開始傳說起來，然後就把他寫下來變成密續，就正式生到烏金或什麼空行淨土去了，都是由後代的喇嘛冊封而成就的，所以後代喇嘛們的密法證量其實是高於蓮花生的。密續所說的那些大神異境界，都是這樣多代傳說增補而來。這即是對如來藏不能實證與理解，所以產生了「如來藏有色法自相差別」的妄想來。

那什麼叫做如來藏有「心法自相差別」？也就是說，他們落到常見外道見裏面去了。譬如寧瑪巴或者薩迦派，其實包括黃教以外的三大派都是一樣的，他們都說有如來藏，他們是承認有如來藏的；但是他們卻把意識心當作如來藏，有時候又把觀想出來的明點當作如來藏，但大部分都是以離念靈知心當作如來藏；他們認為如來藏是有覺有知的，只要你一念不生時，那覺知心就變成如來藏了，就變成真心了，他們三大派都是這樣認定的。所以他們都是誤會如來藏了，就認為如來藏有心法上的自相差別，所以覺知心有念的時候就是意識心，離念的時候就成為如來藏、成為真如了。可是如來藏一直都是遠離這一切心法的自相差別啊！你在這邊覺知六塵時，祂照樣是離六塵中的見聞覺知；你睡著無夢的時候，覺知心的你消失了、斷滅了，祂照樣離見聞覺知而繼續在運作著，祂的這種體性是恆常不變的，不是他們所說的「你醒來了就有覺知，睡著了就沒有覺知，但覺知心是不曾斷滅的。」其實只要意識存在，當時就一定會有覺知性，只有意識斷滅了的時候才不會有覺知性。但是如來藏不是這樣子，祂是一直都離六塵中的見聞覺知性，心體一直都是恆常不斷的。

但是那些藏密古時的祖師與現代的喇嘛們都不瞭解，就對如來藏的體性產生了虛妄想，誤會了以後就說：「如來藏是有覺有知的！所以有念時是意識，無念時就變成如來藏了。」印順法師在《勝鬘經講記》裡面也是這麼講：「如來藏是有覺有知的、阿賴耶識有覺有知的！」真奇怪！三轉法輪諸經都隱說或明說阿賴耶識離見聞覺知，爲什麼他會說如來藏阿賴耶識有見聞覺知呢？很奇怪！這樣自稱《以佛法研究佛法》，研究了六、七十年，結果都是研究錯了，都不是以佛法來研究佛法，而是以自己對藏密應成派中觀的先入爲主的邪見來研究佛法的；所以他連經文中明說如來藏離六塵見聞覺知的開示，竟然都誤會了。這就是說，他和藏密應成派中觀的一切喇嘛一樣，都執著於「如來藏有覺知心的心法自相差別」，這就是**我見還在**的凡夫；凡是落到覺知心的體性裏面，落到意識能見聞覺知的體性裡面，那都是我見、常見。這種我見、常見，得要有人來作正確的教導開示，然後自己再如實的觀行，觀察能知能覺的我、作主的我是眞心？還是假有的妄心？要在行、住、坐、臥當中去觀行、去證驗，然後證明覺知心、覺知性是緣起法，沒有常住不壞的我性，把這個我見斷除，把覺知性常住不壞的常見斷除掉，才算是斷我見的初果人。

接著 馬鳴菩薩開示說：「爲除此執，明以眞如本無染法差別，立有無邊功德相，非是染相。」因此，二乘法由五蘊空相、十八界空相的施設法門去觀行，觀察五蘊的一一蘊都是緣起法，所以其性是無常空，因此而斷我見、常見；如果執著識蘊的能見之性……乃至能覺之性作爲常住眞心，那就是落在常見、我見之中。

在大乘法裏面，馬鳴菩薩則說：「爲了要除掉這種錯誤見解的執著，就向眾生說明：『眞如心本來就沒有染法上面的差別』。」依據證量及聖教來告訴眾生：眞如心從來不在六塵裏面起種種的貪著、討厭，從來不在六塵裏面起種種的分別，祂沒有這些染法上的分別。然後再建立：「在六塵當中，雖然沒有種種的貪染分別，可是祂卻有無邊的功德相；祂在六塵當中雖有無邊的功德相，可是祂自身卻沒有染污相。」

譬如說《華嚴經》中所說的婆須蜜多尊者，當她接待某一個貪欲很重的眾生時；譬如跟她睡一個晚上如果是台幣一百萬的話（這個錢也眞的是很好賺，一個晚上一百萬。但是我告訴你，你就算花一千萬跟她睡一個晚上，也是划得來的！怎麼說呢？她至少可以讓你明心啊！不管你有沒眼見佛性，至少可以讓你明心啊！明心以後可以從此永不入三惡道；以後縱使很懈怠的生活下去，最多七次的人天往返，就可以證得阿羅漢果而出三界生死；這一千萬難道划不來嗎？當然划得來啊！所以跟她睡一晚花一千萬，還是很划得來的啊！）你晚上去找她，一千萬供養上去，跟她上床；一個晚上下來，她的妄心照樣跟你一樣有五欲之歡，可是她的第八識眞如心呢？照樣「非是染相」。她就是教導你如何去證知這個第八識如來藏自性清淨、本來涅槃的道理，讓你在五欲之中找到你自己的眞如心，讓你證知這個實相道理。

第二天一早你回家去；當你第二天早上要離開她之前，你會半信半疑：「眞如心眞的是這樣嗎？我這一千萬還是花得有點兒冤枉吧！」可是等你回到家裡，把三轉法輪的經典翻出來印證：「啊！妙哉！妙哉！這婆須蜜多還眞是個尊者！」趕快又回去找她，這回再去時，不跟她上床了，當面感謝、禮拜她！你如果是很有錢的人，那時就再供上一千萬去，就是這樣子。這就是說：「在五欲相當中，眞如心配合妄識覺知心在運作，但是祂自身卻沒有絲毫染法上的差別相。」祂完全沒有。正因爲如來藏遍十二處、遍十八界的道理，所以婆須蜜多能夠藉五欲淫觸來教導你這個道理啊！讓你清楚的在五欲中去證驗你的七轉識是染污性的，了知在這五欲當中貪染、染污的法正是七轉識的自己，可是她卻又讓你去證驗你自己的眞如心——第八識如來藏——祂有「有漏有爲法」和「無漏有爲法」上的一切功德相；而眞如心自己卻是離開一切染污相，完全不領受任何欲塵的。

你們說說看：像這樣子明心而永不入三惡道，並且可以發起般若智慧，也證得無餘涅槃中的實際，進入賢聖果位中，這一千萬花得冤枉嗎？（衆答：不冤枉。）

正因爲値得，所以回家請出經典證明正確以後，就趕快去銀行再領一千萬、再去供養她，眞的應該是這樣，雖然在世間法上看來，她只是一個高級妓女。然而光是一個明心而斷我見所產生的永不入三惡道的功德，就夠你受用不盡了；更何況，就算你是很懈怠的人，照這樣每天再去貪著五欲、花天酒地而不造惡業，你仍然可以拖到七次人天往返就出三界。如果你是很有錢的人，這麼划得來的生意，怎麼不會做呢？對不對？當然可以做，當然划得來啊！

假使密宗的喇嘛、法王們，都以這種雙身交合的淫行法門，在行淫中教導眾生證得如來藏阿賴耶識而發起智慧，雖然我不想認同這種作法，但也絕對不敢去批評他們，因爲這樣的貪淫、貪人美色的喇嘛，仍然是證悟的七住位賢人啊！可是，事實上他們的雙身法教導的卻是意識心境界，卻是教人貪著最最粗重的身識、意識的淫觸境界，而不是法界實相心的如來藏境界，完全是師徒二人亂倫，或師徒多人共同亂倫的貪淫、邪淫世俗惡業的意識心凡夫境界，二者絕對不可同日而語，也是殘害眾生共墮大妄語業及破法的大惡業中，當然要加以舉證破斥。

論文：【四者、如經中說一切世間諸雜染法皆依如來藏起，一切法不異眞如；

凡愚聞之不解其義，則謂如來藏具有一切世間染法。爲除此執，明如來藏從本具有過恆沙數清淨功德，不異眞如；過恆沙數煩惱染法唯是妄有，本無自性，從無始來未曾暫與如來藏相應。若如來藏染法相應，而令證會、息妄染者，無有是處。】

講解 第四個部分所要破除的我見，馬鳴菩薩又再舉出一個例子來說，譬如大乘經裏面有說到：「一切世間種種數不盡的各種差別不同的染污法，都是依如來藏眞如心而現起的，不管世間所有的無漏法、有漏法，無爲法、有爲法，都是依這個如來藏眞如心而現起的，如果離開眞如心，就不會有一切雜染法的現起，所以說一切法都不異眞如心。」這也就是說，一切法與如來藏非一亦非異。

既然一切染法都是依如來藏而現起——是從眞如心如來藏心體中現起的——當然這一切法就不異眞如心如來藏，不可說是異於眞如心啊！這裡是先講非異的道理，換句話說：「一切雜染的法也都是依眞如心如來藏、是從眞如心如來藏中現起的」。假使眾生悟前去見婆須蜜多尊者時，心中是有欲塵的，當然就是雜染法啦！她就是以這種雜染方便來接引眾生，想要讓眾生入佛道，就「先以欲勾牽」；但是她最後一定會讓親近她的眾生證悟眞如心如來藏，證實自己所有的一切雜染法都不異眞如心、如來藏，也不同眞如心如來藏。因爲這一切雜染法都從各人的眞如心中出生的，既然是眞如心所生，又跟眞如心在一起和合運作，當然你不能夠說一切染法不是眞如心，因爲染法畢竟也是眞如心所有種種體性中的一部分啊！

換句話說，染法都是七識心所有的煩惱法，這些煩惱法連同七識心都是如來藏眞如心體中的一部分，本來就攝屬眞如心的；既然一切染法都是眞如心的一部分，當然染法不異眞如。譬如人的身體全部，說是人身，你總不能說：「我的頭不是我！」頭當然也是你啊！你不能夠說：「我的腳不是我！可以把它剁掉！誰要是把我的腳剁了，都跟我無關。」你不會這樣子說！有人要強剁你的腳時，你會趕快跑啊！因爲腳與身體非異啊！同樣的道理，如果這個染法是從眞如心中所生出來的，也是依附於眞如心而在不斷的運作——在眞如心的表面不斷運作——顯然也是眞如心的一部分，你當然不能說染法不是眞如所攝的法。譬如摩尼寶珠在你面前，這顆摩尼寶珠的光滑表面上映現出種種的影像，所映現出來的表面影像，其實也是屬於摩尼寶珠的一部分啊！那你就不能說摩尼寶珠所顯現出來的那些影像異於摩尼寶珠啊！又如摩尼寶珠能夠放光，它所放出來的光明，你也不能說不是摩尼寶珠的一部分啊！這就是說，光明與珠體非異。

而且經上早就曾經這麼說過，可是凡夫和愚人聽過以後，不瞭解它的道理，誤會了經文的眞義，就誹謗如來藏說：「如來藏自體也具有一切世間染污的法性，因爲如來藏會出生染法啊！所以如來藏的自體性也是有貪染的。」所以有人就同樣的誹謗如來藏：「阿賴耶識就是妄識。因爲一切法是阿賴耶識，阿賴耶識是一切法；既然一切法是染污的，阿賴耶識當然就是染污的心嘛！因爲一切法虛妄，而一切法即是阿賴耶識，所以阿賴耶識心體就是虛妄的嘛！」所以聖嚴法師書裡面說：「阿賴耶是妄識，到最後還是要把祂捨棄。」並不是只有他這樣講，自在居士也這麼講啊！印順導師也這麼講啊！印順導師說：「阿賴耶，可以看見的是『阿羅漢位捨』，既然阿羅漢入涅槃都捨了，爲什麼可以說『一切法唯識』？」他不知道捨的意思，不知這個捨字是指「捨阿賴耶識性」，是捨集藏分段生死種子的阿賴耶性，不是捨阿賴耶識心體；自己誤會了，還振振有詞的提出疑問，來質問唯識宗的弘法者。結果弄到後來，原來是他自己誤會了經、論中的意思；所以「捨」是捨阿賴耶識心體對分段生死種子的執藏性，把執藏分段生死種子的體性捨了就稱爲捨阿賴耶識，改名爲異熟識，而不是說祂心體虛妄、必須捨棄。所以，他們都不瞭解阿賴耶識心體——如來藏。雖然阿賴耶識如來藏也就是一切法，一切法也就是阿賴耶識心體，但是阿賴耶識跟一切法雖然非異，卻同時還有個非一的道理存在啊！並不是單講非異啊！可是他們卻都斷章取義了。

這一些人不瞭解唯識種智的正義，就這麼說：「如來藏具有一切世間的染污法，阿賴耶識心體既然就是如來藏，當然得要把祂丟掉，才算是證得解脫。那你們正覺同修會還在那邊一心想要證悟阿賴耶識心體，說你們找到阿賴耶識時就是證悟，所以你們那個法不對啦！所以你們是大妄語！你們只找到阿賴耶識，怎麼可以說是開悟？我們是找到佛地眞如，那才叫開悟欸！」桃園的附密宗外道喜饒根登「活佛」（俗姓吳）就是這麼講的。可是你如果去探究他們所證的佛地眞如，結果是什麼呢？還是意識心，他們誤認覺知心一念不生時就是佛地眞如了（編案：後來離開正覺同修會的楊、蔡、蓮…等人，仍然落入這種過失中而退失佛菩提的真見道功德了，詳見《燈影、假如來藏、辨唯識性相、真假開悟、識蘊真義》等書及《略說八、九識並存…等種種過失》一文辨正），所以他們這樣說：「這個覺知心無妄念時就叫做佛地的眞如，這樣證悟覺知心常住不壞的道理時，就是即身成佛。」他的師父義雲高先生在書中開示《心經》的重點時，也是這麼說的：「《心經》最要的關節，就是在講能觀的心。」仍然是落在意識心上，連二乘小法見道最基本的我見、常見都還沒有斷。這個就是 馬鳴菩薩在這一段論文中所說的：凡夫與愚人不能如實的瞭解經中所講的眞實道理。

馬鳴菩薩開示說：「爲除此執，明如來藏從本具有過恆沙數清淨功德，不異眞如；過恆沙數煩惱染法唯是妄有，本無自性，從無始來未曾暫與如來藏相應。若如來藏染法相應，而令證會、息妄染者，無有是處。」馬鳴菩薩說的是：「經文中所說的道理，正是爲了除掉眾生這種錯誤的執著，所以就跟眾生說明：如來藏從無始劫以來，本來就具有超過恆河沙數的無量數的清淨功德，祂跟佛地的眞如法性是沒什麼差別的，所以不異眞如。」因爲祂就是未來成就究竟佛道時的眞如心，離開了這個第八識心體，你就永遠不可能有未來的佛地眞如心可以修證了。

但是這樣子說明了以後，眾生還是不能理解，就會懷疑：眞如心既然是清淨性的心體，又怎麼會出生染法？而與染法不異？因此又不得不跟眾生詳細說明：超過恆河沙數的煩惱和染污的法，都是虛妄有，不是眞實有；這一些虛妄法本來就沒有自性——沒有能自己獨立存在的體性——從如來藏中出生以後仍然必須依附於如來藏才能存在與運作；但是這些妄心與貪染法，都是向外攀緣執著，不能向內探求眞相；或者雖然向內探求眞相，但是卻沒有智慧破除無明，無法找到如來藏，所以馬鳴菩薩說：自從無始劫以來，這種能見、能知、能覺的染污心，都不曾暫時短暫的跟如來藏相應；而且雜染法的貪瞋痴等法，一向都是與妄心七轉識相應，從來都不曾跟如來藏相應過，如來藏從來都不曾起過一念的貪瞋痴慢疑……等煩惱。

換句話說：如來藏生出了種種的法，被出生的妄心七識……等種種法在世間存在與運作時，顯現有種種的貪染；雖然有種種貪染，可是如來藏所生出的這些法生起貪染的時候，如來藏自己卻是從來不跟這些煩惱染污的法相應。祂絕不會像意識覺知心一樣在那裡煩惱：「唉！我這兒子書讀不好，我這個女兒就業好辛苦，我這孫子又不太乖！」……等等煩惱一大堆；所以當你正在煩惱的時候，祂都不煩惱，寂靜、清涼、無惱。當你事業正順利、賺大錢，就如古人所說的：「春風得意馬蹄疾」，可是你正在歡喜的時候，你的如來藏照樣不歡喜——祂不歡喜時並不是生氣——祂只是不落在歡喜之中；那你生氣煩惱的時候祂也不起煩惱——祂不煩惱並不是高興——祂只是不落在煩惱中；祂既不生氣、也不煩惱，既不歡喜、也不生氣，既不討厭、也不喜歡，永遠如是離兩邊而安住，而且不是故意壓抑自己這樣安住，而是無始以來就一直都是這樣的，而且是本性就已經如此的，不是修行變成這樣的；所以 馬鳴菩薩說祂跟這一些雜染法不曾相應過，甚至於短到一剎那的相應都不曾有過。

如果如來藏這個法、如來藏這個心，祂是會與染污法相應的話；那麼諸佛菩薩讓人去證得這個如來藏、去體會到這個如來藏，卻說證到如來藏就能夠息滅妄想和污染的話，一定沒有這個理啊！如來藏一定是本來自性清淨的，本來就不與染污法相應的體性，那你證得祂以後，轉變覺知心自己的染污體性而依止祂從來清淨的體性，才能讓妄知妄覺的覺知心，歇息「自己常住不滅」的狂心而安住下來；這樣狂心頓歇而轉依如來藏的寂靜涅槃無染體性以後，你才能夠息滅妄染！如果你所證得的如來藏是有貪染的，或是有時會起貪染的體性，那你轉依祂的體性而安住時，你也將會是貪染性的心，或者是有時也會起貪染的心，那就不是眞實不貪無染的心了。恐怕眾生誤會了，所以 馬鳴菩薩特地開示說：**如來藏眞如心是從來都不與染法相應的**。正因爲如來藏從來都不與染法相應，所以菩薩證得如來藏以後，能夠轉變覺知心的雜染性而改爲依止如來藏本身的清淨性、寂靜性，而讓覺知心自己變得清淨而安住下來——依如來藏的體性而安住。這就是說，如來藏本身是沒有貪瞋、沒有雜染的，因此諸佛菩薩都說如來藏的自性清淨，雖然也說含藏七識心相應的雜染種子。

論文：【五者、如經中說「依如來藏有生死，得涅槃」；凡愚聞之不知其義，則謂依如來藏生死有始；以見始故，復謂涅槃有其終盡。爲除此執，明如來藏無有初際，無明依之，生死無始。若言三界外，更有衆生始起者，是外道經中說，非是佛教。以如來藏無有後際，證此永斷生死種子，得於涅槃亦無後際；依人我見，四種見生，是故於此安立彼四。】

講解　如來藏一定是不與雜染法相應的，如果你所證得的「如來藏、眞如心」，祂是會與雜染法相應的，那你就應該很清楚的知道：一定是悟錯了。這個見聞覺知的心、一念不生的覺知心，祂是你在打坐的時候很努力的壓抑祂，才能一念不生的，才能很勉強的不跟雜染法相應的；除非是性障很輕的久學菩薩，否則都是這樣的。但是縱使打坐時可以這樣子壓抑住祂，可是你一下座的時候，他馬上就跟雜染法相應了。

舉個簡單的例子，你正在靜坐、一念不生，突然間人家燒了上好的栴檀香、上好的沉香，你一聞到，心就動了：「嗯？這麼好的沉香，現在怎麼買得到？這是哪裡買的？」雖然心中並沒有語言文字出現，而只是無語言文字相的疑問，但是已經有這些疑問出現了！這還算是定力比較好的人；若是定力差的人，語言文字早就出現了，他都還沒有覺察到呢！得要等好幾分鐘以後才能覺察到呢？但是不管當時有沒有語言文字，都已經是心動了；這種覺知心動，並不是只有一剎那相應，而是好多剎那、好多剎那相應，是好幾秒、好幾分鐘相應啊！你看！這樣的覺知心、離念靈知，他正是會與雜染法相應的心，不是從來都不與雜染法相應的清淨心。

再不然，譬如你下座以後，也許你家裡的同修很體貼，弄了一杯飲料悄悄的放在你前面，你因為入定了所以不知道；但是出定時一定會看見，心中**念的前頭**一動：「有好東西可以喝了。」心中雖然沒有語言文字，但卻已經生起歡喜心啦！你看！這不是又動心了嗎？不是又有雜染了嗎？所以說，這個覺知心不管是有念時或是離念時，都是有時不起雜染、有時起雜染，都是有時起清淨念、有時起染污的念，祂是變來變去、不離兩邊的，也是淨染習性不定的心，所以是具有善、惡、無記三種體性的心——祂有三性，所以也是有覆性的心。在種智中說：這種心就是意識心，是緣起而性空的生滅法。

但是，如來藏這個法從來就不是這樣的，祂一直都是無覆性、也是無記性的心；祂是從無量劫以來，一直都不與雜染法相應，也一直都不與世間善法相應，一直是離善惡性兩邊的；但因爲是寂靜性、涅槃性，所以說祂的自體性是出世間的善淨法。假使你所證得所謂的佛地眞如，是曾經和雜染法相應過，是曾經和世間善法相應過的心，現前也是會與善染等法相應的心，那麼這個心一定是覺知心，一定是與五種別境心所法相應的心，那就是意識，就是妄心，祂絕對不是眞實心。

你所證得的實相心，必須能實地證驗祂、體驗祂，並且證實這個心確實從無量劫以來，都不曾跟一切的雜染法相應。如果覺得無量劫以來太長久了，那麼從自己出生以來的事相來觀察，總可以吧？或者只就一月的短時間來觀察也可以：**是否從來都不與善染等法相應**？可是眞悟者都可以如此現觀：自從「我」出生以來，第八識眞如心就不曾跟一切的雜染法相應過，因爲祂恆離見聞覺知、從來都不曾作主過。祂雖然能出生六塵法，可是絕不於六塵法當中起見聞覺知，就這樣隨緣任運，這樣才是眞正的如來藏啊！

可是不知道的人——還沒有證得如來藏的人——讀到了大乘經典的時候又起誤會了，所以 馬鳴菩薩說：「如經中說『依如來藏有生死，得涅槃』，凡愚聞之不知其義，則謂依如來藏生死有始；以見始故，復謂涅槃有其終盡。」在如來藏系的大乘別教方廣經典中，常常這樣說：**依如來藏心體故有生死，依如來藏心體故**

能證得涅槃。讀不懂經文眞正義理的人，心中因此又產生了虛妄想：「你看！你們大乘經都這麼講：就是因爲依止如來藏心體，所以你才會有生死，可見如來藏不是好東西！得要滅掉祂！」有的人不懂，聽了以後就跟著迷信一場，心裡就這麼想：「這麼說來，如來藏就是我們生死的根源啦！滅掉祂就不會有生死了。」他不曉得大乘經講的意思，誤會大乘經典的眞義了。

大乘經典又說「依如來藏而能夠證得涅槃」，他們就妄加評論說：「這個道理好像不通！因爲既然如來藏是會讓你生死不停的傢伙，怎麼能夠因爲依止於祂而證得涅槃？」他們誤會了，就說：「你們這個大乘經典，眞是亂講一通，自相矛盾！顯然是佛入滅後的人們長期創造編輯出來的。」印順法師與達賴喇嘛等藏密應成派中觀師，就是這樣子誤會、這樣子評論大乘經典的。但是大乘經典的法義有沒有自相矛盾呢？有沒有與四阿含諸經的二乘菩提相矛盾呢？現在有很多人讀過我的《邪見與佛法、宗通與說通》之後，終於懂了：原來根本就沒有矛盾！原來佛法應該是這個道理。我最近還聽到義工菩薩講：「有個師兄打電話來講堂，目的只是要告訴我們：『你們《邪見與佛法》書中所講的，我有去找經典求證過了，結果是正確的！』」他只是爲了講句話，表示支持與感謝。

這就是說，大乘經典中所講的眞實義理，很少有人能夠如實了知，大部分人都誤會了！連大法師們的「導師」都誤會了：「噢！涅槃啊？涅槃就是把自己消滅，把自己滅了以後就是涅槃。所以涅槃就是空，可是空了以後，不可以說是斷滅，因為滅相不滅，所以不是斷滅。這個『滅相不滅』就是眞如。」這就是現在台灣所有大法師們的「導師」印順法師的見解。這不是我憑空捏造的，而是寫在他的書中公開印行，並且已經錄製在他的光碟中公開流通的說法。

但是「滅相不滅」的實質還是滅啊！滅了就是無法，不應該說滅了以後是實有的、存在的。猶如水蒸發了以後，不可說蒸發後的「無」是實有法，因為「無」是依據先前「水」的「有」而施設的一個觀念，而說蒸發了以後的現在「無水」，但是「無水」是施設法，是依前時的有水而施設現在的無水，無水並不是實法，只是一個意識心中的觀念。「有水」尚且是緣起性空的法，本無實質，何況依緣起法的「有水」而建立的「無水」，怎麼可以建立為眞實不滅的實相法？所以「無水」是在緣起虛妄的「有水」法上面再建立的更虛相的法。同理，五蘊本已是緣起性空的虛妄不實法，五蘊滅後的「無——滅相」當然是在緣起虛妄法上再建立的更虛妄的唯有名詞——性空唯名——的法相，怎可說五蘊滅後的這個「滅相」是實相法？五蘊滅了以後是無法，無法怎可說是不滅的法？如果滅相可以是實相法，那麼，我們把水拿來蒸發掉了以後，水的滅相也應該是涅槃啊！印順法師的理既然如是，這個理當然也應該如是；因爲五蘊滅後的無，與水滅後的無，是完全相同的，二個無絕無絲毫不同。可是這個**無就是實相的道理**說得通嗎？但是印順法師的追隨者，爲什麼就沒有一個有智慧的人能看穿他的虛謬說法呢？

所以「滅相不滅」只是印順個人所施設的一個玄學上的觀念，本質上，滅就是無，「無」就是虛相法，絕非實相法。而且，既然是會滅、已滅的法，所滅的法就一定是以前曾經有生，現在才有滅嘛！依生法而說滅，不能夠離開有生的法而說有個「滅」啊；所以「滅相」是依「生相、存在相」而建立的，滅了以後就是無，「無」不可以說是不滅的；一定是有某個法存在，才可以說不滅。無就是滅了，滅了就不可以說有個不滅的法，所以印順法師所說的「滅相不滅」本質還是「滅」了，所以「滅相」還是依於已滅的五蘊法而有的，而「五蘊的已滅相」又是依生法而有，所以「滅相不滅」其實還是滅、其實還是滅後的無啊！不能夠在滅的上面再建立一個「滅相不滅」，不可以在滅後的**空無**上面建立**無**是實有法，而把依於覺知心已滅的**空無**的子虛烏有的**性空唯名**的觀念，建立爲**實有法**、**實相法**。

如果純從意識覺知心想像施設建立的滅相空無的觀念，可以成爲實相法，那麼大家都可以仿效印順法師，自己建立某些無法作爲不滅的法，就可以說是實相、說是涅槃了。譬如我有一千萬現金被火燒成白灰了，風一吹就飄走了，都不存在了；而被「燒掉」這個事實，它是絕對不能被否定的，這個事實絕對不會消滅的，所以我可以主張錢被燒掉後的空無就是永遠不滅的法，這個「已經燒掉」後的空無就是法界的實相；因爲錢與五蘊這二法，從世俗的現象界來看，都一樣是緣起性空的法，也都已經消滅無餘了。但是「錢被燒掉——五蘊滅了」這件事情，只是依「錢本來存在——五蘊本來存在」而建立的觀念，只是依有的毀滅而建立的無，這無只是覺知心中的一個觀念，絕對不能成爲法界實相，所以印順法師不可以這樣解釋佛法。燒掉了就是燒掉了，滅掉了就是滅掉了，那就是無，怎麼可以把「無」建立爲常住不滅的法，而說它還在呢？而說就是眞如呢？無就是沒有啊！沒有一法怎會是法界萬法的根源呢？怎會是法界萬法的實相呢？像這種「般若」、這種「中觀」，怎會有人愚痴的全盤信受奉行呢？這眞是**依人不依法**的實例啊！

由這裡就可以瞭解：眞實的佛法是很難理解的，連大導師的印順法師，都會對粗淺的二乘涅槃產生重大的誤會，更何況是定性二乘聖人所不能證解的般若、中道呢？好在我們現在把它詳細的解說出來，那麼大家就容易瞭解了。現在台灣、大陸的佛弟子們終於能夠瞭解涅槃是什麼了！終於能正確的瞭解般若了！有人跟我講：「你們佛法難道要講到那麼深奧難懂嗎？爲什麼不把它講得淺一點？讓大家都能瞭解。」問題是：佛法本身就是很深奧難懂的。但是，於深奧當中，我們巧設方便把它說明出來，所以現在大家讀了《邪見與佛法》，就可以懂得什麼叫做涅槃了。剩下來的就是那個涅槃的本際，大家要怎麼樣去求證？你如果證得了涅槃的本際，那你就成爲菩薩摩訶薩了，就這麼簡單；證得以後如果能夠把思惑斷盡了，就同時也是慧解脫阿羅漢了——如果你的我執有斷盡，馬上就是慧解脫的菩薩阿羅漢。如果你已經有四禪八定具足在先，那你只要找到如來藏，當場就成爲俱解脫的大阿羅漢菩薩。

所以，滅了五蘊、十八界的所有法以後，就是涅槃；涅槃之中就只有如來藏仍然依自己離六塵見聞覺知的體性而單獨存在，沒有任何一法現起，這就是無餘涅槃。這樣子大家就可以了知涅槃的眞實義，我把涅槃的眞實義爲大家舉說出來了，並不是印順法師在書中所說的「涅槃是不可說的、無法解說的」。所以經中所說「涅槃是依如來藏而有」的道理，是眞實道理。而涅槃本際如來藏，也正是般若中道觀的對象；般若的內涵，就是親證法界的實相，而一切法的界——一切法的功能差別——都是從種子出生的，種子又名功能差別，而種子則全部都是由如來藏出生的；所以一切法界——或者簡稱爲法界——都是由如來藏所蘊藏的，都是由如來藏所出生，不離如來藏、不異如來藏，所以有時經中說：「一切法即如來藏，如來藏即一切法。」

然而如來藏出生了一切法，而使得一切法在三界中有所貪染、有所淨化，但是如來藏一直都是離貪染與淨化兩邊的，這就是中道的境界；親證而且了知這個法界實相的道理，就是般若的智慧；有這個智慧，就可以永離染淨兩邊，這就是中道的觀行境界。如果沒有如來藏，就絕對不會有眞正的般若實智，就絕對不會有中道的觀行可以成功的觀行，所以般若與中觀，都是依如來藏而有的。

那麼涅槃依如來藏而有的道理，大家知道了；般若中觀依如來藏而有的道理，大家也知道了，就不會再被邪謬知見牽著走了。但是沒遇到眞善知識時，往往被誤導了還不知道，所以般若、中觀、涅槃，眞的很難證解；眾生不瞭解，誤會經文中的眞實義，就誹謗如來藏：「唉呀！你們大乘經講：『依如來藏所以有生死。』所以如來藏一定是染污的法，所以如來藏一定是虛妄的，要把祂丟掉、滅掉！」

所以印順才會說如來藏法是虛妄的，所以聖嚴法師與自在居士才會說阿賴耶識心體應該滅除。可是他們說要把如來藏丟掉或滅除，但是他們有能力丟、有能力滅除嗎？根本就沒有能力丟掉或滅除，不要說他們沒有這個能力，即使是究竟佛，也都是丟不掉、滅不掉的；即使是大阿羅漢，也是沒有能力把祂丟棄的。因爲如來藏的法性正是法爾如是，祂本來就是這樣；大阿羅漢們最多就只能把自己丟掉——滅掉五蘊、十二處、十八界的自己——誰都無法把阿賴耶識心體丟掉的。

這就是說，你只能夠把五蘊十八界的自己全部滅掉，但是絕對不可能把如來藏滅掉或丟掉。（丟掉如來藏的意思是：五蘊十八界的自己繼續存在，而設法使如來藏離開五蘊十八界的自己。）所以任何人都滅不了祂的，也都無法離開祂的；不管你神通多廣大，你絕對永遠都滅不了祂、丟不了祂，法爾如是。而且祂的體性如是清淨，你也永遠無法轉易祂的清淨性；你不能夠要求說：「如來藏！你來跟我同流合污，偶而也像我一樣的生起貪瞋吧！」但是不可能的！祂永遠是清淨的體性，你只能夠把祂所含藏的種子染污而使種子現行時的七識心成爲染污心，但是永遠染污不了祂的自性，祂自身的體性卻是永遠不變的清淨性，絕不攀緣六塵萬法而起貪厭。這眞的是很難懂的實相般若正法，唯證乃知，這就是大乘經爲什麼這麼難懂的原因，也正是自古以來**證悟者人數永遠都是少數**的原因所在，因為祂是法界的實相，而祂眞的很難親證、很難了知。

現在，馬鳴菩薩舉示經裡面的意旨說：「依如來藏有生死。」為什麼依如來藏而有生死？而如來藏卻又不是染污的心？那可眞值得探究囉！也就是說，眾生在過去世不斷的貪著五欲、貪著三界萬法，貪著的結果就讓我執、我見、我所的執著更加的增長；這個我執、我見和我所執著更加增長的結果，就使得自己如來藏心中含藏的引生後有的種子無法斷除；後有種子現行的勢力無法斷除的結果，捨報以後就一定有中陰身現前。在中陰身的階段時，又因為不懂應將自己滅除，因為他沒有斷思惑的智慧，也因為他還沒有見道。後來又發覺中陰身只有七天的生命：「那不行！得要趕快再去投胎，不然就沒有見聞覺知的我存在，就成為斷滅了。」所以他就又重新去投胎去了。

可是他去投胎時，如果沒有如來藏為本體帶著他、支持他，使他覺知心繼續現行，他又如何能去投胎？他自己都不存在了，要怎麼投胎呢？正因為有如來藏心體存在，所以轉入中陰境界時的覺知心才會出現；因為他不願讓覺知心的自己消失掉，所以如來藏就使他不斷的出現，而他又藉著如來藏所蘊藏的一切種子——

——功能差別——他所有的功能差別都是由如來藏所供應的，所以如果沒有如來藏，他就無法去投胎；正因爲有如來藏，他才能夠世世不斷的有生死；既然是這樣，當然是「依如來藏有生死」啊！假使如來藏可以滅除掉的話（我是說「假使」），假使如來藏可以滅的話，他就會消失啦！他就會變成斷滅了，那又怎麼可能再去投胎？又怎麼可能有過去無量世的生死？所以眾生不斷的去投胎、出生，都是因爲如來藏的關係，如來藏帶著能夠讓眾生現行的種子，所以才能夠去投胎，那就一定會有老以後的死，接著又會有死以後的投胎與出生，所以經中說「眾生依如來藏而有生死」。

過去世造了增長我見、我執的邪熏習，以及造作種種的善惡業，所以就得要來受苦樂報。受報的時候，這一些業種以及我見、我執的種子是誰爲眾生攜帶著呢？是如來藏攜帶著！不是把業種存放在虛空中，而眾生離業種、自己去投胎。一定是業種存在如來藏中，眾生依如來藏所執藏的業種、無明種而去投胎，所以都是依於如來藏才能受生、存在；既然依於如來藏才能去投胎、才能存在，那當然是「依如來藏才有生死」；如果沒有如來藏，哪有眾生去輪迴生死？所以說：「是如來藏讓你去生死。」那眾生是不是可以罵「都是我的如來藏害我的」啊？（眾答：

不可以！）當然不可以！因爲都是眾生自己害自己的，爲什麼呢？因爲如來藏祂體性清淨，從來都不曾一剎那起過貪染而造業，眾生所造的會導致後有生死的染污種子，其實都是眾生自己造作的，不是如來藏作的，都是前世的你——前世的意識心和作主的末那識——配合去做的。眾生的意識覺知心和處處作主的末那識作了，這些善惡業的種子就在如來藏裏面保存起來，捨報以後祂就現行，所以又繼續投胎、受生了；眞要說起來，其實是眾生害如來藏不得不收藏無明種、業種而去投胎，而且想去投胎的也不是祂，正是眾生能覺能知能作主的七識心，不是如來藏喜歡去投胎，更不是如來藏害眾生去投胎，所以沒理由怪祂。

但是現在世的眾生，卻是因爲過去的祂含藏了無明種與業種，所以那些種子就會讓眾生想要去投胎，所以又重新出生了，所以又說「依如來藏而有生死」。因爲意根也不能自己單獨現行，意根也得要依如來藏才能現行；意根既然是這樣的話，那麼眾生的中陰身還是得要依附自己如來藏，才能夠現行；因爲意根怕覺知性消失了，想要保持覺知性，所以就使得如來藏在正死位之後又出生了意識，然後意根在中陰身裏面又繼續把持意識覺知心而不斷運作，就使得如來藏漸漸的轉移到中陰身上，藉著中陰身又投胎去了。中陰階段的意識和這一世所修所證的淨業，和所造的善惡業都一定會相應，入胎之後，這一世延續到中陰階段的意識覺知心，就永遠斷滅了，永遠不會再有現起的時候了；可是你的意根（末那識）跟阿賴耶識就去到未來的下一世去，到了下一世覺知心重新出現時，已經又是另一個全新的意識，已經不是這一世的意識心了，所以就記不得此世的種種事了。

眾生都是重複這樣的過程，不斷輪轉生死；菩薩們也是不斷的重複這個過程，而在這過程當中漸漸成就佛道，一直到離開胎昧時的發起意生身時爲止，才能夠有世世延續的意識覺知心。所以，離開了如來藏時，就不可能會有你的世世生死，所以你的生死一定是依如來藏而有。

同樣的，有人說：「我到下一輩子再繼續修學解脫道。」好！你修學解脫道而把我見斷了，下一世時把我執也斷盡不再現行了，捨報時就一定會進入無餘涅槃；但是，入涅槃、是誰入涅槃？不是見聞覺知的你進入涅槃，入涅槃時得要把十八界都滅盡才行；入涅槃時，見聞覺知性的六識你，以及處處作主的意根你，全部都消失了，十八界都斷滅了——包括意根的你都斷了——見聞覺知的你既然也斷了，當然就只剩下如來藏單獨存在了，這時候**你的如來藏**已經不是「你的」了，因爲「你」已經消失了，只剩下祂單獨存在，不再於三界中出生，這樣才是眞正的無餘涅槃。由此看來，涅槃其實就是如來藏啊！所以無餘涅槃還是依如來藏而有，不是依覺知心的你而有，既如此，無餘涅槃怎麼有可能是由你證得、由你進入呢？由此可知，一切法依如來藏而生——蘊處界都從如來藏中出生；由此可知，一切法依如來藏而顯——涅槃、眞如法性都依如來藏而顯示出來。所以，離開了如來藏就沒有一切法出生，離開了如來藏就沒有一切無爲法顯示出來。

因此，經中說：「依如來藏有生死、依如來藏得涅槃！」所以，如果離開了如來藏，涅槃就變成斷滅；否定了如來藏的存在，涅槃就一定是想像的境界，就一定不是親證涅槃本際的聖者。所以應成派中觀——西藏密宗黃教的中觀師——也就是達賴喇嘛與印順、昭慧、性廣等人，他們把第八識否定了以後，而說有涅槃可證，那我告訴你：他們所說的證涅槃，絕對是虛妄想。因爲事實上已經落在斷滅一邊了，可見他們沒有證得涅槃的實際。爲什麼呢？因爲紅教、白教、花教都錯以見聞覺知的心住於一念不生當中，也就是把離念靈知心作爲如來藏；但這其實是意識心，意識心常住不壞的見解就是常見、我見。而密宗的黃教，也就是達賴與印順他們說：「這個意識是可以分爲粗心、細心的，粗心是意識，意識的細心才是眞如，是永不壞滅的眞實法。」（2005 年編案：後來星雲、證嚴法師接受印順法師的邪見，就跟著認定意識心常住不壞。正覺電子報連載過的《真假外道》後文中，將會繼續加以舉證與辨正，他們是以常見外道法取代正法，是耽誤眾生慧命、破壞正法。）

可是意識的細心，畢竟還是意識心啊！永遠都是意識心啊！　佛在阿含部的經典裡面曾經說過：「**一切粗細意識，皆意法爲緣生。**」《阿含經》這麼明文記載著：**不管是粗意識還是細意識、極細意識，一切的意識都是意根與法塵爲緣而出生的。**可見意識心顯然是虛妄法、緣起法，印順與達賴他們怎麼可以硬說意識細心、意識極細心就是常住不滅的眞如、實相呢？所以他們都是誤解佛法啦！所以無餘涅槃不是他們那樣證的；無餘涅槃是你把意識心自己斷滅了、把處處作主的意根自己也斷滅了，從此不再受生於三界中，從此沒有絲毫的我存在，只剩下第八識不滅，不再投胎，也不再於天界受生，這樣就成爲無餘涅槃。所以涅槃其實就是如來藏單獨存在而不再出生任何一法的境界相，是依如來藏獨住的境界而說有涅槃的證得，不是依我們的七轉識進入涅槃境界而說你證得涅槃。

可是眾生不能如實理解，讀了前面這一段經文，就說：「**都是依如來藏才會有生死輪迴啦！都是因爲如來藏的關係，所以生死就有了一個開始；什麼時候有如來藏，就什麼時候開始有生死啦！如果沒有如來藏，就永遠都不會有生死；所以**

應該把如來藏、把阿賴耶識找出來，一鎚把祂打碎，就永遠太平了。」月溪法師與自在居士就是這樣說的，印順、歷代達賴也都是這樣說的，那可眞是誤會大了！

也有人因爲看見經文中說：「由如來藏的關係，所以有生死。」所以他們就認爲：「既然是這樣的話，當你證得涅槃以後，那涅槃終究會有終盡之時。」換句話說，涅槃的境界也會有結束的時候，涅槃境界結束的時候又要開始輪迴生死啦！就這樣誤會了！因爲他們認爲涅槃境界既然有開始，未來就一定會有結束的時候。好了！涅槃既然是有開始的，譬如說你今生把我見、我執的現行都斷盡了，捨壽時取證無餘涅槃了，看來無餘涅槃是由現在開始的囉！好！涅槃既然是現在開始，涅槃的法就是有生的法，有生的法將來也一定會滅，所以將來涅槃的境界還會滅，涅槃的境界滅了以後你又要輪迴生死了，對不對？表面聽起來很有道理：「對啊！對啊！涅槃是本無後有，你並不是本來就涅槃嘛！涅槃本來是你修行斷了我見、我執以後才有的啊！那這個涅槃既然是有生、有開始，有開始的涅槃將來一定會有結束的時候，那麼涅槃也就有終盡的時候啊！」

這其實就是印順法師他們所說、「所修」的涅槃：**以滅盡爲涅槃**。這正是禪宗六祖慧能大師所斥責的「將滅止生」——將蘊處界及六入等一切法滅盡作爲不生、作爲涅槃。可是涅槃其實並不是這樣，涅槃是當你在輪迴生死的時候，眞如心就已經是涅槃了；你把蘊、處、界、入的自己斷滅了以後，眞如心還是在原來所住的不生不滅境界中，不生不滅就是涅槃，只是眾生不再帶著祂去輪迴生死。眾生正在輪迴生死的時候，他們的自心眞如還是不生不滅，祂哪有生死？祂本來就是涅槃性啊！涅槃其實是依祂的不生不滅的境界而施設的名詞啊！而眾生經由斷我見、我執，他們的輪迴生死斷盡了以後，自心眞如仍然繼續保持祂的涅槃性；所以說祂就是涅槃、就是無生，祂是本來就在、沒有開始的，當然依祂而說的涅槃也一定是本來就在的。所以二乘聖人的涅槃有開始——以斷盡我見與我執說爲證得涅槃——但是他們的涅槃是方便說，他們的涅槃也是依他們各人本有的自心眞如而說涅槃；但因爲自心眞如無盡，所以涅槃也沒有終盡的時候，所以入了涅槃以後，涅槃這個境界是永遠不會毀壞的；既然不會毀壞，當然就沒有終盡的時候；涅槃既沒有終盡的時候，二乘聖人入了無餘涅槃，就永遠不會再輪迴去做眾生，但他們所證得無餘涅槃，仍然是依他們進入涅槃以前的自心眞如——如來藏異熟識自身——所住的境界相而施設涅槃境界。

這也就是說：依如來藏的執藏生死煩惱種子，才可能會有眾生們的生死；依如來藏心體本來的清淨性與不生不滅性，才能證得無餘涅槃。這個道理甚深、極甚深，不是一般人所能瞭解的；甚至於印順法師那麼聰明，出家專心研究佛學六、七十年了，都無法眞正的瞭解，才會說「涅槃不可知、不可證、不可說」，其實涅槃絕對是可證的、可知的、可說的，所以今天我們把涅槃境界，從各個層次、各個方向，加以詳細的解說，十年來都不會有矛盾，就是因爲親證了無餘涅槃中的實際；所以，雖然有許多大師們一直在尋找我所說的涅槃法義的過失，但是卻無法找得到過失，十年來雖然心中不服，也只能默然無言。

今天我在這裡很詳細的解說，說得口乾舌燥，但是你們如果沒有明心，還是無法眞正的瞭解我所講的道理，因爲你無法現觀涅槃的實際；如果你已經明心了，我講的這些道理你都不必思惟，你一聽就懂，不必再思惟「這一句話是什麼意思？」馬上就懂了；有沒有親證涅槃的實際——如來藏自心眞如——差別就在這裡啊！所以說大乘諸經所說的法，沒有一字一句是騙人的（除非是後人創造的僞經，譬如密教部中的許多「經典」和密續），但是沒有證悟般若的人——凡大以及二乘的阿羅漢愚人——他們是無法眞正瞭解的。阿羅漢們雖無法瞭解，卻不敢加以誹謗；但是凡夫們無法瞭解時，就會因爲產生了錯誤的觀念，就有因爲執取邪見而生的見取見，加以虛妄的評斷和批判，那就是日本、歐美一分佛學研究者，以及密宗黃教上師的印順、達賴……等人所說的「大乘非佛說、唯識不究竟」的歪理。

這就是說，在解脫智上面，菩薩和阿羅漢是大不相同的，也是有同有異的；至於般若中道智慧，更不是阿羅漢們所能知道的，這就是大乘法的勝妙之處。那些極力否定大乘般若，極力主張解脫道就是佛菩提道的印順、昭慧……等大、小法師們，雖然一直這樣極力主張，也私下極力否定大乘法，也私下極力否定自心眞如——如來藏阿賴耶識——但是一直都無法推翻「涅槃依如來藏而有」的事實，也一直在尋找我所說的大乘法的過失，但是卻都只能在私下縮頭畏尾的評論，不敢明目張膽、落在文字上或影音帶子上來公開的評論；正是因爲事實上確實如此，正因爲他們始終無法親證涅槃的本際，才使得他們永遠無法正確的證解　佛所說的涅槃的眞實義，才使得他們完全不懂我所說的涅槃深妙實義，所以他們在佛教界的勢力那麼大、盤根錯結那麼長久了，如今也只好藏頭縮尾的私下否定、私下評論我，不敢公開的站出來指正。我把他們的事實這樣公開的說了，將來整理成文字時，這幾句話也會公開的印出來流通，他們讀了會很生氣，但也無法在書上、文字上公開的反駁或辨正。

我們今天所做的一切工作，就是要顯示這大乘法的勝妙，將失傳了的大乘涅槃妙義加以延續，使當代想要有所作爲的佛弟子們可以親證，而且要讓它永遠不斷的流傳下去，這就是我們正在做的工作：**不是爲了諍勝而做，不是爲瞋恨而做，而是爲了延續衆生修學了義佛法的慧命，我們必須這樣做**。因爲我們從來不在正法上面獲取世間錢財、美色、名聲等利益，都是義務的作；而這個工作目前沒有人能做，如果我們不做的話，也就沒人能做、敢做了，所以只好由我們來做。

以上講的就是衆生所有的第五種「人我見」，也就是印順、昭慧、達賴……等藏密應成派中觀師所墮的人我見；古人就已經有這種**人我見**存在著，所以 馬鳴菩薩說：「**如經中說『依如來藏有生死，得涅槃』，凡愚聞之不知其義，則謂『依如來藏，生死有始』；以見始故，復設涅槃有其終盡。**」所以印順才會主張：蘊處界滅盡後的滅相不滅，一切法都空盡了，一切都滅盡了，沒有如來藏這個本際存在無餘涅槃中，所以無餘涅槃就是一切法終盡、就是滅相、空無。正由於被這種錯誤的見解所自害，所以就斷不了**人我見**。

爲了解除無明衆生的邪見繫縛，所以 馬鳴菩薩才會舉出前面所說的五種**人我見**來破斥。 馬鳴菩薩接著又說：「**爲除此執，明如來藏無有初際，無明依之，生**

死無始。」這是說，爲除掉眾生在這五種**人我見**上面的執著，所以要跟大眾說明「如來藏沒有初際」，祂沒有一個開始的時候。譬如世間常有俗人在探討說：「到底先有雞？還是先有蛋？應該雞生蛋在先？還是蛋生雞在先？」但這是個無解的題目，蛋與雞沒有先後的問題，有問題的是人：一直打妄想，要探討蛋先？還是雞先？這是個無解的題目，就好像說：「什麼時候眾生開始有如來藏？然後再因爲如來藏而流轉生死？」這也是個無解的題目，因爲這是「本來如是，法爾如此。」法界本就如是，如來藏本就無始；因爲如來藏是自己本來就在，沒有一個開始的時間，所以眾生的生死當然也是無始的，都沒有一個開始的時候。

佛跟大眾開示：「依如來藏的存在，所以有眾生的生死流轉；也正是依如來藏的存在，所以聖人們證得涅槃。」可是，如來藏雖然不是生死法，但是一切眾生的生死流轉現象卻都依如來藏而有。可是眾生不瞭解這個實相，聽到 佛這麼說，他就認爲：「因爲如來藏才會有生死，所以如來藏就是生死法，我若把如來藏滅了，當然就不會有生死了。」這種說法，以前常常有人說起，這幾年已經消失不見了。但這是一種顛倒見，依據證量與聖教，都應該這樣說：「把自己滅了才不會有生死。」怎麼可以違背聖者的證量、違背 佛的聖教，而說**把如來藏滅了才不會有生死**呢？

這樣的滅除生死流轉，豈不是成了斷滅境界嗎？豈不是同於斷見外道了嗎？佛已經很分明的宣示正義了，但是他們證不得，就故意自己發明新說，故意講出自己的創見來；所以不得不感嘆：凡夫的顚倒執著，眞是沒有辦法加以理解！

還有一種人，想要讓見聞覺知心的自己常而不壞，要讓覺知心的自己常在而不流轉生死，想要讓覺知心自己安住於無餘涅槃境界中；但是那個覺知心其實就是「我」啊！正是我見還沒有斷盡的人！可是這個覺知心的「我」是虛妄的，不是眞實的，因爲是眾緣而起的虛妄法、生死法的意識心。但是眾生都想要用這個「我」去住於涅槃，都想要讓這個「我」不流轉生死；殊不知這個「我常住不滅」的見解——也就是我見——才是流轉生死的根本原因；這個覺知心以及處處作主的意根，永遠不可能在三界外存在的。

想出離三界生死苦，就得滅掉意識覺知心與作主的意根；可是他們並不曉得，所以都想要用離念靈知、覺知心入住涅槃中，或者想要用作主的心——也就是意根——去入住涅槃，希望免掉生死。但其實都錯了，眾生正是因爲這個「我常住不壞」的我見不能斷掉，所以這個「我」希望自己永遠存在，所以就會導致生生世世輪轉生死；如果能夠把這個我斷了，沒有「我」會輪轉生死，沒有下一輩子的「我」出生，剩下的如來藏祂本來就不生不死，這樣才是眞正的無餘涅槃、眞正的佛法啊！才是眞正的不生不滅的涅槃境界啊！可是凡夫眾生不瞭解，就誤以爲 佛說「如來藏就是生死的法」，所以就想要把如來藏滅掉。

但是 佛又說：「依如來藏得涅槃。」眾生不瞭解就說：「既然是要證得如來藏才能得涅槃，如果我得涅槃以後，如來藏又是生死法，那未來我所證的涅槃是不是又會毀壞了？那我又得去輪迴、又有生死了！這個說法似乎不可能是 佛說的吧！這部經典有可能是僞經！」所以就因爲誤會與未確實證得的緣故，就開始以自己所誤會的道理，來誹謗大乘經典與了義究竟正法，就不斷的否定如來藏，公開的誹謗方廣經典法義：大乘非佛說。

所以，眾生不瞭解深奧絕倫的佛法眞實義理，因爲誤會而隨著那些誤會佛法的大師們以訛傳訛，成就謗法罪。也有人怪罪 佛把法說得太深了，使人不能理解。但是佛法本身就是非常的深奧，光是一個粗淺的二乘菩提涅槃，連聰明絕頂的印順、昭慧……等人都無法正確的理解了，眾生當然就更無法理解了，更不要說大乘別教的佛菩提如來藏實相境界。所以， 馬鳴菩薩才要寫這部《大乘起信論》，詳細的說明，讓大家能瞭解大乘；可是限於篇幅，他寫的還是很簡略，以現在的人所具有的知見與語文程度來看，讀了一定還是不懂，所以有必要加以更淺白的語體化的解說。

眾生總以爲說：「依如來藏所以生死有一個開始，既然有開始，將來證如來藏之後，這個生死結束了、證得涅槃了，那涅槃就是後來才證、才出現、才出生的。既然涅槃是後來所證的，是依緣而有，則是有生的境界；既是依緣而有、而生的話，那麼將來涅槃還是一定會再壞掉；當涅槃壞掉了的時候，聖人們就又會重新去輪迴生死。」凡夫眾生老是這樣妄想，老是誤會 佛的開示。所以說佛法眞的很不容易理解。即使是親證二乘涅槃了，也還無法眞實的理解涅槃，更無法眞正理解般若的眞實義；必須要大乘別教法門的見道，才能如實瞭解佛菩提是什麼道理。爲了除掉這些執著，爲了消除上面所舉出來的、眾生對佛法的誤會，所以就跟眾生說：「如來藏沒有一個最早開始的時候，它是本來就是這樣的。」

「**如來藏無有初際，無明依之。**」這是說如來藏沒有出生的初際，祂是本來就一直都存在著的，是無始的，而無明是從無始以來就依附於如來藏而有。如來藏心體，絕不可以像某些人所講的：「祂自性清淨，所以祂絕對沒有染污的種子。」如來藏雖然自性清淨，但那是專講祂的自體性，但是祂所生出的七轉識卻是污染的；祂既然含藏了七轉識的一切種子，當然祂心體之中的七識心等種子一定是有不淨性的；只是這些七識心的不淨法種子，流注出來時都不與第八識如來藏相應；如來藏另有祂自己的種子，都是清淨性的、無漏性的，所以如來藏心體自性清淨，而含藏種種七識心相應的不淨法、有漏性的種子。

如來藏含藏了七識心的不淨種子，當然是「自性清淨心而有染污」，這正是《勝鬘經》所講的道理；由於這個污染性，所以造作了種種的業行而有不淨業種；有了這些業種之後，就必須受報，所以說「依如來藏有生死」。眾生不瞭解這個道理，這就是無明。無明有兩種：一念無明與無始無明。而無明是依附於如來藏而有，無明不是存在虛空當中，也不是收藏在別人身上，是在自己的第八識如來藏裡面，跟別人無關，也跟虛空無關。如果眾生能瞭解這個道理，就知道要把自己的如來藏找出來，然後破除掉自己如來藏裡面的無明；所以不需要耽心別人的無明會不會影響了自己？也不需要管虛空中有沒有無明？也不需要耽心虛空中的無明會不會使自己斷了無明以後又再生起無明？我們只要斷除自己如來藏中的一念無明，你就得到解脫；斷盡自己如來藏中的無始無明，你就可以成佛，與別人的無明無關，虛空中也沒有任何的無明會來影響你的道業，所以不須牽涉到別人，也與虛空無關。

爲了讓眾生瞭解這個眞義，所以告訴眾生：「無明是依如來藏而有。」「無明依之」這個「之」，就是講如來藏，是說依附於如來藏而有無明；因爲無明依附於如來藏，而如來藏追溯到無量劫以前，都沒有開始過，是本來就自己存在的自在性，所以無明當然也就是無始的；既然無始，那麼眾生的生死輪迴，當然也是一直如此的，也是無法追溯到開始的時間。「無量劫」之前，爲什麼要稱爲無量劫？因爲不可計數，沒有辦法計算；無量劫之後，也沒有辦法計算。所以說，成佛之後是盡未來際的，但是未來無際，所以成佛之後永遠不滅，並不是成佛以後就要死掉、滅掉而變成空無；如果成佛以後就要死掉、斷滅，那你還是別成佛了，因爲變成斷滅法了。所以，一般人都以爲成佛之後入涅槃，涅槃之後永滅，什麼都沒有；不曉得入涅槃其實不只是入無餘涅槃，也是本來自性清淨涅槃。由這個本來自性清淨涅槃，而斷盡一念無明、無始無明，成就有餘涅槃、無餘涅槃，最後成就無住處涅槃。而眞如心的不生不滅境界本來也是無始的，所以說涅槃是無始的；這個涅槃的境界，到未來際時也是沒有後際的，因此說涅槃是無始無終的，不能像月溪法師所講的「無始有終」。

接下來 馬鳴菩薩又開示：「**若言三界外，更有衆生始起者，是外道經中說，非是佛教。**」如果有人說三界之外還有眾生會生起的話，這是外道的經典中所說的邪見，佛所講的諸經都不這麼講的。因爲一切的有情，一定都是在三界之中生死，不會有人離開三界而在三界外出生與死亡的；所有的生死，都在欲界、色界、無色界之內，過了三界就沒有世界了，何況能有生死？過了三界就是無餘涅槃了，就沒有境界、沒有覺知心與意根了，怎麼可能還會有眾生呢？所以眾生不可能在三界外而有，更不可能在三界外出生與死亡，如果有人說「界外有法」，那就得請問他：「界外有什麼法？」完全沒有任何一法！根本沒有界外的任何一個法存在，一切法都在三界內。如果界外還會有法的話，那就一定是界內，不能稱之爲界外。

所以未悟的人有時聽到大師說法，聽起來覺得好像他講得很深奧，你似乎都聽不懂；但是你聽不懂，很有可能不是你的問題，而是假名善知識的問題。比如以前有人來信說「三界外有法」，但是三界外能有什麼法？如果三界外還有法的話，那三界外的法一定只有無餘涅槃。可是 佛說過：「無餘涅槃中十八界永滅」，一切法都是因爲有十八界以後，才可能輾轉出生的啊！十八界永滅以後，怎麼可能還有法生起呢？既然沒有法生起，既然無餘涅槃是十八界永滅，就更不可能有眾生在三界外出生了！如果三界外，另外還有眾生出生，那些出生住三界外的眾生都要叫作「無餘涅槃位中的阿羅漢」了，是不是？因爲他們住在三界外嘛！那就是仍然有生、有住，就成爲三界外的有，有就是生死法。如果阿羅漢還會有三界外的生，那就得叫作「有生阿羅漢」，就不叫作「無生阿羅漢」了，他們所證得的無生忍，也得要改名爲有生忍了。所以，「界外有法」，這是很矛盾的說法，有智慧的人只要有正知正見，加以深入的整理思惟，就知道那些人說錯了！因此，不可以說三界外還有眾生生起與死亡，這樣說的人就是外道。

馬鳴菩薩說：「以如來藏無有後際，證此永斷生死種子，得於涅槃亦無後際。」由於如來藏沒有後際生死，因爲如來藏這個法沒有任何人可以把祂滅掉，所以入無餘涅槃後的如來藏，沒有任何有情能把祂壞滅，所以如來藏絕對沒有壞滅的時候。即使微小如一隻螞蟻，下賤如一個地獄中有情的如來藏，都是誰也無法滅壞祂的；不必說一神教天主有限的神通，就算是窮盡十方諸佛的無限神通力量，聚合爲一個大神力，想要用來將一隻小螞蟻的眞如心毀壞，也是毀壞不了的，乃至想傷害一絲一毫都不可能。因爲如來藏的體性，法爾如是，祂本來就是這樣的，不像意識離念靈知心，隨時隨地都有辦法把祂壞滅掉的，所以如來藏才是金剛心。

所以說如來藏沒有後際——祂沒有毀壞的時候、沒有斷滅的時候。因爲祂永遠都是無生，無始以來不曾出生過的法，怎麼會有壞滅的時候呢？一定是有出生的意識等法，才會在未來有滅的時候。如果有一個法是從來都不曾出生過，一直都不存在，沒有出生的時候，那這個法未來就一定不會滅，那就是虛空；但是虛空無法，只是依色法施設的名相，所以也無所謂的壞滅。可是如來藏是實有體性的法，祂確實存在而能出生蘊處界入等法；蘊處界入等法有生，有生的法未來就一定會滅。可是如來藏從來沒有生，從來不生的法，怎麼可能會滅呢？因此說如來藏沒有後際——盡未來際都是恆常存在而不壞滅。

既然沒有後際，那麼證得如來藏的人，可以由於證得如來藏的緣故，而永斷生死的種子；永斷了生死的種子，因此他證得了涅槃，證得了涅槃當然也沒有後際的生死。所以阿羅漢入了無餘涅槃，就不可能再有以後未來世的生死，祂一定是解脫的，永遠就解脫了，所以不可再於三界外出生，也不可能再於三界中出生。可是十方諸 佛度人成爲阿羅漢以後，又說：「如果入了無餘涅槃，離開了生死苦，那是很好的，那是永遠離開了生死，不再受生死的苦了。可是你一直待在無餘涅槃裡面，其實不是你待在無餘涅槃裡面，事實上是你消失了，沒有你存在，是由如來藏單獨存在。沒有你就沒有見聞覺知，所以涅槃寂靜，永無生死苦。但是這樣，只有你一個人離開生死；而你離開生死以後，其實也沒有一個你離開了生死，而是你滅失了，也不能廣利有情，這樣對廣大的眾生有什麼利益呢？那些眾生照樣輪迴生死，而你一個人在無餘涅槃裡無所事事，你消失掉了，這不是我出現在人間成佛的目的啊！」

所以 佛告訴他們：「這是自了漢！」自了漢，在大乘經典裡說是「焦芽敗種」：他們的佛菩提芽已經燒焦了，他們的佛菩提種已經敗壞了，將來只能成爲常住無餘涅槃中的如來藏，這個聲聞羅漢永不能成佛，也不能利益廣大有情。他們的佛菩提種子敗壞了，佛菩提芽永遠長不出來了，所以叫作「焦芽敗種」。他們沒有辦法幫助眾生成就佛菩提，他們自己也不可能成就。因爲入了無餘涅槃之後，他們的蘊處界都消失了，沒有「人」能夠再聞熏佛菩提；爲了利益他們，所以 佛就施設了一個方便，在他入涅槃之前（因爲這個人他一定會取涅槃，他一時轉不過來，心想：「我就是怕生死苦，好不容易成爲阿羅漢，當然一定要入涅槃，我死了以後才不要再來人間輪迴！」），就先在他們心中種下一些佛菩提種，告訴他們：「你在無餘涅槃裡面只有本識獨存、只有本際獨存，離見聞覺知而無一切法出現；但這並不究竟，還有佛菩提才是究竟法，佛菩提是多麼的殊勝啊！」就為他們解說佛地的殊勝功德相。詳細解說了以後，他們聽了，那個菩提種就種在如來藏心中了。

雖然他們一時轉不過來，死時仍然入無餘涅槃，但是因為聽法當時曾經生起一絲信受、仰慕、歡喜之心，將來在無餘涅槃位中，如來藏裡面的自心種子流注，這個佛菩提芽終究會萌發的——有一天會使如來藏產生類似「一念無明」的一念動心；心一動，意根種子就現前了，就會出生中陰身，然後就會生起繼續修學佛菩提的念頭，就去投胎了；這一投胎以後出生，菩薩種性就生起了。當他們一聽聞佛菩提妙法的時候，心想：「這才是我所要的，原來的無餘涅槃並不是我要的！」這個人就生起了菩薩種性，佛菩提芽已經萌生了。這就是 佛的方便善巧：明知某人捨報時一定會入無餘涅槃，但並不一定是不迴心的聲聞種性，所以不捨棄他，還是想要度他成就究竟的佛道，就是這個道理。

再說，能夠證得如來藏的菩薩們，能永斷生死的種子，而他們所證得的涅槃也是沒有後際的；這個涅槃實際，不會到了多少劫以後就消失、就斷了。涅槃是永遠不會斷的，涅槃是無量劫以前就存在的，因為涅槃是依如來藏心體的不生與不滅而施設的，所以涅槃是不會斷滅的。到了將來成為解脫道上的無學聖人，乃至成佛以後再經過不可說不可說過恆河沙數的無量劫以後，仍然不會斷壞；因爲，這個涅槃是本來就在的，涅槃性是本來就無生的嘛！怎麼可能說涅槃境界以後會滅呢？因爲涅槃是依如來藏的不生滅性而說涅槃，如來藏既然後際永遠不滅，涅槃當然是永遠不滅的。因爲涅槃是你還沒有證得有餘、無餘涅槃之前，如來藏的涅槃性、涅槃境界就早已存在了。佛法絕對是這樣的，不會有第二種大乘佛菩提，所以諸位今天懂得這個道理以後，就會瞭解：「**原來這才是眞正的佛法！**」終於懂得了，但是，想要眞正的懂得這個佛法——親證涅槃中的實際——還是得要有大福報，才能明心而眞實的證解。

馬鳴菩薩又開示：「依人我見，四種見生，是故於此安立彼四。」接下來說，由於眾生有人我見，就是以五陰這個「人」作爲自我，這種「自我邪見」沒辦法斷除，依這個自我不壞的惡見，所以就有前面所說的那四種邪見出現。佛說得很清楚，可是眾生仍然誤會，佛也沒辦法啊！爲了這個緣故，我寫出了這麼多書，把 佛所講的涅槃不生不滅的道理，解釋得更清楚，可是會外有許多人讀過了還是把它誤會，我也沒辦法。我不是沒有詳細的解說，我已經說得不能夠再詳細的了！老婆得不能夠再老婆了！他們還是讀不懂啊！我也無可奈何！這就是眾生。

眾生由於沒有證得如來藏、不能親證如來藏的緣故，就導致他們對佛菩提的誤解；由於他不能把我見斷除的緣故，就導致他對涅槃的誤解；又由於二乘無學聖人證得解脫果之後，他對於無餘涅槃中的實際不能親證，對於無餘涅槃中的本際又會產生誤解。所以，凡夫與二乘愚人，終究會對佛菩提有種種的誤解，不管佛怎麼開示，他們終究都會誤解的。如果想要消除這些誤解——也就是打破無明——唯一的辦法就是證得佛菩提的見道：明心。如果你不能明心，對於涅槃的這些眞實義，你始終會產生或多或少的誤會；因此 馬鳴菩薩也是爲了解釋這個道理，所以在此安立彼四法，就把 佛所說的這四句的經文做了一個開示：

論文：【法我見者，以二乘鈍根，世尊但爲說人無我，彼人便於五蘊生滅畢竟執著，怖畏生死，妄取涅槃。爲除此執，明五蘊法本性不生；不生故亦無有滅，不滅故本來涅槃。若究竟離分別執著，則知一切染法淨法皆相待立。】

講解 「法我見」是從我們的五陰、十二處、十八界、六入，以及再從蘊處界等法輾轉出生的無量無邊法來說。所以說「諸法無我」這個法無我的勝妙究竟法，其實還是不離於我們的五陰、十二處、十八界、六入。但是這種法無我，有兩個差別：一個是二乘菩提所說的法無我，就是純粹講五陰、十二處、十八界所生的心所法……等法的無我性與緣起性空；另一個法無我，是在佛菩提裡面說的，是依第八識如來藏的無我性來說法無我，也是依無餘涅槃的實際來宣說如來藏所生的一切法中都無實我，所以把二乘菩提蘊含在裡面。

這裡所說的「法我見」，就是於諸法裡面見到有一個能見聞覺知的實我存在，就是法我見。由於二乘聖人他們的根基比較遲鈍、比較愚魯，因爲深細的智慧不夠；菩薩明心見性的智慧他們都不懂，根器比較鈍，所以 馬鳴菩薩說他們是二乘鈍根，所以 世尊只爲他們說「人無我」，就是單說五陰、十二處、十八界聚集而成的這個人，都沒有眞實不壞性的我存在，說蘊處界都是無我性的；如此而說十二處、十八界的「人我」都不是眞實的，都是虛妄的，都是因緣所起的法，所以其性本空，叫做緣起性空。根性遲鈍的二乘聖人，就得要這樣跟他宣說；這樣說了以後，他們就在五蘊生滅上面畢竟執著起來了。這句話，初聽時覺得好像有疑問：「菩薩們眞是亂講，因爲阿羅漢既然成爲阿羅漢了，怎麼可以說他於五蘊生滅有畢竟的執著？」可是菩薩從更深一層的智慧層次來看，果然是有執著的！

我們先來探究二乘無學聖人——必定不迴心佛乘的二乘無學聖人——爲什麼

他們會怖畏生死？他們捨報時一定要取證無餘涅槃，這是爲什麼呢？這也就是說，他們始終認爲：「**五蘊的生滅是確實有的、確實存在的，所以我一定要離開五蘊的生滅、生死。**」因此而說他們對於五蘊的生滅有畢竟的執著。

但是菩薩絕對不同啊！菩薩從轉依如來藏的立場來看：如來藏本來不生不滅、離生離死，既然從來離生死，那又何妨有世世的五蘊在這個如來藏表面生起落謝？根本沒有什麼關係。就讓世世的五蘊生生滅滅，而我轉依不生滅的如來藏安住；如來藏既然本來就不生不死，我轉依如來藏也就是在生死當中保持不生不死啊！何妨如來藏的表面有五蘊生死輪迴不斷，我的實際還是不生不死啊！菩薩是轉依如來藏而這樣看待生死的。所以菩薩就不看重五蘊生滅現象的滅除：上輩子五蘊滅了，沒有關係，我再去入胎，從頭繼續再修學佛菩提，就這樣世世增上進修，最後就可以成就佛菩提果。如來藏本來沒有生滅，何妨有五蘊生滅呢？所以菩薩就不害怕世世的五蘊生死苦，所以對於五蘊的生滅就沒有畢竟的執著。

那阿羅漢就不同了，他認爲：「**五蘊生滅的生死苦，眞的是有；因爲有這個生滅，不離開這個生滅就是苦，所以我就是一定要取涅槃。**」這樣就是對五蘊的生滅有畢竟的執著，所以他們怖畏生死苦。菩薩就不怕生死了：**生死於我何干？生**

就生、死就死，如來藏常住而無生死，所以依世世五蘊而有的生死，也沒有關係嘛！生的時候苦，忍一忍就過去了；活著的時候有佛菩提可以修學，是多麼快樂的事情，就算世間眞的苦，有佛菩提最勝妙法可以修學，法樂無窮，那一點生死苦又算什麼？死的時候忍一忍，一下子也就過去了，因爲死苦也是無常法，不會永遠在死苦當中，所以死苦中無我，所以就沒有什麼關係；死了以後我再去投胎，未來世又可以修學佛菩提，一定可以成佛，這麼快樂的事情，爲什麼不做呢？何妨五蘊不斷的生死，而如來藏本際沒有生死？所以菩薩縱使還有胎昧，也不恐懼生死、不畏懼生死，所以菩薩當然沒有五蘊生滅的畢竟執著，二乘聖人作不到。

因此說決定性的二乘無學，他們入無餘涅槃就是「妄取涅槃」，因爲證取無餘涅槃境界，並沒有必要，只需把我執斷盡就可以了，只需像八地菩薩那樣斷盡思惑而不取涅槃。但是凡夫也妄取涅槃，以爲「我」捨報後，「我」一定可以進入涅槃，而不是將十八界的每一界都滅盡，想要留著覺知心的我住在無餘涅槃之中，那就是外道涅槃。菩薩就不妄取涅槃，菩薩認爲：「涅槃本來就在啊！我又何必去取？就算取了無餘涅槃，其實也還是沒有我取得無餘涅槃境界。你定性二乘無學就是不懂這個道理，一定要去取涅槃，其實你取涅槃的時後，你根本沒有取到涅槃境界啊！你阿羅漢不懂，但是我懂；我看著你入涅槃，其實你根本沒有入涅槃，沒有涅槃可以讓你入，只是你自己消失了，就叫做無餘依涅槃。」菩薩因爲有這個現觀證量，所以不妄取涅槃啊！

你看！像這樣子當菩薩，不是很快樂的事嗎？菩薩固然要以三大無量數劫辛苦度眾，看來似乎是很苦；但是對菩薩來講，苦卻不算是苦。其實三大無量數劫，大部分是爲了眾生而施設的，利根菩薩不必一定要三大無量數劫才能成佛啊！而且在這三大無量數劫的生死苦中的法樂，還遠超過生死苦呢！因爲菩薩不斷利樂有情的緣故，世世都有世間的可愛異熟果，所以也不算是很苦。阿羅漢出去化緣，可能會托空缽回來；他們爲了騙肚子，不得不吃牛糞止饑；這在阿含部的經典中常有記載，有好多阿羅漢因爲饑荒，托不到缽，回來道場時只好吃牛糞，騙騙肚子。把肚子騙過了，他又可以入滅盡定了，等明天再去托缽啊！菩薩不會有這回事，菩薩不必去托缽，菩薩們往往家財萬貫，價值百千萬兩金的瓔珞披身，頭戴寶冠、身穿寶衣、庫藏豐盈，他需要出去托什麼缽？

久學菩薩如果出家了，根本不必去托缽，也不必開口向人化緣，他在寺院裡面坐著辦道，十方的供養自然源源而來，不必像那些大法師們都是靠做宣傳、打名氣作來的；久學菩薩出家後，也不必靠裝神弄鬼來騙無智眾生，資源自然就會夠他使用。現在的大法師們都是靠著做宣傳來的，有的大師甚至是請公關公司的總經理幫他策劃，以一系列的宣傳手法而成爲大師的。但是眞正的菩薩是不做宣傳的，而他所弘法、講法、護法所需要的資源，自然會足夠他的需要，不會有所欠缺，更不會有斷糧的事情，這就是久學菩薩的人間可愛異熟果。這就是說，菩薩的可愛異熟果，果果都是可愛的，不是像二乘人那樣的辛苦；世世像這樣的修學佛法，不是很快樂的事情嗎？所以他想一想：「我何必要去取涅槃？我有那麼可愛的異熟果作資糧，可以世世快樂的自度度他而不入無餘涅槃，最後是水到渠成而證得佛地的無住處涅槃。」雖然說名爲證，還是如來藏本體的本來自性清淨涅槃轉易種子而成就的，其實還是原來的本來自性清淨涅槃，所以菩薩對五蘊的生滅，畢竟沒有執著。因此說二乘人是畏懼生死，妄取涅槃；菩薩則是不畏懼生死，也不妄取涅槃。所以說二乘聖人對於五蘊的生滅有畢竟的執著，菩薩對於五蘊的生滅沒有畢竟的執著。

「爲除此執，明五蘊法本性不生，不生故亦無有滅，不滅故本來涅槃。」因爲二乘人有這種妄取涅槃，以及對生死的滅除有畢竟執著的關係，眾生當然更會有這種執著；所以為了除掉這個執著，跟二乘定性聖人等愚人，也跟凡夫眾生宣示說：「五蘊的法，其實本性不生。」五蘊法的一一法，在二乘聖人來講，都是有生有滅的；可是在菩薩來講，都是無生無滅的。那些淺學佛法，不懂大乘般若正理的人，誤會了大乘法，就說：「這大乘法都講：『依如來藏，所以不生不滅，因此五蘊也是不生不滅的。』都害怕落入空中，所以執著一定要有一個常住不滅的本體法，這就是大乘經中所說的如來藏、如來，所以這個如來藏法，富有外道的神我思想。」這種話大家都知道是誰講的（大眾微笑表示知道），諸位既然都知道，我就不說破了。就是因為他們沒有把如來藏跟外道神我的分際、差異弄清楚，所以就產生了這樣的邪謬知見。如來藏、自心如來，是指第八識心體，外道的神我卻只是第六意識緣起有生之法，差異其實很大，不難分清楚；但是他們因為證不到第八識如來藏，乾脆就故意把　佛所說的第八識如來藏、自心如來加以否定，辯稱　世尊只曾說過有六識心，就把自心如來、如來藏說成是和外道神我第六意識一樣的東西，等同外道的神我而加以否定，就可以逃避自己尚未親證如來藏的窘境了。台灣有一些道場，聘請臺灣跟大陸的某些學者們，編撰佛學的套書；而這些學者們大多沿用印順法師的《妙雲集》中的邪見作資料，你們看！他的邪見著作的影響有多深遠！所以我們今天這些工作還得要繼續做！若不做，佛教正法還眞會被他的邪見壞掉啊！

如今 馬鳴菩薩在這裡跟諸位說明，五蘊法的本性不生。爲什麼說五蘊法的本性不生？因爲上一輩子的五蘊法滅了之後，今生還會有一個五蘊法再出現啊！它怎麼會有滅的時候？窮未來際都不會有滅的時候！可是依如此道理而說「五蘊沒有壞滅的時候」，但是卻又明明看得見五蘊在生生世世都有生滅啊！然而依攝入如來藏中而可以有世世的五蘊不斷出生來說，就說五蘊沒有生滅。譬如今天晚上睡覺時意識覺知心斷了，可是依如來藏的不生滅性，明天早上意識又從如來藏中出現了，又有見聞覺知了，又跟昨天的意識記憶連接起來了，所以你仍然記得昨天發生過的事情，才不會醒來時變成不知道自己是誰的失憶人。因此，如果你睡著的時候，有人弄個痲醉劑讓你吸昏了，再把你的身體移到另一個地方去；本來你睡在台北市，晚上昏迷了之後把你弄到三重市去，你明天早上一起來說：「我怎麼跑到這裡來？」爲什麼你會發覺不對呢？因爲你的記憶跟昨天的記憶連接嘛！你昨天睡覺前的記憶是在台北市睡覺啊！奇怪！一覺醒來，變成跑到三重來了！你就覺得奇怪啦！這表示說昨天的意識可以跟今天的意識連接起來，爲什麼？因爲你此世的記憶在你的五勝義根裡面，由如來藏持身不壞，可以連續的斷而復起，所以依如來藏說這個意識覺知心沒有生滅嘛！

但是過去世的意識覺知心斷了——入胎就永斷了——沒有辦法來到今生啊！所以還是有生滅的。但是依世世都會出生意識覺知心的理由，而說意識心不生不滅也可以呀！因爲意識心也可以和往世的意識境界連接的，那是看你功夫夠不夠啊！你要是功夫夠，修得宿命通，進入等持位中一看，上輩子幹了些什麼事情，都可以知道。不修神通的清淨心菩薩也可以作到啊！你進入三昧裡面，也許讓你闖進上一輩子，也許闖進十輩子之前，那都不一定的；有時候，有的人做夢也會夢見往世的事情啊！

所以說：依如來藏常住，依五蘊附屬於如來藏、攝歸如來藏，而說五蘊法本性不生；因爲它永遠都會存在的，五蘊是依附如來藏而時時刻刻有出現、有消失的；往世是這樣，未來際的無量劫也是一樣。所以，既然說它不生，那就沒有滅嘛！既然不滅，不生不滅就是本來涅槃，因爲五蘊就是如來藏的無量功能性之一嘛！所以依如來藏而說如來藏所出生的五蘊法無生無滅。有很多人把這些道理誤會了，他們說：「《楞嚴經》不是告訴我們嗎：我們這個能見之性、能聞之性、乃至能覺之性，它都是不生不滅的嘛！」可是《楞嚴經》是依如來藏來說的，所以說能見等性都是依眾緣而有，都是可還的；只有依如來藏識才是不可還的，所以說過能見等性虛妄以後，說都是「本如來藏妙眞如性」，不是依你這個能見之性、能聞之性本身來說的，所以說能見之性是如來藏所出生的許多體性之一。乃至說能覺、能知之性是如來藏出生的許多體性之一，都不是單由因緣就能出生，不是由自然性出生的，顯示眼識能見之性……身識能覺之性、意識能知之性，本來都是如來藏所含藏的妙眞如性，都是從如來藏心體中出生的。所以是依如來藏常住之心體，將六識之體性攝歸如來藏心體，而說六識的見性、聞性……覺性、了知性都是如來藏的妙眞如性，所以不是從因緣所生，不是自然而出生，都是如來藏所出生的。那他們誤會經中的眞義，就堅定執著六識的自性即是眞如；所以我們要藉這個機會來加以說明。

　　如果你證知了如來藏的所在，現前觀察到五蘊都是從如來藏心體出生；如來藏常住不壞，所以世世都會有五蘊，就不落入我見之中，就不會再造惡業，來世就不會有三途惡報，你就知道未來無量世五蘊的生死，其實沒有那麼可怕。爲了「成佛」這個大目標，爲了利益更多佛弟子，多受一點五蘊生死，又算得了什麼！

無所謂啦！如果我過去世悟過了，下一輩子我遇到禪法的時候，我一定還是會再悟入的，怕什麼呢？這樣一想就安心啦！所以捨報的時候，就不會說：「我不能現般涅槃，也得要中般涅槃；不能中般涅槃，至少我也要上流處處般涅槃。」不會再打這個想要入涅槃的妄想了。你就會想：「沒關係，我再投胎去！爲了究竟成佛，也爲了救度無量眾生。」轉入中陰身以後，觀察看有哪一對年輕人適合當自己的父母，又去入胎去啦！這就是菩薩的不畏胎昧而世世受生。

「若究竟離分別執著，則知一切染法淨法皆相待立。」你如實的證解涅槃的本際，如果繼續再修行，能夠究竟離開分別執著的話，你就可以了知一切的染法淨法，都是互相對待而有、互相對待而建立的。「究竟離分別執著」，很不容易啊！因爲究竟的離，只有佛地才能究竟的離啊！初悟的菩薩，他還沒有辦法離分別執著；剛悟的時候，他不斷執取這如來藏，去體驗祂、領受祂，不斷的在整理祂與佛法之間的關連啊！整理的時候，當然不是離如來藏的執著嘛！一直到整理得差不多了，突然一念返觀：「啊！原來如來藏本性是這樣！可是我一天到晚在執著祂，跟我的如來藏的不執著性一比，這覺知心的我，可眞是不好意思呢！」這樣，你就開始轉依如來藏了，才能開始一分一分的離去分別執著。因此剛破參的那幾天，甚至半個月、一個月，你需要不斷的去分別、不斷的執著如來藏；當你執著如來藏，才會深入的加以體驗，後來才能夠離開對如來藏的執著啊！

因爲你如果不執著這個如來藏，你就不會去探討祂的體性、不會去證驗祂的體性、不會去領受祂的體性，你的般若慧就無法出現，就無法除掉你對我與我所的分別與執著，也無法捨棄凡夫對於如來藏的「恒內執爲我」的執著。你必須先對如來藏產生這個歡喜心：「啊！我有這個如來藏常住不壞，眞是不錯！」對如來藏產生歡樂欣喜，然後不斷地去分別祂：到底祂是怎麼樣的體性？你弄清楚了以後才能如實轉依祂的無分別、無執著的體性，你就不必再分別如來藏了嘛！

接下去就是好好去做功夫啦！功夫做好，慧力與福德都修足了，才能探究佛性、然後才能眼見佛性，一步一步往上走；因爲次第前進的緣故，對世間種種法的分別執著就漸漸消失掉了；最後到達佛地的時候，就是究竟的離開「分別執著」。所以初悟的菩薩，對於一切染法淨法，大多還是相待而立的，離分別執著的修證仍是少分的。然後在三賢位中不斷的分別祂的自性，去領受祂，對如來藏的種種內涵了知得更深細，讓自己的般若慧越來越深妙，然後進入初地，才算能夠多分的離開這種分別執著。到初地的時候，對於一切染法淨法的相待互立，就能夠很清楚的知道。

就好像說：「如來藏產生出一個染污法的時候，這個染污法的反面就是清淨的法；因爲這個染污法它的背後就是如來藏，依這個清淨性才可能有種種的世間法染污性，沒有如來藏的清淨性，就不會有七識心的染污性。」從此以後，你來看一切的世間法，以及佛法中所有一切法，都是中道，因爲一切法都是互相對待而立。只有依如來藏心體自身而說，才叫做離開一切相待的法，那就是《心經》所講的：「無眼耳鼻舌身意，無色聲香味觸法」，「無三十七道品」乃至「無無明，亦無『無明盡』」，全部都空盡啦！不知道的人就誤會說：「那《般若經、心經》講的就是一切法空了！」其實不是！祂講的就是如來藏這個眞實心自住本際的境界相，祂自住本際境界時就是這樣的體性與境界，不是講五陰、十二處、十八界等一切法空。

論文：【是故當知：一切諸法從本以來非色、非心、非智、非識、非無、非有，畢竟皆是不可說相；而有言說示教之者，皆是如來善巧方便，假以言語引導衆生，令捨文字入於眞實。若隨言執義增妄分別，不生實智、不得涅槃。】

講解　接下來　馬鳴菩薩做出一個結論說：「由於前面所講的這些道理，所以大家就應該要知道，一切諸法從本以來都是非色、非心、非智、非識、非無乃至非有。」如何是一切諸法？主要就是從我們的五陰、十二處、十八界來說，因爲有這五陰、十二處、十八界，就會衍生出無量無邊的法，包括世間法、出世間法，都包含在這裡面了。馬鳴菩薩說一切諸法，從無量劫以來就都不是色法，色法明明是色法，爲什麼會說不是色法呢？因爲色法其實也是如來藏的無量體性之一嘛！不管你所說的哪一個法，一切法都是如來藏的體性之一，但如來藏不是色法。

「一切法非智、非識」。也許有人會抗議說：「不見得吧？譬如說今天插的這盆花，我看它蠻有韻味的，這韻味應該是它的色法所顯示出來的，怎麼會說它是如來藏的體性呢？」那就請問：「這盆花從哪裡來的？它怎麼會有那個韻味呢？」正是因爲人的心這樣想，所以才插出這樣的花嘛！另外一個人是另外一個構想，就插出另外一種韻味了，它的風韻就不同了嘛！這都是從人的心所想出來的啊！好！「從人的心想出來」，請問插這盆花的人，他的心又從哪裡來？其實還是從如來藏來啊！所以這個法不能片面的說它是色法，或者片面的說它是如來藏的法。譬如你在這裡領受這盆花的風味，不管插花者說它是什麼流派！花道不是有很多流派嗎？但是我跟你講，不管它什麼流派的韻味，我都稱呼為「如來藏流」，因為都是從如來藏來。不管哪一個人創立了什麼流派，他因為有一個心，所以這樣去施設、這樣去建立：我就是這樣的風格。這個風格，別人欣賞到他這個風格的時候，仍然是由別人的意識心來欣賞；可是欣賞的人和插花的人，他們的意識心還是由如來藏來，離開了如來藏，還是沒有辦法有不同流派的風味！插花這個法，尚且如是，何況你身中的色法呢？

因此說：一切諸法不是單純的色法，也不是單純的心法，而是眾法和合才能出生或顯現的。一切的法也不是智，不是識。你研究花道，說今天插這盆花的人應該是學某一流派的，那表示你有花道的智識，你有學過花道的智慧，可是這花道的智慧不是眞實的智慧，追根究柢，還是從如來藏輾轉而生的。你這個花道的智慧是從哪裡來的？當然是從你的意識來！也從你的眼識來。你的意識與眼識還是要歸結到如來藏，所以一切法非識——並不是六識自身就可以擁有一切法——而是必須依止如來藏才會有一切法。所以一切法非意識心單獨能生，故說非識；也不是單由意識自身的智慧就能出生，仍然須依靠如來藏才能出生，所以一切法非智。

「一切法非無、非有」，這個法你不能夠說它非有，如果依二乘法的精神，可以講一切法都是空、都是緣起，所以其性是空。如果以那些誤會般若者的邪見來講般若，他們會說：「一切法都是空，一切法緣起性空的道理了知，就是證得般若。」那他們就會說一切法非有，說這就是法界的實相。可是明明一切法都是眞實存在的「有」啊！難道他們每天吃飯時，不覺得有一個吃飯可以飽的法嗎？他們欣賞一盆花時，說那是某一流派的風格，難道沒有這個法嗎？（大眾回答：有。）當然有啊！既然在現象中確實有，怎麼可以叫做非有？非有當然就是「無」囉！

當眾生落入「無」的時候，又告訴他「非無」，意思就是說，其實一切法都是在如來藏的體性上面生生滅滅，都是在祂的心體表面上有生生滅滅。因爲一切法不斷的有生生滅滅，你說它有也不對，說它沒有也不對。說它沒有時，在現象界中卻是有；說它有，它的體性又是無常空；說它是無常空，但是過一段時間它又會重新再出現。也就是說，依於如來藏，所以有種種法生了又滅、滅了又生，這樣延續不斷。因此說一切諸法從本以來就是非無、非有的，因此說：「一切諸法從本已來非色、非心、非智、非識、非無、非有，畢竟皆是不可說相。」因爲都是從如來藏來的啊！

可是如來藏不可說、不可說，我們卻可以告訴你什麼是如來藏，讓你體驗到祂的確實存在與體性，你當時會驚喜的說：「啊！原來這個……就是如來藏。」你用語言指示出如來藏心體的所在了，但是當你講出來的時候，講出來的語言已經不是如來藏了，只有你所體驗到的、指示出來的那個心體才是如來藏，你所講出來的都只是名相、聲音、語言；因此而說一切諸法，畢竟皆是不可說相，因爲一切法畢竟都得歸結到如來藏心體上面來。

而如來藏不可說啊！所以說一切法畢竟不可說，但是卻又有言語來表示和教導親證如來藏的法，來教導如何體驗如來藏的方法；這一些教導的過程和現象，都是佛陀的善巧方便，假借各種言語來引導眾生，使得這些眾生們聽聞之後，可以捨掉文字而進入文字所表示的法界眞實理去。佛若不把祂所證的，藉著語言文字來宣說的話，其他的人想要證悟實相就很困難。雖然禪宗自古以來不立文字，用種種的方法讓人證悟，但是如果他們在那些方法使用之前——也就是機鋒使用之前——沒有先施設一段開示、熏習、教導的過程，他們幫人證悟的機鋒使出來了也將沒用。因爲他沒有作過證悟知見的開示，所以他的徒弟往往會在他使機鋒時候這樣說：「師父瘋了啦！一天到晚瘋瘋癲癲的。」因此禪師必須先作開示，然後才可以在因緣成熟時，使出幫人證悟的機鋒來。

所以古時天台山的國清寺，上至住持和尚，下至沙彌都說：「寒山、拾得是兩個瘋漢。」所以 寒山子，凡夫們宣稱他是瘋子，因爲他往往自己一個人有時哭、有時笑，有時又對著虛空一直罵，人家都說他是瘋子。可是證悟的祖師們一見他，就說：「不得了！是位大善知識。」趙州從稔禪師可就不敢說他是瘋子，所以趙州禪師遇見 寒山大士的時候，恭敬得不得了。趙州是大家畏懼的大禪師，可是 寒山卻說：「這個小廝兒！」小廝就是小長工。你看！他竟然當面說鼎鼎大名的趙州禪師只是個小長工，趙州可不敢反駁。可是有誰知道 寒山是個大菩薩呢？這意思就是說，一般人對佛法的知見是很不足的，身爲一位名寺的住持，都還不能認出身邊的 寒山是大菩薩，何況是一般學佛人呢？所以， 寒山大士不斷的示現機鋒，當時的國清寺上下，卻誤以爲 寒山大士是精神有問題；那就是因爲 寒山大士觀察他們的因緣還沒成熟，所以沒有爲他們先開示正確的知見；而他們看 寒山大士只是個沒有什麼資財的在家人，還得要來國清寺廚房中，向 拾得大士討取殘羹菜渣，心中沒有恭敬之心，所以 寒山與 拾得都不爲他們開示能夠證悟佛法的知見，所以寺僧常常看見他們使機鋒，卻罵他們是瘋子。

這就是說，佛法的修證，必須要藉語言來示教，眾生才能悟入。那 寒山、拾得他們在天台山國清寺，就是沒有專門開一個課，讓寺僧來學，所以寺僧親見那麼多的機鋒，還是悟不了；但是說句老實話，他們如果上座想要說法，當然也不會有人肯聽他們說法的，因爲大家都瞧不起看來似乎有些瘋顛的 寒山與 拾得。

有一次 拾得看見案上都是供品，他就大大方方的爬上供桌，面對著佛像坐下就吃了起來。你看！爲什麼他敢上去坐？因爲「你們在上面供著我普賢菩薩的像，用種種供品來供養我的彫像，難道我普賢菩薩眞身來受供養，還不可以嗎？」當然可以嘛！可是他們不曉得 普賢眞身，寧可去供那個木雕的像，而不願意供養眞正的 普賢菩薩啊！因爲 拾得居士正是 普賢大士示現的啊！結果闔寺僧眾就罵他，他被罵了以後也不明講；就算明講了，也沒有人肯信的；所以就算是他想爲寺裡的僧人說法，他們也是不會聽的。他們認爲說：「這是豐干禪師在路上撿回來的窮孩子，這種不曉得身世的野孩子，也沒有學過佛經，他懂什麼？」所以，菩薩示現眞的是很難說啊！

這就是說，眾生如果想要開悟般若，一定要有善知識先作一些言語示教；如果沒有言語示教去開導正確的知見，眾生要悟入是非常困難的，絕不是那麼簡單的。我們出來弘法講課也講了那麼多了，到現在明心的人也只不過一百多個人啊！（編案，這是公元二千年時的事）都還是那麼少！所以說，佛法的證悟眞的是不容易，必須要藉著種種善巧方便，配合運用世間的言語文字，來引導眾生去悟入文字與言語所說的眞實義之中。如果不這樣，就沒有辦法入於眞實的第一義諦之中。如果有人不瞭解 佛菩薩所說的眞實義理，而隨著那些言語去執著言語表相上的道理，自己再增加了許多的虛妄的分別，這樣的人是不可能產生眞實智慧的，這樣的人是不可能去證得涅槃的。

這一段論文中的最後面兩句，眞諦三藏譯錯了， 馬鳴菩薩的本意是：「若隨言執義增妄分別，不生實智、不得涅槃。」他怎麼譯呢？他如此翻譯：「其旨趣者，皆爲離念，歸於眞如，以念一切法令心生滅，不入實智故。」他的意思就變成這樣：「你就是要把心住於無念啊！離開了一切念的時候，這樣就是歸到眞如了。」所以他確實是譯錯了。我們用的譯本是實叉難陀所譯的，他的翻譯則是正確的。所以從翻譯裡面，也可以看出來這個翻譯的人有沒有悟，有時候會有蛛絲馬跡看得出來。如果他用自己的意思翻譯，馬腳就會露出來；如果他不加上自己的意思，純粹依經典的原意表相來翻譯，還不會有大錯誤，但是加上了自己的意思來翻譯就會有錯誤了。眞正的意思是：如果不依眞實義，而依語言文字的表相意思去執取佛法的眞實義，就會增加許多的虛妄分別，那就無法生起眞實的般若智慧，一定會出生誤會了般若的假名智慧；因此也就無法親證涅槃的實際，也就無法滅除性障，也就無法取證涅槃境界了。這樣詳細的說明以後，我想諸位對於般若第一義諦的道理，就可以有大略的理解了，去到禪三時，想要破參悟入般若也就容易了。接下來說：

論文：【分別修行正道相者，謂一切如來得道正因，一切菩薩發心修習令現前故。略說發心有三種相：一、信成就發心，二、解行發心，三、證發心。】

講解 「分別」就是爲大眾詳細的加以解說：解說佛菩提修行正道的相貌。也就是要爲學佛人說明一切如來得道的正因：一切如來證得佛道是以什麼爲正因？換句話說，如果你想成佛，你就必須先知道成佛的正因；你才能夠知道要怎麼樣去用功修行。不然的話，你的方向就會偏差了，就會專在助因上用功，錯將助因當作正因，就無法成就得道成佛的正因；或者根本不是在助因上面用功，而是被誤導以後，專在偏邪的外道法用功，那就是邪因。這樣修行的結果，將來所得到的一定是偏邪的果，就會像修學西藏密宗的氣功與雙身法一樣，成就外道的「佛果」，成爲世間最大的妄語——獲得無間地獄罪。

說明了如來得道的正因以後，一切的菩薩就可以從正知見中發起菩提心，依所發的菩提心來熏習修學，使得這個正因，能夠成就究竟的眞實果報。簡略的來說，發心大概有三種法相：第一是信成就的發心，第二是解行的發心，第三是證入的發心，證實發心——證得實相的發心。

論文：【信成就發心者，依何位修何行、得信成就堪能發心？當知是人依不定聚，以法熏習善根力故深信業果，行十善道，厭生死苦，求無上覺，值遇諸佛及諸菩薩，承事供養修行諸行經十千劫，信乃成就。從是已後，或以諸佛菩薩教力，或以大悲，或因正法將欲壞滅以護法故而能發心；既發心已，入正定聚畢竟不退，住佛種性勝因相應。】

講解 第一種發心，是**信成就發心**，信成就發心的部分講得蠻長的，從二十五頁講到二十八頁。信成就發心，顧名思義就是長養信心、熏習信心，使得信心具足，因此而發起菩提心。什麼叫做「發菩提心」？發菩提心就是發起成佛的心，可是發菩提心它有三個層次的差別：第一個層次是信成就發心，第二個層次是解行發心，第三個層次是證實發心。

信成就的發心是依什麼樣的階位而發菩提心？也就是說，先要說明信成就的發菩提心，是在什麼層次的階位裡面所發起的？這個階位中要修什麼行？才能夠成就這個層次——信的具足不退？信位的發菩提心是說，我們應該要知道這個人是依不定聚；不定聚是說它的心性不定，所遇到的外緣也不定，但是由於佛法熏習所產生的善根力量而使得他深深相信：「世間三界中眞的有業果的報應，如影隨形。」他深信了，因爲深信修行因果的關係，所以他心裡面想：「如果造了惡業，未來就一定有惡報；如果造了善業，未來就一定有善報；如果心正直，就得正直果報；如果邪曲，就得邪曲果報。」他心裡面這樣深深相信，這就叫做深信業果，而發起決定要在將來成佛的決心。

可是深信業果，卻要從佛法的熏習所產生善根力量而有；當他因爲學佛而深信業果之後，不造惡業，而且反過來行十善業（離開了身三過、口四過、意三過，離開了十惡業，他反過來修行十善道），從十善業的法門去修行，後來終於開始討厭三界生死的苦，因爲他將會由於學佛而發覺到：「我就算是修十善業而上生在欲界六天中，如果福報享盡了，還是要下來人間輪迴；萬一有一世不小心幹了惡事，又要下墮三惡道。」想一想，還是不究竟。在佛教的人天乘善法的修行過程中，他終究有一世會想到：「我怎麼樣才可以離開生死的輪迴？」所以他開始厭惡三界生死之苦，他知道自己不可能永遠住在欲界天啊！因爲欲界天中不容易行善積福，譬如你生在欲界天中，能修什麼善事呢？你說：「我有很多天衣，送給你好了！」可是別的天人根本就不想要你的天衣，因爲你有的，別人也一樣有，在欲界天根本不必辛辛苦苦去織布、去染，然後剪裁縫合，也不需要去買，所謂天衣無縫、自然而得啊！而且一切天人本來都有，只要他需要，只要他的福德果報還沒有享盡，他就一定會有天衣，是每一個天人都有的，他們何必要接受你贈送的天衣？如果別的天人已經沒新的天衣可穿了，你送給他也沒有用，因爲他不久就得捨報生到人間或下墮三途了，他一定不會有心情接受你送給他的天衣。

所以你在欲界天中想要布施修福都不可能，去那邊就只是享福；福報享盡了，可以預見的：識田中剩下的都將是往世所造小惡的業種，那些惡業的小果，在天中捨報之後就得要去受報；受報的緣故，從天界回來時可能不在人間了，可能是當人家的寵物去了。當人家的寵物還算好，有些寵物眞的是比主人的兒、女還幸福（有的人對寵物比對子女還要疼愛，去到非洲動亂地區當人，還不如台灣的寵物幸福）。有一天他會發覺這個道理，因爲他越看越多，就會發覺往生欲界天的人天乘修行法門眞的是不究竟，因此他想要離開生死，所以開始厭惡生死苦。

可是要離開生死，要怎麼辦呢？當然要求證無上覺，你如果不求無上法的覺悟，你就沒有辦法離開生死苦啊！當他生起這種知見的時候，就會有因緣遇見佛、菩薩。我們常常在社會上遇到一些人，他們本來不是學佛的，可是後來發覺人間眞的好苦，心想：「我下輩子不要來當人了！」他想著不要來當人，不要受人間的種種苦。可是沒有人跟他提示，他不懂，就以爲死後不要來當人，就可以不當人；他不曉得他死後不想當人，還得要當人，除非行善生欲界天，或者行惡下墮三惡道中，不能不出生於三界中。終於有一天，緣熟了，佛化現來跟他開導，或者遇到一個人間的菩薩跟他說：「並不是你不想來當人，下輩子就可以不來。雖然你不想當人，但是你造的業都是當人的業，你仍然逃不掉的。」這麼一講，他恐慌了：「那怎麼辦？」你就告訴他：「你想以後不來當人，那你就去學佛啊！修解脫道啊！或者修佛菩提道啊！」等到他證得無我的時候，才發覺說：「我上當了！因爲我不來當人，其實是我自己消失掉了，不是我繼續存在而不來當人啊！」

他觀行五蘊無我之後，如果能安忍，就是證得無生忍了，就可在捨報後把自己消失掉；十八界都滅失了以後，就是無餘涅槃了，這就是二乘菩提中的聖人所修的解脫道。如果有福德，還可以遇到諸佛菩薩爲他解說佛菩提道，親證實相，證實法界萬法的根源都是自心眞如、如來藏、阿賴耶識，就是親證本來自性清淨涅槃，未入無餘涅槃就先證得無餘涅槃中的實際——如來藏；這就是大乘佛法的成佛之道的見道功德，就可以漸漸的了知佛菩提道——成佛之道——的深細內涵。

這就是說，當他懂得要學佛法了，遇到了諸佛或諸菩薩，當然就要依照 馬鳴菩薩所說的修「承事、供養、修行諸行」等三個法。遇到諸佛菩薩的時候，第一件事就是要懂得承事。承事就是侍候在佛、菩薩身邊，他叫你做什麼，你就做什麼；他說：「**你去把殿前庭院掃一掃。**」你就拿著掃把到大殿前面去掃；他說：「**你去把廚房清一清。**」你就進廚房清一清；他要你做什麼，你就做什麼；他要你上街幫他寄一封信，你就上街幫他寄。遇見諸佛菩薩時，你得要懂得承事，就是承接他所交待的事情，依他的吩咐去做好，這叫作承事。

至於供養呢？你想要跟他學佛，你當然得要供養他啊！你的師父告訴你說：「**明天早上我們不要再喝粥了，改吃饅頭吧！**」你就前一天晚上先把麵揉好、發好，今天一早起來趕快揉麵做饅頭。師父起身後，過堂時你就說：「師父！我們今天吃饅頭。」供養就是這樣啊！這叫作承事、供養。不單只是承事與供養，還得要再修行諸行——廣修「六度萬行」以後，還得要繼續不斷地修行，不是只有一行啊！不是只修布施就好，除了布施還有持戒，除了持戒還有忍辱，……，除了禪定還有般若，很多很多的行門都要去修，不是只有做一樣就好。所以如果當上了慈濟委員，那是努力修布施行的人；如果能再修學持戒、忍辱、精進、禪定，甚至於修行般若的本來無生，那就太棒了！如果眞能修學般若、親證般若，還能夠懂得布施，在悟後進修布施，修集更廣大的福德，那就更棒了！如果你懂得布施、般若，還懂得忍辱、精進、持戒、禪定，就有機會一生進入初地，那就更棒了！也就是說，大乘佛法中，有很多的行門都是必修的，不能偏廢，也不能偏修；六度萬行統統要修，而且是不斷的修六度，所以稱爲萬行，這就是 馬鳴菩薩所說的修行諸行。

這樣經過了十個千劫（因爲外國人最大的數目單位就是千，我們一般常用最大的數目單位是萬，「萬」接下來就是以數目來表示了：一萬、二萬、十萬、一百萬，一千萬。但是外國人數目單位最大的是「千」：一千、二千、十千、十五千、一百千、一千千）。十千劫也就是我們所講的一萬劫，經過這麼長時間的修行佛法、進進退退以後，信心才能夠成就，成爲信不退的佛弟子。換句話說，你現在已經進入十信位了，但是還沒有明心、還沒有實證般若，可不要歡喜得太早了喔！你們看：遇到諸佛、菩薩，能夠眞實的承事、供養、修行諸行一萬劫，才算是信心的成就，才進入十信滿心位。想要明心實證般若，還有一大段的佛法要修，還有一大段的外門六度萬行等著你，要滿足六住心以後，才能明心。

所以你們要這麼想：「**遇到這樣的法，能夠眞正的明心、實證般若，絕對不是十百千生所修來的；就算是十千劫修過來了，距離七住位的明心實證般若，還早著呢！**」爲什麼呢？因爲十千劫之後，滿足十信位了，緊接著初住位中又要廣修布施行，二住位時又要精修持戒行，三住位中又得修種種忍：所謂眾生忍、無生法的忍；然後還有精進、禪定，每一度都得在外門廣修萬行，得要這樣修上來。這樣到了六住位，才能熏習我們所講的四加行：現觀五蘊空、十八界空。四加行的過程中，你要是能夠好好的加以整理，當你聽過四加行正理之後，你能用五蘊、十八界等法去把它整理觀行以後，你的我見就斷了。還沒有去禪三道場之前就得先成爲大乘通教中的初果人：我見斷了，但是還沒有證得如來藏，還不知道實相本際。必須先斷我見，接著再去參禪，找到如來藏時，你才敢承擔起來，般若慧才會開始出現，就說你是七住位的菩薩——眞的進入內門，開始內門廣修六度萬行了，還是要修行諸行啊！假使我見沒有眞的斷除了，找到如來藏時，往往不能信受，心裡生疑，就會在某些惡緣出現的時候，跟著惡知識開始謗法、謗賢聖。所以修學大乘佛法，並不是只有單純的一個明心的法，而是有很多的法要配合，不能只修一個法。

如果沒有經過初住位的布施，二住位的持戒，三住位的忍辱，直接跳進四住位的精進，一直修定、修般若，悟了以後，還會出很多的問題。爲什麼？因爲般若的證悟，它有一些先決條件的，如果跳過去了，這些法就不具足。十信位尚且要**修行諸行**一萬劫，信心才能成就；如果沒有經過這個階段，信心不成就的話，來到這裡，我跟他明講什麼是眞如心，他一定會馬上就走掉了；並且開始誹謗：「蕭平實說那個就是眞如，笑死人了！那個怎麼可能是眞如？他所說的開悟一定是大妄語。」爲什麼會這樣呢？這是因爲他對大乘實相法的信心還沒有成就嘛！信心都沒有成就，忍心都還沒有生起，他就開始修六住位的般若，想要證悟七住位的眞實智慧，一定沒有辦法成功，一定會退轉的。所以說般若的證悟，還得要有這些前提存在；「信」的成就，還得要修十千劫。

「從是已後，或以諸佛菩薩教力，或以大悲，或因正法將欲壞滅，以護法故而能發心。」那麼十信位菩薩信心滿足之後，接下來，從這個十信位滿足開始，或者由於諸佛、菩薩教導的力量，或者由於自己的大悲心，或者因爲看見正法將要被壞滅了，發心想要護持正法，所以發願：「**我一定要求悟，以證悟的智慧來護持正法，決不退悔。**」一定先要發這個心，因爲你如果還沒有開悟，根本不曉得要怎樣來護持！沒有悟之前，免不了會到處去護持常見外道法：譬如求甘露啦！藏密的雙身修法啦！離念靈知的錯悟大妄語……等等！往往會去護持這些外道法。現在台灣、大陸有好多的信眾就是這樣，他們其實是在護持外道法，卻拍胸脯大聲的說：「**我正在大力護持正法！**」這哪裡是護持正法呢！現在你們大家看過我這些書以後，你們已經知道什麼是外道法了。護持那些混入佛門中的外道法，不但沒有護法的功德，其實是正在幫忙大力破壞佛教的正法。所以發心護法的人，一定先要弄清楚什麼才是正法，然後再護持；千萬別跟著大眾護持混入佛門中的外道法，以免成就破法的地獄業。

「既發心已，入正定聚畢竟不退，住佛種性勝因相應」：由於發心護持正法，或者因爲發起大悲心想要救護眾生，就會眞正的發起菩提心，想要成佛，想要讓正法永遠在人間延續下去。當你發起菩提心而且決定不退之後，你就進入正定聚了。這就表示你的心已經得到一個決定性：永遠不會再改變了，決定未來一定要成佛！就算有人告訴你：「還是修學解脫道、求證解脫就好了，別修佛菩提道。因爲菩薩不是人幹的，眞的太累了，也是很受屈辱的。而且布施東西給人，別人還會嫌你的東西不好，你還不可以生氣；把很難修證的正法沒有代價的送給人家，人家還會說你的法不對，還會誹謗你；你仍然不可以生氣，菩薩眞的不是人幹的！」

但是，如果你已經進入正定聚了，遇到這種事情，你在修行上面仍然不會退轉，當人家告訴你：「菩薩不是人幹的，又累又要白白受人冤枉污辱，而且要長劫無量無數劫這樣做下去，不如去當阿羅漢；如果有法緣，如果夠精進，一生到四生就可以成阿羅漢了。再不然！懈怠鈍根的聲聞初果人，經歷七次的人天受生往返，也可以出三界啊！何必要行菩薩行？那麼辛苦？你不是笨死了嗎？」人家這樣好意跟你講，你也不會退回聲聞種性中，因爲你也已經入了佛菩提的正定聚中。「聚」就是說它好像有一個法，能把你凝固起來，使你堅定不散，所以叫做「聚」，也就是決定性的意思。就好像我們說：「決定性的聲聞人，不會轉易爲菩薩行者。」

這叫做定性聲聞。那你這時候進入大乘法的正定聚了，就叫做定性菩薩：不是喜歡修定的菩薩，而是說你這心已經決定是菩薩心性了，這叫做定性。閩南語不是有句話說「那個人沒有定性，變來變去！」（蕭導師以台語發音）有沒有這句話？（大眾答：有！）所以定性聲聞、定性菩薩的定性二字，指的就是這個決定性，而不是說他們心性喜歡修定。

這就是畢竟不退於佛菩提心，從此以後你就是住於佛種性裡面了，因此你的種性就叫佛種性；佛種性的人就是菩薩，盡未來際都一定會廣行菩薩行，像這樣的人，一定會在這條路上一直走下去，一定會與勝因相應；這也就是說，他會跟佛菩提的**殊勝因**相應，不會跟二乘菩提的**下劣因**相應。因爲凡是與二乘菩提的下劣因相應的人，成爲阿羅漢以後，他捨報時一定會入無餘涅槃，不可能世世廣利眾生，當然不能成佛。就算他會利益眾生，也只是在他證得二乘菩提之後，到入涅槃之前的那短短一、二十年，大不了六、七十年，以後就不再受生於三界中廣度眾生了，永遠進入無餘涅槃了。但是菩薩悟後，生生世世常住於人間，繼續勇猛精進的自利利他，廣修六度萬行，所以能夠利益很多眾生。也因爲這個緣故，所以他的所知障不斷的修除，越來越少，最後終於斷盡，成爲究竟佛地的妙覺；

因爲這個原因，而說發心不退的菩薩能與勝因相應。從此以後世世受生，雖然不離胎昧，但世世只要聽到「禪」，他就喜歡；只要聽到「明心見性」，他就喜歡；聽到「成佛」，他就喜歡；如果有人告訴他：「解脫可以出三界。」他卻不太樂意的說：「這個也不錯啦！我並不反對。但是我不想這樣，我不一定要入涅槃！」他想的就是怎麼樣能夠明心見性，能夠廣利眾生然後成佛，成佛之後繼續廣利眾生，絕不會成爲聲聞小果的修證者，這就叫做勝因相應。

論文：【或有衆生久遠已來善根微少，煩惱深厚覆其心故，雖值諸佛及諸菩薩承事供養，唯種人天受生種子，或種二乘菩提種子。或有雖求大菩提道，然根不定，或進或退。或有値佛及諸菩薩，供養、承事、修行諸行，未得滿足十千大劫，中間遇緣而發於心；遇何等緣？所謂或見佛形相，或供養衆僧，或二乘所教，或見他發心；此等發心皆悉未定，若遇惡緣，或時退墮二乘地故。】

講解　前半段論文，是說信位功德尚未成就的人：十信位的修行還沒有具足圓滿。有一些人從久遠劫以來，一直就是善根微少的人；修菩薩行的人，得要有很多的善根，所以無量世以來，在見道之前不斷的布施眾生、利益有情、熏習正法、護持正法，這樣不斷去做，所以他們善根很多。但是另有一種人，他從久遠劫以來，很少去種善根：利益別人的事他不做，他只願意利益他的父母、家屬、孩子。他對孩子很疼愛，對父母很孝順，可是要他來供養師長，他可就捨不得啦！他認爲跟人家學法時，只要依照世俗規矩每月該供養多少束脩，他就奉上多少束脩；逢年過節絕不會奉上紅包供養的，他完全沒有興趣。對師長都是這樣了，何況是對一般的眾生，他怎麼可能去做利益眾生的事呢？所以說這些人的善根很微少，而煩惱很深厚。這就是我執與我所的執著很重：他對我所有的眷屬的執著很重。所以他心裡面想的都是怎麼樣孝順父母、利益子女，可以不計一切手段，在外面欺詐拐騙、無所不用其極，以求「我所有的眷屬」可以過好日子；你想要叫他利益眾生，那是不可能的，這種人就是煩惱深厚的人。

因爲煩惱深厚的緣故，所以就遮蓋了他的清淨心；雖然他過去無量劫以來，偶然遇到了諸佛、菩薩，他也在諸佛、菩薩身邊曾經承事、供養過，可是他的目的只是求人天有爲法上的果報！他想：「如果遇到了諸佛，能承事供養的話，未來世的福報很大咧！」他這麼想：「我得到這些福報的話，我未來世就可以照顧我的妻兒、父母了。」他想的是自己來世所有人天受生的可愛依報功德，想的是在人天受生時會有大富的果報，或者想藉這種善因而生到欲界六天中，他想的是自己。所以他種下的種子，都是人天受生的種子。或者說有人心中想的都是爲了自利：「我遇到了佛、菩薩，種下了善根，我好好的承事供養，將來可以得到解脫三界輪迴的果報。」他種下了二乘菩提的證道種子，這種人未來世如果再遇到佛、菩薩爲他宣講二乘的解脫道正法，他就會相應了，就可以成就解脫道；如果跟他講大乘佛菩提道的正法，他就不會相應；這就是聲聞種性的人，就是定性聲聞人。

這意思是說，定性聲聞與定性菩薩的種性是大不相同的。不退失佛菩提種性的定性菩薩，一定是發菩提心想要成佛、利樂眾生爲目的，不是想要自己得解脫；修道的過程中，如果他求證解脫的話，那是爲了眾生能得解脫，所以先要自己能夠得證得解脫，才有能力爲眾生宣講眞正的解脫道，依實證而教導眾生，不是自己妄想就亂教一場。必須眞正的證得解脫而生起了解脫知見，才能眞的度眾生得解脫，才能教化眾生具備解脫知見，所以自己先求證解脫，是爲眾生而得證；他設法使自己生起解脫知見，也是爲了讓眾生能夠生起解脫知見，這才叫做眞發菩提心。有人說：「我們發菩提心，就是要趕快證得解脫果。」但是那個不叫作眞發菩提心，那是發二乘菩提的小心，種下的是二乘菩提小果的種子。這是第一種人，在大乘法裡面發菩提心不能成就，因爲「煩惱深厚覆其心故」。

第二種人是說：「或有雖求大菩提道，然根不定，或進或退。」這種人，有時發起了菩提心：「我要成佛！佛道無上誓願成！」可是發了這個願之後，因爲根不定——他的菩薩根性還沒有決定——有時候想一想：「修學佛道眞的很辛苦！我看就算了，我還是修學解脫道就好了！」心裡面這樣想一想，心念就退轉了。過幾天，又因爲人家說：「成佛多好、多殊勝！」他心裡想一想：「其實成佛也不錯啦！」又發佛菩提心。可是過了一段時間，他又退了；他始終沒有決定心，這叫做根不定。所以眾生發大乘菩提心，有時進，有時退，往往沒有辦法得決定。這種人就是隨緣而轉的人，並沒有決定性的菩薩根性。

「或有值佛及諸菩薩，供養、承事、修行諸行，未得滿足十千人劫，中間遇緣而發於心；遇何等緣？所謂或見佛形相，或供養眾僧，或二乘所教，或見他發心；此等發心皆悉未定，若遇惡緣，或時退墮二乘地故」：這是第三種發菩提心的人——心不決定，隨緣而轉。

這種人有時候遇到諸佛或諸菩薩時，他也能供養、承事、受教而修行諸行，可是他的修行還沒有滿足一萬大劫——還沒有滿足十千大劫。這一萬大劫中間假使遇到了某一個緣，人家勸他發菩提心；或者說遇到了某一個緣，比如說見到了佛，心裡想：「原來佛的相好功德如此殊勝！原來佛是如此的莊嚴相好！」這是因爲親見佛的好相而生起了喜樂之心，所以發起大乘佛菩提心。或者說遇到僧寶時，他就供養眾僧；聽說供養僧眾以後，未來世中會有無邊勝福果報，所以他生起歡喜心；因爲歡喜所以特地來供養，供養後就因爲心中歡喜而發起大乘菩提之心。或者因緣較差的人，遇到了二乘人所教導的解脫道，不能聽聞佛菩提道，因此而發起二乘菩提之心；因爲二乘人有時也會稍微懂一點大乘法，雖然沒有如實知，但知道有菩薩道，也知道修菩薩道可以成佛，所以有時也會跟他講佛菩提道；當他聽說菩薩道很好，他也會發起菩提心。

眞正在二乘菩提中證道的人，不管是須陀洹還是阿羅漢——從初果到四果——眞正證果的人絕對不會批評大乘法不好，絕對不會！他知道自己所修證的解脫道，絕對比不上佛菩提道。如果有人修學二乘法而證果了，結果卻還會繼續指斥大乘佛菩提道，還會否定如來藏，那你就知道：**這個人雖修解脫道，但是一定還沒有證得二乘聖果**。他如果已經證果了，他一定知道這個道理。就好像說：眞正證得佛菩提的人——在大乘別教法中證悟的菩薩們——絕對不會否定二乘菩提的法義，這是一樣的道理。菩薩知道：二乘菩提也是一切菩薩們所應該要修證的，只是因爲還有更深廣的大乘佛菩提要修證，所以就不必急著去斷盡二乘菩提所該斷盡的思惑，但是證悟的菩薩們絕對不會否定二乘菩提的法要。

如果有人在大乘法上弘揚，可是卻一天到晚否定解脫道，勸人不應修解脫道，那麼這個人一定不是眞正證悟的菩薩。如果哪一天，有南洋來的所謂的阿羅漢說：「**大乘法所談的跟二乘法一樣，都只是無餘涅槃的修證，所以沒有大小乘的分別，所以解脫道就是成佛之道。**」你一聽，就知道這個人一定不是阿羅漢，我們從這些蛛絲馬跡裡面，都可以做出正確的判斷。二乘人所教的法——也就是二乘證道的初果到四果的聖者們所教的法——他們也多多少少知道有大乘的佛菩提道，只是沒有深入的去證知，但是他們一定不會去反對。有時候遇到了人，覺得這個人可能適合修學菩薩道，他也會介紹菩薩修行的法道，然後勸往別的菩薩處修學，這就是 馬鳴菩薩說的「或二乘所教」。所以凡是眞正證道的二乘聖人，都不會公然否定大乘法的成佛之道，也都不會把解脫道解釋爲成佛之道的全部，因爲他們都知道阿羅漢並不是佛。

「或見他發心」：或者說他有時看見別人發菩提心，就跟著別人一起發心。譬如有人被好朋友拉到寺院去，他的朋友說：「我今天要去皈依三寶，成爲三寶弟子，你來觀禮吧！」他想：「好啊！我的好朋友既然決定要走這條路了，我就去觀禮。」本來是想「人情不可卻」，所以跟著去。沒想到去到那邊看人家發心，心想：「不錯咧！下個星期天我也來皈依好了。」到下一週時他就來歸依而發起四宏誓願了，這就是「見他發心」。往往有人因爲看見人家發菩提心，心想：「我這個朋友膽子這麼大！敢發這個願：『佛道無上誓願成』。可見佛道一定是很殊勝的。既然佛菩提道是這麼好，他敢發心，我爲什麼不敢？」所以他就去登記歸依了，下一週他也來發菩提心了。三皈依的時候，也就是發菩提心，你們三皈依的時候，都在佛前大聲的跟著師父唸四弘誓願：「佛道無上誓願成」，這就是發菩提心。

但是 馬鳴菩薩卻又開示說：「此等發心皆悉未定，若遇惡緣，或時退墮二乘地故。」這一類人雖然發了大乘菩提之心，在佛像前跪下來發了四弘誓願心；可是這個發心，還不是決定性的。如果遇到了惡緣，比如說遇到景氣不好、生意失敗，也許就會這樣說：「你看！我已經發心要成佛，現在 佛都沒有保佑我，生意都失敗了，我還發什麼四宏誓願呢？我又不是神經病，我才不要發心！」他就不學佛了，把四宏誓願的大心取消了，甚至於改投外道去了。又譬如有時遇到惡緣

——出門不小心被機器腳踏車撞上了，他就埋怨說：「發什麼菩提心？佛、菩薩都沒有保佑我！」又退心了。

或者有時遇到外道，跟他講了一些雜七雜八的東西，心裡想一想：「人家那個人說可以修學氣功健身，還可以因爲修學氣功、明點而發起神通，那有多棒！學佛卻只是無爲法、無所得法，我看還是學那個人說的密宗氣功明點好了，不要學佛法了！」他根本不知道修鍊氣功是發不起神通的，根本不知道修明點也是發不起神通的；密宗說氣功和明點的修行可以發起神通，都是騙人的。他正因爲貪求有爲法，貪求有境界法，所以遇到藏密惡緣時就退轉了。也許後來有一天，遇到有人跟他講：「菩薩道太難修了，光是明心或見性，你根本就不可能啦！修學南傳佛法的四念處觀，還比較實際一些。」想一想：「也對啊！說什麼人明心見性了，可以拿經典來對照，我想應該都是假的吧？既然這樣，根本就不可能眞的進入大乘佛門嘛！算了！算了！我還是聽他的話，去學二乘菩提、學解脫道吧！」這麼一聽，心中不能決定於大乘法中修學，就是「或時退墮二乘地故」，就退轉了，退到二乘菩提去了。

所以說，學佛人發心不決定，那也是很常見的事；因爲他們還沒有具足使自已成為**菩薩種性**、**佛種性**的勝因，所應具足菩薩性的過程都還沒有修行，也就是十信位的修行仍然沒有具足圓滿，因此有這種退轉的事情，所以還無法成為信不退的大乘佛弟子。

論文：【復次，信成就發心，略說有三：一、發正直心，如理正念眞如法故。二、發深重心，樂集一切諸善行故。三、發大悲心，願拔一切衆生苦故。】

講解 第二個部分，就是說佛弟子在信位中所成就的發菩提心，把它歸納起來大略有三種：第一種、發正直心。發正直心，就是修學禪宗的禪，想要證悟實相般若，想要明心，這叫作發正直心。馬鳴菩薩會說這叫做「發正直心」，是有用意的！為什麼不說發上進心、發菩提心、發勝進心……等等？而要說為發正直心呢？因為學人所要證悟的這個眞如心，祂是絕對正直的；你如果想要騙祂去做什麼壞事，那是跟祂不相應的；假使跟祂說：「這個花盆很漂亮，你也來欣賞欣賞吧！」祂不會跟你一同欣賞的；你說：「這個音樂太妙了，所謂『此曲只應天上有，人間哪得幾回聞？』你也來聽聽吧！」祂也不會跟你一起聽的；你要祂來執著人間的法，祂決不跟你一起執著的；更何況想要祂欺騙衆生、欺騙上師等，祂絕對不會這樣作！祂始終無貪無取、不偏不倚，祂自始至終都是這樣的正直心啊！既然祂是這樣的正直心，你想要證得這個正直心，那就得要自己的心也是正直的；假使自己的心是歪曲的，就一定會以自己歪曲的心性來尋覓眞如心，也會誤以爲眞如心和自己一樣的會想東想西、會有貪厭等心性，那又如何能跟祂相應呢？

縱使有一天眞的證得眞如心以後，你絕對沒辦法承擔說祂就是眞如心，你心中想的是：眞如心和離念靈知心一樣會覺知六塵、會有和離念靈知心一樣的離語言文字的貪厭心性；所以縱使聽到眞如心的密意，縱使證得祂以後，你一定會說：「這個善知識教我親證的這個心竟然就是眞如心，眞是笑死人了！祂又不知六塵、不領受六塵，像個痴呆的白痴一樣，說這個叫做眞心啊！我才不信咧！」正因爲那個眞如心跟你所想像的眞如心截然不同，完全不一樣，所以就不信受。眾生所想像的心，是喜歡好看的、喜歡好聽的、喜歡好吃的、喜歡穿起來是細軟感覺的，都是喜歡人家說奉承的話，讓自己聽起來好舒爽；都是喜歡有覺有知、有喜怒哀樂的心，他們所想像的眞如心都是類似凡夫意識覺知心，都是有貪厭與取捨的心；這都與 佛所開示的完全不同，眾生的所認知的眞心，總是這樣誤會的啊！可是這個心的體性都跟眞心不相應，不捨棄這種錯誤的認知，就很難證得眞心；

眞心永遠都是直心而行，從來不彎曲的，所以《小品般若經》裡面稱眞心爲「不念心」，從來不憶念一切法；又稱爲「非心心」，說祂叫作**不是心的心**，講的就是這個道理。所以你如果想要證悟這個心，就得要發正直心：心得要正，不諂曲、不彎曲。發正直心的人才能夠去證得祂，證得祂以後才不會退轉。

爲什麼 馬鳴菩薩說想要使信心成就的話，先得要發正直心？因爲必須「如理正念眞如法故」。有一天，當你證得眞如心的時候，其實是由於你發了正直心，不認常常會扭曲、會亂想心思的**覺知心自己**是眞心，所以你才可能跟眞如心相應。現觀眞如心之後，你會這樣說：「果然這才是我要證的眞如心，這個眞如心眞的就是這樣清淨正直的心。」這個時候，你就敢堅定的發起成佛之心了。你證得眞如心了，你說：「佛也是證得這個眞如，我也是證得這個眞如，那我成佛是有希望的。」這個時候眞的是信心百倍了，敢拍胸膛：「我將來一定可以成佛，因爲我已經證得眞如了。現在只剩下眞如裡面的種子，把它轉一轉、變一變，變到究竟清淨時，我就成佛了啊！」終於找到了這個眞心了！這就是講，什麼樣的人會發起這種正直心呢？就是禪宗裡眞正想要求證眞如心的人，而不是專在表相上分別：「究竟是哪個道場比較大？是哪個法師、居士的名氣比較大？哪裡的供養比較多？」然後去找那些大名聲的凡夫大法師求法。眞正追求正法的人，他會先冷靜的判斷：**誰所說的法才是眞正的了義法？誰的法是跟經典可以印證的**？他會先用經典聖教去檢驗大師們，然後才會認定某某人所說的法義是眞正的了義法，才會決定跟他學，這樣的人才叫作發正直心。

第二個信成就的發心是**發深重心**。深重心就是說，這個人樂於修集一切善行而不退轉；最好的現成例子，在台灣就有了：「慈濟功德會」的老會員中，至今還沒有退離修集一切善法的人們，就是這樣的例子（離開慈濟而繼續在佛法上用心，繼續修集一切善法的人都屬於這種人）。特別是慈濟的委員們，他們一天到晚忙眾生的事，忙得不亦樂乎；身體雖然很累了，但是心情很愉快，這就是「樂集一切諸善行」的佛弟子。經由這種樂集一切諸善行的過程，他們漸漸的累積了將來見道所應有的福德資糧；未來的某一天，因爲他們這樣努力修集福德，使得見道的福德資糧終於具足了，就一定會想起來（當他的福德資糧還沒具足時，他不會想起證道的事情；當他見道的福德資糧具足的時候，他就會這樣想）：「我那麼辛苦的每天爲眾生奔忙，說這樣就是學佛，可是我這樣學佛的目的在哪裡？我眞的懂得般若了嗎？我眞的證到解脫境界了嗎？這樣修行是不是眞的可以成佛？像這樣子努力的行善豈不是和外教的行善一樣？難道這樣行善就是在學佛嗎？」有一天，他的見道福德具足了，就會開始探究；探究的結果，他一定會努力的蒐集善知識們的著作，努力的到處去聽聞佛法，看有什麼道場可以幫助他見道：**不是只有在財施利益衆生上面，也要在佛法的菩提道上面去求眞修實證。**

當然一定會有一天，終於讓他聽到正理：「佛法就是修學解脫道。」有一天又會聽到第一義諦的了義正理：「佛法就是修學佛菩提道，成佛之道就是修證第八識的一切種智。」他就會開始認眞的熏習了義正法的妙理，也會開始整理探究，最後終於認清楚佛法的內涵。然後他就勇猛直前的開始往這條路上前進，這就是發深重心。一個人肯在一、二十年中不斷的利樂有情，不斷的爲衆生的安樂而做事，沒有抱怨過，沒有退卻過；有一天發起探究佛法正理的時候，就是他發深重心的時候到了。我們這裡就有幾位這樣的慈濟委員，他們就是這樣子啊！他們對於利樂衆生的事情，從來沒有退卻過；後來終於起心探討佛法的內涵，找來找去，最後就走進正覺同修會這條路來，這就是以**發深重心爲緣**而發起佛菩提心——「樂集一切諸善行故」。

「三、發大悲心，願拔一切衆生苦故」：第三種發心就叫做**發大悲心**，那是因為他願意拔除一切眾生痛苦的緣故，因此而發菩提心。

前些時候，在網站論壇上面，有一個人是學五術的；五術在道家裡面蠻重要的，就好像我們佛家講五明，大約是相同的地位。這個人對西藏密宗的法義有較深入瞭解，曾經說藏密是邪教，所以有人請求他：「**請你出來破邪顯正、救救眾生，免得那麼多人被西藏密宗所誤導！**」他說：「**我衡量自己的份量不夠。西藏密宗是個大馬蜂窩，如果沒有十足的把握，這個馬蜂窩是不能亂捅的。所以就留到以後讓有能力的人去做吧！**」他雖然不敢捅這個馬蜂窩，因為藏密確實是超級大的馬蜂窩，但是他卻敢在網站上略說，以自己所知來救護某些人。這意思就是說，他是有那個悲心的，但是自覺「沒有那個能力」——沒有應付藏密喇嘛團體的能力，所以只好說：「**留給有能力的人去做。**」密宗的大手印、大圓滿，以及他們所謂的無上密的心中心法，你如果沒有完全瞭解他們所謂的無上密，光從表相上要去破它，那也真的是很困難。所以，他很聰明的說：「**這個大馬蜂窩留給有能力的人去捅，我暫時不與密宗正面衝突。**」

這意思是說，肯發大悲心的人其實是不少的，但問題是：「有沒有那個應付的能力？」如果沒有對付藏密龐大邪見團體圍剿的能力——破邪顯正的智慧不具足的時候——光靠勇氣與悲心是不足以成事的，這時明哲保身、以求日後有能力對付藏密，這是正確的。你本身要有勝妙的智慧，有智有勇，才能成就那個事業；有勇無智，光靠謀略也沒有用；有勇無謀，也還是沒有用。在世間法上，如果有謀略，就可以成功；但是在佛法上面，你必須要有眞實的證量，才能夠做這件事。所以說，**發大悲心**是有許多人能發起的，也是願意去做的；但是有些人能力不夠，就要靠我們來加以扶植，來幫他們建立正確的見地，助他們生起種智上的妙慧，然後他們才有把握、才有能力出來破斥邪見以救眾生。在我們同修會中，未來將漸漸的會有這種人出現；不會是只有我們一、二位親教師而已，還漸漸的會有許多這種人出現。請諸位把眼睛擦亮，拭目以待，將來會證明我說的話都是眞實不虛的。以上所說，是得道正因裏面的信成就發心，共有三大類。接下來 馬鳴菩薩轉從理上來作辨正，他以問答的方式說明：

論文：【問：一切衆生一切諸法，皆同一法界，無有二相；據理但應正念眞如，何假復修一切善行、救一切衆生？】

講解 現在有人提出問題啦！其實這個問題，也是因爲他聽說過：「一切眾生，展轉所生的一切諸法，都是同一個法界。」同一個法界當然指的就是這個眞如法界。既然都是同一個法界，沒有二相：你也是這個眞如法界，我也是這個眞如法界；同一個法界而沒有二相的話，那麼根據這個道理來說，我們只要正念眞如就可以啦！又何必再加修一切善行？又何必再發大悲心來救護一切眾生？

問者的意思是說：「我們都只要悟得眞如心就可以啦！何必再假藉另外加修一切善行才能成佛？又何必再藉無量的善行來救一切眾生以後才可以成佛呢？沒有必要啊！因爲理上既然都是一樣的眞如心，既然找到眞如心時，理論上就完全相同了，那就可以成就佛道了，又何必悟後再修一切善行呢？」這個問題，在印度古時 馬鳴菩薩就已經寫出來囉！由此可見，顯然不是一悟就可以成爲究竟佛的！可是《六祖壇經》裡面卻還在宣示：「一悟即至佛地。」假使說六祖是方便說，還是可以的。但問題是：有很多人根本都還沒有眞的證悟，就把六祖的方便說認作究竟說了，就拿這個方便說來證明自己的邪見一定是正確的：「你們看！《壇經》不是講『一悟就是成佛』了嗎？爲什麼你們正覺同修會還要講悟後起修？可見你們的『悟』都是錯誤的『誤』，不是開悟的『悟』。」初聽起來，好像說得很有道理啊！因爲六祖大師他是從菩提達摩這樣一代一代印證下來的啊！說的應該沒有錯啊！既然沒有錯，似乎開悟時應該就是究竟佛了。

所以西藏密宗的喇嘛們都會說：「證悟了就是成佛啦！」所以創古仁波切在書中自稱「全然開悟」，又叫做「圓滿正覺」。密宗的書裏面，他們常常這麼寫的啊！至於他們有沒有悟，且先不管他（編案：全都沒悟。詳見《宗門道眼、宗門血脈》之舉證與拈提）。單說禪宗裏面，就有好多祖師說：「《六祖壇經》講：『一悟即至佛地』嘛！所以悟了就是成佛啦，悟後就不必再修行了！」就這麼公開的說了，然後就有許多人也跟著相信了，這樣錯誤的知見就一直沿襲下來。

所以惟覺法師說：「悟後還要再修行。」自在居士就在內部刊物的月刊裏面反對說：「惟覺法師講這個法是不對的，悟了就是成佛了，爲什麼還要修行？所以他的開悟一定不正確。」可是你看，在古時的西天，老早就有人提出這個問題了，馬鳴菩薩就已經把這個問題提出來討論一番了。可見自在居士那些人，眞的是經也不誦、論也不讀，就將祖師的方便說當作究竟說。那麼 馬鳴菩薩對這個問題是怎麼回答的呢？

論文：【答：不然！如摩尼寶本性明潔，在礦穢中，假使有人勤加憶念而不作

方便、不施功力，欲求清淨終不可得。眞如之法亦復如是，體雖明潔具足功德，而被無邊客塵所染，假使有人勤加憶念而不作方便、不修諸行，欲求清淨終無得理；是故要當集一切善行、救一切衆生；離彼無邊客塵垢染，顯現眞法。】

講解 這一段論文的意思，對已經明心的人來講，是簡單的事情啊！因爲你所證驗到的，本來就是這樣；可是還沒有找到眞如心的人，就會覺得這段話是有毛病的。所以就有人落在意識心裏面，然後就用意識心來評論這個《起信論》說：「這部《起信論》的論文中，自己互相矛盾，竟然說自性清淨心而有染污；既是自性清淨心，當然應該是無染污的，這部論顯然是外道假藉馬鳴菩薩的名義寫出來的邪見邪論。」可是實際上並不是這樣的！

這意思是說，就好像是摩尼寶珠，本身是光明的、清淨的，但是因它還在礦中，還有種種的垢染，所以看不見它的清淨性，所以凡人不曉得它裡面的清淨性。譬如一般人看見了石頭，一定會嫌石頭擋了他的路；可是有寶石智慧的人看見了那個石頭，他卻說：「這是一顆大寶石欸！」就珍重的收藏起來。不懂的人就厭惡那顆石頭：「這石頭怎麼在路上擋著路呢？」他不認得是寶石，反而找來木棍，把它撬到山溝裏面去了。假使是有智慧的人，會跟他說：「你不要撬！你不要撬！這是顆寶石，你不要嫌它重，把它扛回去吧！絕對划得來。」但是沒智慧的人偏就不信。那個人只好說：「你要是不信，我敲開給你看。」他就另外搬了一顆大石頭把它一敲，碎成兩半：「哎呀！裏面眞的是寶石欸！」這才相信了。

同樣的道理，沒有悟的人不曉得眞如心的本來清淨性，就好像那個寶石外面有泥巴雜物顯得很髒，但裏面則是清淨性的；沒有悟的人不曉得這個眞如心的清淨性，因爲還沒有找到祂，無法現前觀察而證實祂。等他們找到的時候，就會發覺：「原來祂的本性是清淨的，祂一點染污都沒有。」但是，這個沒有染污的意思，是講眞如心自身的體性；祂這種清淨的自體性，伴隨著有情眾生不斷的在現行、在運作，可是有情眾生卻從來都不知道祂的存在；有情眾生們一向都把祂據爲己有，每天用祂、卻不知道祂的存在，所以禪宗祖師們才叫做「日用而不知」。你們還沒破參的人也一樣，每天都在使喚祂，但是卻不知道祂在何處，因爲你們都是把祂據爲己有：「這個就是我。」卻不知自己是如何把祂據爲己有的。

眞正證悟的人找到了這個眞如心的時候，他發覺說：「原來我眞的是從祂所生。祂出生了我以後，我是染污的、不斷攀緣的、執著的、不清淨的；但是祂生了我之後，祂跟我在一起運行，卻一直都是清淨性的；祂也有祂自己所擁有的自性，並不是一個想像的東西。」這就是初證悟的人所知道的。就好像那個愚人不知道外表污穢的寶石其實內裡是清淨的，同理，還沒有悟的人也不知道眞如心自體的清淨性；等到有一天終於找到祂了：「啊！祂眞是清淨性的，可是卻含藏了染污性的我，我所有的種子都在祂裏面。所以，祂裏面就含藏了我這個不清淨性，我是不清淨的，而祂是清淨的！清淨性的祂與不清淨性的我，和合並行的運作，所以 佛才會說自性清淨心而有染污。」就這樣，清淨與不清淨是混在一起的。

那要怎麼樣去分出祂的清淨性？要怎麼樣去分出祂自己所擁有的自體性？就好像是一杯牛奶裏面，你要有智慧把它分出來：哪些部分是牛奶成份？哪些部分是水的成份？一杯牛奶裏面一定是有水、有奶的啊！有智慧的人就能夠分得清楚。當你找到眞如心時，你有了這個智慧，而能夠在水中把乳的成份分清楚，能在眞妄和合當中把眞心分析出來，禪宗祖師就說你是「鵝王擇乳」。

有一個傳說，說有一隻鵝王，牠在水裏面，可以喝到水中的牛乳，牠吃的是最有營養的食物；但是一般的鵝，就只能喝水，牠們在水裏面喝來喝去，永遠都找不到乳，只有鵝王才能擇乳而食，這叫做鵝王擇乳。同樣的，在眞心與妄心和合運作當中，你怎樣去把眞心分離出來：明確指出自己的眞心所在。這就是證悟者破參的所在。你能夠在眞心妄心和合而一起運作當中，去找出眞心而能依止祂，不退失、不否定祂，那你就是破參明心見道的人了。這幾句話是禪三前送給諸位的禮物，是給你們一個方向；那你們功夫作好了的人，今天你就得要開始參究了哦！一直到了禪三道場還得繼續參，一直到你被印證爲止。

所以馬鳴菩薩說：假使有人對眞如心勤加憶念，卻不作種種證悟的方便、不施加功力，欲求清淨終不可得。同樣的，證悟的人也知道這個狀況。好像摩尼寶珠的本性是光明清淨的，你把它找出來了，但是還得把它打磨亮了，才能夠顯示出它的清淨光輝的本性。可是當你剛找到它的時候，它是在污穢的礦土當中，如果有人勤加憶念說：「這顆石頭裏面就是摩尼寶啦！摩尼寶出生了！」卻不去做各種方便加行：不願意加以切割、打磨——不肯施加各種的功德力，就想要得到它的清淨性、光明性，終不可得，它仍然會呈現一顆臭石頭的外表。你光憑憶念就想要獲得它的清淨性，是不可能的。

「眞如之法亦復如是，體雖明潔具足功德，而被無邊客塵所染，假使有人勤加憶念而不作方便、不修諸行，欲求清淨終無得理」：眞如心之法，也同樣是這個道理。眞如心本體，祂有祂的自體性；祂的自體性雖然一直都顯示出光明清潔的體性來，但是祂又具足了種種無漏有爲法上的功德；而祂心體裏面，同時也含藏了七轉識種種的遍計執性、種種貪染污穢的種子。由於含藏種種七識心的貪染種子的關係，所以說祂被無邊的客塵所污染。

爲何叫做客塵呢？客塵是說，這類煩惱是從身心外面攀緣進來的；它在我們心中也是來來去去、不斷的變換而不是常住在心裏面的，所以叫做客塵。《楞嚴經》中說主人是什麼呢？一般人都把七轉識自己當作主人，不知道把眞如心當作主人。可是七轉識是在眞如法的表面上來來去去而運作的，客塵煩惱法也是一樣，一直都是在覺知心中來來去去，而不曾有一個客塵所攝的煩惱是常住在覺知心中的，都是在覺知心的層面上來了又去、去了又來，如同客人一般；而覺知心也是來來去去的生了又滅，滅了又生。但是，在覺知心生滅來去、客塵煩惱不斷來去的同時，卻另外有一個常住的心，始終不來不去，而且沒有客塵煩惱在祂心中來來去去，那個心才可以叫作眞正的主人；那個眞心始終不來不去，所以祂才叫做常住；始終沒有客塵煩惱在祂心中來來去去的相應，所以是自性清淨心。

我們常尊稱僧寶爲「常住」，是說僧寶爲寺院的常住者。然而什麼才是法界中的常住？當然是眞如心，眞如心才是法界的常住者，祂才是正主兒。至於七轉識所相應的煩惱，這些煩惱一直都是在覺知心上來來去去而不能常住的；當你修定修得好的時候，客塵上的煩惱暫時離開了，把客塵煩惱暫時伏住了——不是斷除了——可是我見還沒有斷除啊！因此當定力退失了，客塵煩惱就又回來了：這一剎那貪著這個法，下一剎那又貪著另一個法；這種我所的煩惱一直來來去去的變換而不能常住，所以叫作客塵。正因爲它們不是常住而唯一的煩惱，是攀緣於外塵而有的，也是不斷在變換、不斷來來去去的，所以叫做客塵。客塵不同於我見與我執的常住覺知心中，如同客人一般的來來去去，所以才稱爲「客」塵。

而這些客塵種子爲什麼會進入到眞如心裏面去呢？就是因爲過去無量世以來，這個七轉識一直在六塵萬法中不斷的攀緣執取六塵；攀緣執取的結果就產生了這種習性，這種習性種子就落到第八識裏面保存起來，所以第八識眞如心保存了七識心相應的這些貪染性種子；可是祂自己呢？在七轉識現行貪染的狀況裏面，祂自己卻是表現出祂不與七識心同流合污的清淨性。在覺知心意識與作主的意根等妄心運作時，祂仍然有祂自己的心行現前運作，所以祂不是想像中的「虛空、空無」的緣起性空；絕對不是像密宗黃教的古今祖師所講的：「**五蘊緣起性空，十二處緣起性空，十八界緣起性空，因爲其性空無所以是空性。**」那是誤會佛法者所講的妄說。空性也不是他們所講的：「**緣起性空即是空性**，在這**空性**當中，就自然會有五陰、十二處、十八界出生；但都是緣起性空，般若就是講這個道理，所以般若就是**性空唯名**之學。」這其實都不是眞正的「空性」，這是落到蘊處界空的「空相」裏面去啦！

所以說，眞如心是確實有祂的自性在運作的，祂有許多的無漏有爲法在運作，所以祂的自性是清淨性的、祂是離六塵見聞覺知的、祂是涅槃性的、祂不貪染一切法。但是祂除了不貪染之外，祂也不討厭一切法，祂就是這種中道性。因爲這個緣故，所以在七轉識產生貪染、遍計執的時候，這個如來藏阿賴耶識——眞如心——祂自己現行運作的時候，卻仍然是保持自己的清淨性；但因爲祂含藏了七識心的無邊貪染種子，因此說祂被無邊的客塵煩惱所染污。

假使有人明心開悟了以後，找到眞如心了，知道自己的眞如心體性了，可是悟了以後只是勤加憶念：「我找到眞如心啦！」每天就歡喜：「這就是我的眞如心啦！祂應該會自動幫我成佛，不必我來進修一切種智、修集福德、滅除煩惱。」他只是想著：「我所找到的眞如心與 佛找到的眞如心是一樣的第八識心。」卻不作種種方便而修行諸行：不願施設各種的善巧方便去斷煩惱，也不修各種心行去斷煩惱，就想要眞如心所含藏的七識心染污種子自動變成清淨性，但是自始至終都不可能有這個道理的。

「是故要當集一切善行，救一切眾生；離彼無邊客塵垢染，顯現眞法」：由於這個緣故，所以這裡用「要當」二字；就是「必須要」的意思，而且是在悟後的「未來」應該要做的事。要怎麼做呢？要在當來修集一切善行，也就是悟後要依四宏誓願去確實的履行啊！那就是法門無量誓願學、眾生無邊誓願度——還要救護一切眾生，不讓他們落入外道我見與斷見中啊！換句話說，你如果還沒有悟，不知道眾生已經被誤導了，那麼救眾生離開被大師們誤導的我見，這件事情就與你無關。如果你知道某些大名聲的法師居士在誤導眾生，正在共同把佛教引向外道的常見法上面去，那麼破邪顯正的事情可就跟你大大的有關係了。

我以前剛悟了的時候，曾經有人告訴我一些大法師正在誤導眾生、弘傳常見外道法的事情，但是我當時認爲這件事情與我無關，我並不想去破斥大法師、大居士們。但是幾年以後怎麼又會跟我有關了呢？因爲我弘法時一直都讚歎人家，結果人家說：「嘿！你讚歎我們，表示你承認我們的法正確；可是你所悟的心卻跟我們的離念靈知心不同，所以你當然是錯了。」就不斷否定我們弘傳的 世尊正法，所以眞的沒辦法和他們和平相處，由於一直被大力的否定，就不得不辨正法義，所以現在就變成跟我們有關了；因此我就不得不摧邪顯正，這也是被逼上梁山啦！

一般而言，被逼上梁山的人，往往是他們自己也有一些不太合乎規矩的事，所以被人藉機逼迫，你們如果讀過《水滸傳》就知道了。可是我們出來弘法到今天，一點點不好的事情也沒有啊！我既不收金銀珠寶錢財的供養，不接受頂禮，又不曾接受任何女行者的色身供養，也不管會裡的財務、帳目，也不經手護持款，從來不碰觸會裡的錢財，都是把任何一分一毫的錢財全部用在弘法利眾上面，而且我還反過來和大家一樣的出錢、出力護持；像這樣清淨的弘法，清淨的利樂眾生，也會被逼上破邪顯正的梁山，從這裡就知道眞的是五濁惡世啊！如果那些大法師、大居士們都實事求是而不否定正法的話，就不會否定我們所弘揚的 世尊正法，我就不會被逼上梁山而對他們破邪顯正了！

說老實話：他們會不斷的誣蔑我們的正法是邪法，其實只有一個原因，就是我們的正法弘揚出去以後，使得眾生知道他們所謂的開悟，都是錯誤的開悟，都是落在意識心上面，都是誤導眾生，都還沒有斷我見，連聲聞初果的證量都沒有，根本不是聖人；這樣一來，就威脅到他們的名聞與利養，就使得他們的法眷屬對他們所謂的開悟證果的事情生起疑心了，所以他們才會對我們所傳的 世尊正法加以誣蔑，把正法謗成邪魔外道法。不過從另一方面來說，這卻是眾生的福氣，因爲他們否定正法的緣故，所以就有一些法義辨正的書籍被我寫出來了，大家就可以更深入的了知佛法的理路，因緣就是這樣的發展。所以剛開始時，我們沒有那個破邪顯正的意願，卻被逼得一步一步走上這條路來；這條路一走上去，可就是不歸路，回不得頭，沒辦法回來再當濫好人啦！

但是我們這種破邪顯正的行爲，其實就是 馬鳴菩薩所講的「集一切善行、救一切眾生」的正行，因爲你已經知道：「眾生被大師誤導了！走錯路了！跟著大師成就大妄語業了！」假使只是路走錯了，倒也不打緊，偏偏個個都堂而皇之的大拍胸脯說：「我是證悟的聖人！你們跟著我走就對了！不要讀蕭平實的書，他的書有毒，不要相信他。」這是大妄語，也是誤導眾生，更是斷人法身慧命啊！他們未來世可就完蛋啦！有的大法師就因爲他們所「悟」的內容與我書中寫的不一樣，因爲我在書裡寫的法義已經顯示他們都還沒有斷我見，也還沒有找到如來藏、還沒有證悟，所以惱羞成怒，就把如來藏正法否定掉，就變成一闡提人（也就是謗菩薩藏而變成斷善根人），這種謗菩薩藏的罪，是比大妄語更重的大惡業啊！

我們想要救他們，寧可在他們活著的時候先得罪他們；得罪了他們以後，他們當然會很用心去研讀我的著作，尋找問題；然後他們隨著年紀越來越大，終究有一天會想：「嗯！現在承認悟錯了，眞的很沒面子。或許我可以捨報的時候再承認，那也還來得及嘛！」只要起了這麼一念，我們也就算是救到他了；因爲他捨報時當眾聲明，比如說，也許他寫好一張東西，裡面說：「我這個法是錯誤的，以後你們不要再學、不要再流通我的書啦！」可是活著的時候一定會覺得好沒面子，等到死後再將懺悔的文章公開，無妨也是一件懺悔的善事啊！這樣，也可以讓一些迷信的眾生跟著回轉嘛！所以，這個就是救一切眾生。破邪顯正不是只有救那一些被誤導的眾生，也是救了那個被我們所摧破的假善知識、也救了他本人，這才叫做救一切眾生嘛！（編案：此是2001年初所講。後來現代禪李元松老師發起菩薩性，在**捨報前**以短文廣寄台灣與大陸各大道場，公開懺悔誤導眾生的事，而不是以**遺書**的方式來懺悔，這樣不顧面子而挽救被誤導的眾生，令 平實導師極為敬佩。）

這樣集一切善行、救一切眾生，就可以使自己漸漸的離開無量無邊客塵上的污垢和貪染。爲什麼叫「無邊」呢？因爲每一個人從無量的過去世熏習累積下來的邪見煩惱，以及無量的煩惱習氣種子非常之多；這些垢染累積下來，都在第八識裏面收藏著，所以叫做無邊的客塵、無邊的污垢、無邊的貪染。這些垢染漸漸的消除以後，眞如心的種種功德性，也就是諸地菩薩的增上慧學、增上心學、增上戒學……等等，乃至佛地的一切種智與無邊的無漏有爲法，就會一分一分的出生與顯現出來：由你的眞如心含藏的種子清淨之後而出生與顯現出來，這就是 馬鳴菩薩說的「顯現眞法」。就好像一顆寶石的原石，你得要經過切割、打磨、抛光，然後它的清淨性與燦爛奪目的功德，才能夠顯現出來。所以絕對不是你方才證悟明心了，就算是到達佛地了，絕對不是！所以不要把《壇經》裡的方便說，拿來做爲究竟說；不然，就被它所耽誤了。

論文：【彼方便行略有四種：一、行根本方便，謂觀一切法本性無生，離於妄見，不住生死。又觀一切法因緣和合、業果不失，起於大悲修諸善行，攝化衆生不住涅槃，以眞如離於生死涅槃相故；此行隨順以爲根本，是名行根本方便。二、能止息方便，所謂慚愧及以悔過；此能止息一切惡法令不增長，以眞如離一切過失相故，隨順眞如止息諸惡，是名能止息方便。三、生長善根方便，謂於「三寶所」起愛敬心，尊重供養頂禮稱讚，隨喜勸請，正信增長；乃至志求無上菩提，

爲佛法僧威力所護，業障清淨善根不退；以眞如離一切障、具一切功德故，隨順眞如修行善業，是名生長善根方便。四、大願平等方便，謂發誓願盡未來際平等救拔一切衆生，令其安住無餘涅槃；以知一切法本性無二故、彼此平等故、究竟寂滅故隨順眞如，此三種相發大誓願，是名大願平等方便。】

講解　前面一段論文是從理上來說的，接下來好長的這一大段，都是從事相上面來說的。事相上面說明修行的「方便行」有四種，這四種方便行，就是教導衆生在信位中栽植將來得道的正因——我們這裏講的都是「如來的得道正因」，不是講證得二乘菩提的解脫道正因。想在未來無量世以後成就佛道，想在今世或來世得到如來的佛菩提道的證悟，所修的種種行，一定要是正因；偏因只是個助緣，比如說布施財物幫助衆生、修諸世間善法利樂有情、孝順父母慈愛子女、恭敬上師尊敬長輩……等等，這些都是成就佛道的偏因、助因，與佛法的親證沒有直接的關係，所以都不是正因。正因則是在佛法上面直接切入的，這才叫正因。想要證得佛菩提道，必須正因與助因都具足了，才可能證道。得道的正因，始從信發心的修行過程中就已經開始啦！這個事相上的得道正因，就是講熏習正見、修學正法，作爲將來證悟般若的前方便；如果修學的是常見、斷見、雙身法等外道見，就會越學越遠離正法，當然不是將來證道的正因。至於在正法上面所應熏習、所應實行的，就是 馬鳴菩薩所講正因的四種方便行。

第一是在修行上面，應該要「行根本方便」，也就是從根本上面作種種方便來觀行之。因爲還沒有證得眞如心，所以當然只是方便的觀行，不可能是眞實的觀行；做方便觀行的原因，就是因爲還沒有證得眞如心，所以無法在眞如心體上面做如實的觀行，這就是悟前所作的眞如心的方便觀行。在佛法根本上面的方便觀行是說：去觀察一切法，它們的本性無生。

還沒有證得眞如心時要怎樣觀察一切法本性無生？這就是我們《眞實如來藏》所寫的，藉著種種事相去觀察：**我們的意識覺知心，祂是恆常不壞的嗎？**先有了第一個問號，然後再去確實的觀察，發覺祂並不是恆常不壞的。最簡單的觀察是：晚上眠熟無夢時祂就斷掉了，顯然祂不是恆常不斷的。既然不是恆常不斷的，睡著時祂就不存在了，可是，爲什麼第二天早上祂又會再度出現？是什麼原因使祂能再度出現的？沒有智慧的人就說：「**祂晚上消失了，明天早上自然就重新再出現啦！**」他們說是「自然」，我們就說他是**自然外道**，《楞嚴經》早就這麼破斥過了！

也有人說：「不！因爲有意根，也有法塵爲緣，所以明天早上這個意識就又出

現啦！不需要如來藏。」那我們就說：「這人叫做因緣觀的外道。」《楞嚴經》中也是早就破斥過了！因爲外道講因緣觀時也是這麼講啊！可是 佛說的因緣觀不同於外道所說的因緣觀啊！ 佛說的因緣觀是以第八識如來藏爲「因」，然後藉意根、法塵相觸爲「緣」，才能出生了意識，所以第二天早上意識又會再度出現啦！你能夠這樣確實去觀行，就是二乘菩提識蘊空的現觀，這才是 佛所說的因緣觀。

我今天跟諸位講過啦！你們就能夠觀行識蘊空啦！可是！我們寫《眞實如來藏》時，偏在理論上，沒有把觀行的方法寫出來，有幾個人眞的能懂得如此觀行？不懂啊！所以我們先把理論寫出來，讓否定如來藏的人，不得不在心裡面先承認：「你講的如來藏實有的主張，是正確的！」讓他們心中不得不承認確實有如來藏，雖然他們口中仍然不服。他們既然承認你所講的法是對的，那就不能夠再來否定世尊的如來藏妙義了嘛！然後你再告訴他們：「你要好好的參禪，要去尋覓自己本有的如來藏。這樣，你所弘揚的二乘菩提正法就可以屹立不搖，沒有人能把你推翻，沒有人能把你判定爲斷見外道法。」

這就是說，第一個問號出現而且被你確實觀行而確認意識心虛妄以後，我見斷了，接著生起第二個問號：意識心從哪裡出生的？確實有第八識如來藏嗎？起了第二個問號以後，就在一切法的本性無生上面去做觀行：要觀察出一切法都是從如來藏中出生的，都是圍繞著如來藏而運行的，本來都是屬於如來藏的法性，所以一切法雖然表面上看來有生有滅，但其實都是依如來藏而現有生滅；既然一切生滅有爲法都攝屬從來不生滅的如來藏所有的法性，依如來藏而觀一切法時，就說一切法本來無生。但是這個觀行也不容易現觀啊！得要有人教。沒有人教的話，誰會觀行呢？

其實在四阿含諸經中，已經處處隱覆密意而說到一切法都是從如來藏中出生的，只是印順、昭慧……等大法師們讀不懂，就大膽的否定法界根源的如來藏實相心；他們都沒想到：「意識第二天再度現起，不單是要有意根與法塵相觸爲緣，還得要有如來藏作生起因呢！」他們都沒想到。等到《眞實如來藏》寫出來時，經過一番求證而作的觀行，才肯私下秘密的想道：「原來是這樣，還眞的非祂不行咧！」你如果能夠這樣觀察：「一切法都是從意根、法塵、意識的和合而輾轉出生的。意根、法塵和意識，又是緣於如來藏而生，意根、法塵又無法執持任何種子，無法執持意識心的種子，不可能出生意識覺知心，所以一定另外有一個心是執持意識心種子的；這樣看來，意根、意識、法塵的種子當然都是意識、意根、法塵以外的另一個心執持的，那一定就是如來藏第八識心了。意根、法塵、意識及一切法都是有生之法，可是如來藏本來不生啊！所以一切法的本性也是無生的嘛！」所以，一定是依如來藏心體而有這個現象：如來藏常住的緣故，所以任何一法都是今天滅了無妨明天再現起，今生斷了無妨來生再現起，所以，一切法儘管生生滅滅，可是祂們的本性卻是隨著如來藏而本來無生的，這樣觀行完了，你就離開了妄見。

這裏所說的妄見，主要在說，二乘聖人對於**涅槃空**的貪著，而說他們對涅槃的不能如實了知，所以對涅槃起了妄見，所以說他們是「妄取涅槃」。實際上，斷了我執以後，捨報時你何必取涅槃？你在生生滅滅的當下，眞如心就已經是不生滅的，不需要你去取涅槃才叫不生滅的涅槃；而你入了無餘涅槃以後，也還是眞如心單獨存在的境界，也仍然不是見聞覺知心的你住在無餘涅槃中，所以根本就不需要你去取涅槃，所以二乘聖人入無餘涅槃，眞的是「妄取涅槃」。這樣從眞如心如來藏的自住境界而如實的觀行以後，你就離開了二乘聖人對涅槃的妄見；你離開了涅槃的妄見，就可以不必像定性的二乘聖人一樣的永遠住在無餘涅槃裡面了，也可以不必像凡夫眾生一樣的住在生死裡面了嘛！

二乘法中說阿羅漢離開了生死，但是從實際理地來講，他們其實卻又沒有離開生死。爲什麼呢？因爲他們認爲生死是眞實有、眞實存在的！因爲誤認爲生死眞實有，所以他們才要離開生死、要遠離生死。菩薩則認爲生死是幻有的：在現象界中不說生死不存在，但在實際理地上來看，生死也都是幻有而不實在的。二乘聖人說三界生死是眞實存在著的，可是菩薩現觀生死只是在如來藏心體上面幻起幻滅，五蘊的出生是依如來藏而幻起，五蘊的死滅是依如來藏而幻滅，所以轉依如來藏的自住境界來看生死時，生是如來藏幻化的生，死也是如來藏幻化的死，都是幻化法，生死性並不是眞實的存在。二乘聖人不像菩薩以常住的如來藏爲中心，來觀行蘊處界及萬法，他們不懂這個道理，他們是以蘊處界爲中心來觀行的，所以蘊處界的生與死就變得很眞實，所以他們認爲確實有蘊處界的生死，所以想要離開蘊處界的生死現象；但是菩薩不但同樣的觀行蘊處界的生與死，同時又從蘊處界出生的根源——常住的眞如心——第八識如來藏來觀察：現前觀見蘊處界都是從如來藏中出生的，都是依附於如來藏而運行、而生死的，都附屬於如來藏，都是如來藏無量自性中的局部而已；如來藏常存而現有世世的蘊處界生死，依常住的如來藏而觀察祂所生顯的生與死的現象，則生死的起與滅都是虛幻的，都只是在第八識眞如心上面幻起幻滅的，所以本無生死可言。

正因爲在虛幻的蘊處界生死當中，如來藏常存而永遠沒有生死，既然如來藏才是我們蘊處界的本體，祂一直都沒有生死，那又何妨有蘊處界的我世世生死而祂從來沒有生死呢？我何妨藉著祂的沒有生死，這樣世世生死的修行利他，一直到成就究竟的佛道呢？那又何妨生死與不生不死本就不一不異？因此，身爲菩薩的我，就不需要離開三界的生死了；當我不需要離開生死的時候，當我轉依眞如心的無生的時候，我就已經沒有生死了！所以經中說「生即不生，不生即生」，這就是大乘的妙法。

二乘聖人就搞不懂：明明是有出生、有死滅的蘊處界法，爲什麼卻說它們本來不生？爲何明明是有死的法，卻說它無死？這不是很矛盾嗎？可是大乘菩薩不然啊！證得如來藏的時候，現觀如來藏從來無生，卻又無妨有七轉識的生生滅滅，無妨有蘊處界的世世生死；然而所轉依的如來藏實我，卻是永遠不生死的。又再反過來現觀：在眞實我的如來藏不生死當中，無妨又有七轉識的生滅、生死不斷。這樣現觀完畢的話，你就離開了妄見，離開了斷滅，離開了對無餘涅槃的貪著。對無餘涅槃的貪著，大乘法的一切種智中稱它爲「下乘涅槃貪」。從此以後你就不住於涅槃，也不住於分段生死了。因爲我的如來藏既沒有生死，我又怎會住於生死中？所以我本來就沒有生死，爲什麼還要去滅盡蘊處界而取無餘涅槃？你活著的時候就已經沒有生死，那就是涅槃了嘛！而且二乘聖人入無餘涅槃的境界，也是第八識如來藏獨存的境界，又何必一定要取無餘涅槃？菩薩有這樣的實證與實見，所以說菩薩們「離於妄見，不住生死。」

這一段論文中講的涅槃都是什麼呢？都是本來自性涅槃，也就是未來成佛時所證的「無住處涅槃」的得道正因。馬鳴菩薩就是爲大家說明這個眞實義，想要讓大家去做這個觀行，爲將來佛地證得無住處涅槃而種下正因，所以他說的法義才是熏習無住處涅槃的得道正因。二乘聖人所現觀的蘊處界緣起性空的觀行，由此而證得涅槃，是依蘊處界的緣起性空作爲觀行的對象，不能依法界實相的如來藏心而作不生不滅的觀行，所以將蘊處界的壞滅，作爲來世不再受生的修證，這就是禪宗六祖講的「將滅止生」，不是「本來無生」的大乘菩提的修證，所以二乘聖人才會妄取涅槃。

「又觀一切法因緣和合、業果不失，起於大悲修諸善行，攝化眾生不住涅槃，以眞如離於生死涅槃相故」：接下來說「又觀」，也就是重新再去觀察：一切法雖然是因和緣所和合起來的，但是業果都不會失去。不管是什麼業，也不管是什麼樣的法：善法、淨法、染污法、種種無記法，以及一切的業種；這一切法種，都是以如來藏爲因，都是以意根、法塵爲緣而生起意識，最後再由意識了知法塵爲緣，才會有一切法的出生，所以一切法是由因和緣所聚集而形成的。這一切法雖然是因緣假合的，可是在一切法中成就了身口意行時，造就了十二緣起中的行支以後，因爲意根與意識都不能收存種子，所以所造的業種一定會收存在第八識如來藏心體中，所以業果是一定不會失掉的。

所以，菩薩世世修道的過程當中，觀行到這個道理時，就不敢去造作任何的惡因了！所以說：「菩薩畏因，凡夫畏果。」原因就在這裏。凡夫雖然害怕現前已經出現了的惡劣果報，但是卻不相信造了惡因一定會有將來的惡果；菩薩則是確實了知：現在把惡事做了，惡語、兩舌說了，業種就已經存在自心眞如中了；既然有業種存在著，當然以後的果報一定會等著自己，來世緣熟了就一定會現前，只看因與緣有沒有際會而已；一但因緣際會，惡業果報就一定會現前，所以菩薩害怕造因，因爲他已經確實看見一切惡業在未來無量世中都有果報啦！所以我爲什麼從來不敢去評論我所不知道的善知識？爲什麼不知道的法我會說我不知道？

而不敢隨意的解說或評論？就是這個道理。

記得在兩年前（編案：一九九八年初），我還沒有深入西藏密宗的法義中去研究，還沒有觸發往世對藏密所熏的內容時，有位師兄問我說：「你看密宗的遷識法到底對不對？」我說：「遷識法我沒有研究，不敢說它對或不對。」可是今天我敢說對或不對，因爲已經知道它的內涵了，也已經用道種智加以觀察過了，所以就知道它爲什麼不對了！以前我還不瞭解內容時就不敢說。當你沒有把握時千萬不能亂講，也許人家是對的呢？對的法，你把它誹謗了，你就變成「謗法」。我爲什麼要這麼小心？因爲當時我還沒有讀過，沒有研究過，也還沒有判別的智慧，往世在藏密時熏習的種子也還沒有現前，所以我就不敢去說它。因爲我曾在定中看見以前隨意講了善知識一句閒話，捨壽後就變成老鼠去啦！所以很怕呀！如果再繼續亂評論的話，自己的未來無量世不是又要下墮了嗎？對不對？佛法的修證又要從頭重新再來啊！佛說「三位、十地一切皆失」，那是何等嚴重的事！所以，論法時得要很小心。

因此，凡夫不如實瞭解這個道理，他們不知道種了善惡因以後，一定會在未來承受善惡果報，他們不能確定種了因以後是否一定會有果報，所以只在惡業果報現前時才會害怕，造惡因時是一點兒都不怕的。有一首偈很有名：「假使百千劫，所造業不亡；因緣會遇時，果報還自受。」你看！百千劫之後，果報一直都在，還是得受，逃不掉的，只看因與緣有沒有際會而已。不過話說回來，假使曾經造過惡業，諸位也別太擔心啦！爲什麼呢？因爲偈中一開頭就有兩個字：「假使」，他說「假使百千劫，所造業不亡」，換句話說，如果曾經做了什麼惡業，趕快去補救，業就改變了，業種就亡失了，就解決了嘛！如果肯去補救，那就過去啦！如果沒有去補救，就算是經歷了百千劫之後，所造的業仍然不亡。如果有去補救，業種就亡了，這就是「假使」二字的意思。佛法就是這樣，並不是一成不變的，可見　龍樹菩薩是非常有智慧的，所以用了「假使」這兩個字。他如果不用「假使」這兩個字，後世一定會有人評論他了。

這就是說，觀察一切法都是因與緣和合而有；既然是因緣和合的，一定是虛妄法。可是，它們雖然是虛妄法，卻含藏在各人的藏識之中，因緣際會的時候，終究還是要現行的。以前有一位翻譯經典的安世高法師，他由於有宿命通，知道過去世欠了人家一條命，該要去還；可是又怕去還命的時候，那個債主會被人間的昏官把他誤判了刑，所以他還特地拉了人去證明。那他爲什麼要先去還那一命呢？因爲他知道自己現在有能力還，現在還了命債，以後修行會比較輕鬆；拖得越久，利息越滾越多嘛！所以他有智慧啊！所以他就主動去把它還掉。所以就找了個人跟在身邊作證。

可是那個被找去作證的人，前一天晚上還是怕得要死！因爲安世高去拜託他：「你一定要幫我這個忙！」對方不肯，怕被牽累，安世高就告訴他：「你不可以不幫忙。你以前夜晚在某個地方殺了一個人，還記得嗎？」那個人可就嚇死了。安世高就說：「我就是那個被你殺掉的人，我重新投胎再來了。不過我本來就欠你一命，所以我現在並不是來跟你要債的，你別怕！爲我完成還命的作證吧！」那人才答應下來。因爲這個前世因果，官府也不曉得啊！安世高如果去告狀說：「我被殺死，屍骨還埋在什麼地方，是什麼人殺的！」找出來時眞的還在那裏咧！那個證人還是得要被判刑還命啊！他害怕還命，只好答應了。第二天他就跟著安世高後面一起上街去了，安世高就故意走到正在廝殺的一群人旁邊，結果就被誤殺了，那個誤殺了安世高的人就被抓到官府裡去，還好有安世高找來的那個人作證說：「這位法師，昨天晚上跟我說他與這個人的往世因果，是他要求我來跟他作證還命的。」官府說：「哦！原來是菩薩應世還債。」才判那個誤殺安世高的人無罪，不然就變成過失殺人罪了。

這就是說，雖然業果是因與緣和合的，和合性的業果當然沒有實體性，所以業果的現行不會常住；可是在沒有實體性、不是常住性當中，它卻又在現象界中一定會有果報的苦痛實現；業種的未來果報一定是存在不失的，除非在受報之前入了無餘涅槃，永遠不到三界中來。如果一直都沒有進入無餘涅槃，一直要在三界中行菩薩道，遲早都會有因緣際會的時候，遲早都得要還。既然一定要還、一定要受苦果，何不在當初就不做呢？既然做了，未來就一定悔不當初嘛！所以「菩薩畏因」的正理就在這裏。馬鳴菩薩在前面告訴眾生：一切法本性無生；但是在這裏卻又告訴眾生：不要因爲一切法本性無生，就可以胡作非爲，因爲業果永遠不失！由於能做這樣的現觀，所以菩薩起了大悲心而修種種的善行，目的是在攝化眾生，讓眾生瞭解一切法的本來不生，所以斷除了思惑煩惱以後仍然不需要像二乘定性聖人一樣去妄取無餘涅槃。

你只要把煩惱障的現行斷盡，可以入涅槃而不受三界的束縛，但是不必去取無餘涅槃。這就是說，可以離開三界的牢獄，但是無妨在三界牢獄裏外進進出出，你可以隨意出入三界牢獄。被監獄收關的人，他是不能自由進出的，一定要一直住在裏面，而你是可以在監獄內外自由進出的；既然可以隨意的進出——想要出來隨時都可以出來——那你何必要急著要出來呢？不如就撥出一些時間來幫助三界牢獄裏面的人，讓他們懂得修善業、修福慧；所以有些人常常進入監獄說法勸善，當他們進入監獄說法的時候，都不會急著要離開監獄；因爲當他們在裡面說法的時候，是很自在的，不會急著要離開監獄，因爲他們隨時都可以離開。菩薩不急於取涅槃，正是因爲菩薩隨時可以斷除思惑而離開三界生死，既然有能力隨意離開，那又何必急著離開生死？何妨繼續在生死中利樂有情？所以菩薩不急於取證無餘涅槃，也就是這個道理。

菩薩都得要如此：起大悲心，修種種善行來救眾生，攝受他們、度化他們；並且在度他們得解脫以後，還得攝受他們不要進入涅槃去。十方諸佛從無量劫以來都是這樣教導菩薩們的，爲什麼要這樣做呢？因爲你已經親證了，或者說已經現觀了，知道一切法本來無生的眞相了，但是眾生還不知道，二乘聖人也不知道；爲了想要在眾生心中先建立正知見，以免眾生一心想滅盡十八界而入涅槃，那就無法成佛了，就無法利益更多眾生了，所以先爲眾生解說這個道理，避免眾生證得解脫境界時立刻入涅槃，所以得要在信位中先爲眾生宣說這個道理，先讓他們瞭解一切法本來不生，不須急著滅掉一切法，所以眾生雖然還沒有證得眞如心，也巧設這個方便的觀行法門，先爲眾生宣說，他們就可以發起菩薩種性。

當眾生能如理作意在菩薩教導的正知見上面觀行以後，縱使還沒有親證眞如心，也能從善知識的言行法教裏面，從諸佛菩薩的經與論裏面，瞭解這個道理。由於已先知道眞如心本來就離於生死相，眞如心也離於涅槃相（眞如心本身就是涅槃），但是說它所顯現的涅槃相就是涅槃嗎？也不能這麼說。譬如你說這是一盆花，因爲這盆花顯現花的法相出來，那我們就可以說這盆花的相就是花本身嗎？不可以的，因爲一盆花的花相，它是由花與花盆整體的相所顯現出來的，但是那個相仍然不是花與盆的本體。同理，眞如心所顯現出來不生不滅的眞實相與如如相，並不就是眞如。眞如心本來就有眞如法性，體性本來如是，但是眞如性不等於心體，只是心體所顯現的心相而已；但因爲心體有眞實與如如的法相，所以就稱呼第八識心體爲眞如心，有時則簡稱爲眞如。涅槃也是眞如心所顯現的不生不滅相，但是當你說眞如心所顯現的不生不滅境界爲涅槃時，那個涅槃已經是名詞了，已經是第八識心體所顯示的法相了，已經落到「名、相」裏面去了；所以，涅槃本是眞如心顯現於外的法相，不能離於眞如心而有涅槃，但是眞如心不即等於涅槃，因爲眞如心還有許多的法相，不只是涅槃一相。因此說，眞如心體是離於生死相、離於涅槃相的；當你說涅槃相的時候，那已經落到名、相去了。「此『行隨順』以爲根本，是名行根本方便。」這個就是「行隨順」，以眞如心性正確觀行的隨順法門，作爲方便行根本的緣故，就說這樣的熏習觀行，叫做「行根本方便」，這是第一種的方便熏習。

「二、能止息方便，所謂慚愧及以悔過；此能止息一切惡法令不增長，以眞如離一切過失相故，隨順眞如止息諸惡，是名能止息方便。」這一小段是講熏習解脫果的方便行，藉此種下解脫果的正因。但是，這個解脫果的正因是跟二乘法的解脫果不同的；它是從眞如心來做觀行的，不是從聲聞菩提的蘊處界空相來做觀行。「能止息方便」，爲什麼叫做「方便」？因爲它有個方法讓你去做，所以叫做方便。這個方便行的目的，是要讓你把妄心止息下來，不住於虛妄想當中；這個方便法就是慚愧和悔過；慚者「發露」，愧者「後不復做」。所以慚與愧就是發露悔過以後不再復作惡事。這個止息方便也是證悟菩提的助因之一。

在世間法的學校裏面，訓導主任向犯過的學生說：「你跟我寫下悔過書來！」可是寫悔過書的時候，一定會要求你寫一句：「以後不會再犯！」對不對？不然那個悔過書寫了也沒有用啊！慚愧、懺悔，就是這個道理啊！慚就是發露出來，發露出來時覺得「羞於見人」，這叫做慚；如果沒有先發露所作的惡事，而說以後永不復作，那就是「無慚有愧」，不具足慚與愧兩個善法。懺悔也是一樣啊，懺悔的過程中一定先有一個發露的過程，然後才後悔而永不復作；所以「慚愧悔過」一定是先有個發露所造的惡事內容，隨著立誓永不復做，這才具足慚愧或具足懺悔。

因爲有慚愧及悔過的善行，才能夠止息一切的惡法，使一切的惡法不會再增加或者長養，才能遠離惡業而使修道無所障礙。以前既然寫過悔過書，或者當面跟人家發露做了什麼惡事，承認自己做錯事了，接著才說：「以後我永不再做這種事情了！我不會再誹謗你了！」當他說過「以後永不再誹謗」的話，以後如果想要再誹謗的時候，就會想起來：「我跟人家講過『以後不再誹謗他』，現在再講他的壞話，那可眞的不好。」所以往往一句話衝到喉嚨、正要誹謗時（因爲習性的關係，很難改正），又壓下去，又吞回肚子裡去啦！這樣藉著慚愧與悔過的行門來改正自己，使心可以漸漸轉變清淨的方法，就是止息垢染的方便，就是息惡的方便法。正因爲自己還沒有到達清淨的地步，非擇滅無爲還沒有證得，所以現在凡夫位中得要靠意志力及方便行——也就是慚愧以及悔過——來止息一切的惡法。

這樣不斷的做，到最後，惡法就可以息滅掉，所以叫做止息。但因爲還沒有見道，所以只能止息而不能斷除，所以這個行門就稱爲止息方便。

爲什麼要這樣做呢？因爲眞如心是離一切過失相的緣故，眞如從來都不會落在這一切過失裏面；如果想要與眞如心相應而親證祂，就得以此爲方便，將妄心的習性止息，遠離對於妄心的執著，了知妄心與眞如心完全不同，才可能會有證悟眞如心的因緣。假使是用意識覺知心（不管是有妄想的覺知心，或是一念不生的覺知心；也不管你認定哪一個境界中的覺知心，那都是意識），妄想要使意識變成眞如心，那都是不如理作意的虛妄想。這個意識覺知心說：「我現在開始止息一切惡法，歸依我覺知心自己，叫做自歸依。」講的很好聽哦！可是這個其實不是眞正的自歸依啦！這個是歸依妄心、歸依常見外道知見啦！

七、八年來我一直是這麼說的，但是常常有人抗議：「我這個覺知心都不攀緣，都不黏著，也不起語言妄想，這時的覺知心當然就是清淨心啊！你怎麼可以說這是妄心？」自從我出道弘法利眾以來，一直有很多人這麼抗議；因爲我們書中一直都說這個是意識、是妄心，說覺知心永遠都是意識，永遠不可能變成眞心如來藏，所以他們後來就創造另一種新的說法：「想要判斷這個覺知心是不是眞心？要從覺知心對外境黏著或不黏著來判別。覺知心如果不分別六塵、不執著六塵的時候，也不分別諸法的時候，那祂就是眞心、就是如來藏啦！」

我手上這一篇文章是大陸學人傳眞給我的，這是兩週前的事了。這篇文章是哪個人寫的呢？是大陸八大修行人之一的徐恆志先生寫的，他是元音老人的師弟，但元音老人曾私下對某一近侍說：徐恆志不是眞正的開悟者（編案：平實老師說這句話時，元音上師仍在世）。這一篇文章的緣由，是因爲有另一個人相信元音老居士爲他印證的意識心境界的開悟，被我在書中破斥指正了，他很難過，心裡很不服氣，因爲我書中的法義把他被印證爲開悟的聖者身分剝奪了；開悟聖者的身分消失了，他心中當然很不服氣，就寫信給徐恆志老居士，同時把我的書寄給他，請他作負面的答覆，然後再拿來貼上網站論壇，跟我對抗（編案：此人即是大陸劉東亮。詳見正圜居士著《護法與毀法》一書之辨正）。所以，人有名了以後，眞的很麻煩欸！如果想要有名的話，一定得要眞正的開悟以後才開始有名，這樣才好；如果沒有眞的開悟、或者錯悟之後就先有名聲，那就一定會完蛋啦！因爲大眾都會推他出來作擋箭牌，推他出來辨正法義，他想推也推不掉，但是公開辨正法義後，一定會被眞悟者破斥到一無是處。

徐恒志既然號稱是大陸八大修行者之一，而他的落處是跟元音老居士一樣的落在離念靈知心的意識境界上；所以他說：「這個了了靈知，不可批評作意識心。」他們就認爲說：「這個靈知心，當你一念不生的時候，而對色聲香味觸都能了了分明時，當下這個了了靈知就是眞如心，因爲祂在這個時候都不分別。既然不分別、不黏著一切法，那就是眞如心啦！」可是離念靈知心明明是意識心，祂的自性與心所法都是意識心，與眞心的心所法和自性完全不同；照這樣說來，他就跟密宗應成派中觀一樣的不承認七識與八識囉！那麼很多問題就會跟著來了，我們就得請問：「是不是三轉法輪諸經裡面 佛的開示說錯了呢？是不是《阿含經》裏面『識緣名色』的開示，佛也講錯了呢？又如《阿含經》裏面 佛曾經講過：『五陰俱識、取陰俱識』，也正是第八識，是不是 佛又講錯了法呢？」所以說，當人有了名氣之後就不肯捨下面子來承認說：「我以前說的開悟確實是講錯了。」不過，好在徐恒志在回信中講得還蠻謹慎的，還不敢批評到很嚴重，似乎還有救（編案：據大陸可靠人士說，徐恒志先生於 2001 年答覆劉東亮之長函中，堅持離念靈知意識心是真如心，誹謗平實導師的第八識如來藏正法，並由劉東亮貼在網站上；後來正圓老師私下去函指正及請他改正，但他仍不肯悔過，置之不理；從那時起，不到兩年的 2003 年初，就已經迷迷糊糊、神志不清，連至親的家人也認不得了。關於徐恒志先生的文章謬誤，詳見《護法與毀法》一書之辨正）。

這意思是說，眞如心並不是出了定以後，就會攀緣、會黏著；也不是入了定以後，才不攀緣、不黏著。祂不是這樣的，祂是恆常不變而在一切時、一切地，不住定中定外，也不攀緣六塵萬法，都是從來而且永遠不執著六塵萬法的。了了靈知的心出定以後，又會攀緣、分別，又對六塵黏著啦！只有入了定才不攀緣、不黏著五塵，但也還是會攀緣執著定境中的定境法塵啊！不是像眞如心一樣眞正的永遠都不攀緣啊！假設定境中的離念靈知心眞的像他們所說的確實不攀緣好了，但這樣變來變去，時而攀緣、時而「不攀緣」的覺知心，那就是有變易的法；有變易的法怎麼會是眞正的**如**呢？絕對不是眞正的**如**啊！那怎麼可以說就是眞如心呢？而且離念靈知心對六塵了了分明時，雖無語言文字妄想，但是了了分明時就表示仍有分別；若不是已分別完成了，又怎可能了了分明呢？所以了了分明的境界其實正是已經分別完成了，不是眞的無分別心；所以是離念靈知心的分別性、了知性存在的同時，還有另一個本性清淨的心，祂是從本以來就是不了知、不分別的心，才不會對六塵起了知、貪厭，這才是眞正的如！才是眞如心。

怎麼樣眞正的如?當你在生氣、在憤怒、在暴跳如雷時,祂照樣不動不靜。當你很歡喜的時候:「哇!我中了樂透獎,不得了啊!」正在心湧跳躍時,祂照樣是安住於祂的本際而不動亦不靜,這樣才是眞正的**如**欸!當你痛苦的時候說:「哎呀!現在眞是生不如死!」跑到懸崖上面說:「跳吧!」祂還是不動不靜,祂無所謂,你想跳下去也好,或者後悔而不想跳下去也好,你一念貪生怕死而轉變心意、不自殺了,祂也都無所謂,祂都住在不動不靜中,這樣才叫做眞正的如啊!你想要跳下懸崖,那是爲了什麼?因爲受不了世間的苦逼啊!想要逃離可厭惡的債務、痛苦嘛!了了而知時,雖無語言文字,卻仍然了知苦受,由了知而分別出那是苦受,無法承受那些苦,所以才想要輕生嘛!可是離念靈知、覺知心正在受大苦時,眞如心第八識照樣是如,完全不受痛苦,那才是眞正的如,所以,絕不是由一個意識覺知心變來變去:**有時是眞如,有時又變成妄心**,絕對不是這樣的!

眞如心體是恆常如是的,心性絕不改易的;正因爲這個眞如心永遠都是這個體性,所以祂離一切過失相。你們有許多人雖然還沒證得眞如心,但是在觀行位當中,要依眞如心的這種「離一切過失相」,將覺知心隨順眞如心的這種體性。用眞如心的這個體性,常常的提醒自己:「眞如是這樣清淨的,我應該學習我的眞如心，我不應該在世間法上面貪染或者厭惡，我要隨順眞如心的體性而止息種種的惡事，離開種種的惡緣，以免障道；也要止息對善法果報的貪著，離開人天喜樂果報的執著。」這樣隨順於眞如心性而不斷的作慚愧與悔過的修行，終於漸漸的遠離一切過失相，才叫做能夠止息的方便。這是得道正因的第二種方便行。

「三、生長善根方便，謂於三寶所，起愛敬心，尊重、供養、頂禮、稱讚、隨喜、勸請，正信增長；乃至志求無上菩提，爲佛、法、僧威力所護，業障清淨善根不退；以眞如離一切障、具一切功德故，隨順眞如修行善業，是名生長善根方便。」前面講的是離開一切諸惡——「止息諸惡」。可是止息諸惡以後，仍然不能使你如實的清淨啊！還要有方便把你的善根加以增長。把惡法除掉以後，一定要有善法來代替嘛！革命不能只是革除人家的舊命，你要有更好的新命還給人家，這才能叫作革命啊！同樣的道理，破壞以後一定得要有建設，你把壞的法破壞掉了，得要接著有好的法建設起來，所以慚愧與悔過以後，接著就一定要有生長善根的方便法教導眾生。

如何生長善根呢？「於三寶所起愛敬心」，於三寶上面應當要生起愛敬之心。譬如在街上行走時，往往有學佛人見了比丘、比丘尼時，沒有恭敬心。在印度不會這樣的，印度人對出家人——不管是佛教或是外道中的出家人——他們都很恭敬。可是在我們這裏，有好多人因為還沒有學佛，看見了佛教中的出家人，不知道這是寶，所以大多不太恭敬。這就表示那些人的善根還不夠。有的人雖然沒有學佛，但是看見出家人時，他也會對你合掌說一句「阿彌陀佛」。雖然我這一世沒有穿僧服，但是常常有陌生人在路上看見我時會對我合掌說一句「阿彌陀佛」，可是那些人往往都是還沒有學佛的人，只是一個世俗人。我常常遇到這種人，可能是因為我一直有出家人味道的緣故。我今天穿這個樣子，還比較有點「像」出家人的感覺，可是我平常的穿著：有時穿白色的唐裝，有時是灰色、藍色的唐裝，都不一定，看起來應該不太像出家法師啊！可是為什麼常常有人遇到我的時候都會合掌說句「阿彌陀佛」？這表示那些人是有善根的，不久之後就會正式的開始學佛了。

我們學佛的人，特別是修學佛菩提道的人，於三寶所在，更應當要起愛敬之心。遇見了出家人，應該有關懷與愛敬之心，因為僧寶的存在，代表著佛法還存在人間、佛教還沒有滅亡，所以我們應該要有敬重的心；有這種愛敬心，就會尊重供養。先有愛敬然後就是尊重，有尊重心時，就不會用斜眼瞄出家人，一定會以正眼相看。除了恭敬以外，還得要加上禮讚——「頂禮與稱讚」。說句實話，其實你不是頂禮他們，而是在頂禮你自己的慢心；但是他們代表 佛陀住世弘法，所以接受你消除慢心。這個知見很難實行，所以有很多人做不到。但是當你眞悟了以後慢慢修行，就會發覺：「其實我頂禮或不頂禮，都跟實相無關，也跟世俗外相無關，因爲都沒有差別；頂禮僧寶時，我只是在演戲，演一個在家人身分的戲。」可是演這場戲有沒有用？有！演來度眾生，讓眾生知道：「**哦！原來遇見了僧寶時，是應當要頂禮、恭敬、供養的。**」這就是在教育眾生嘛！你這樣做也是在攝受眾生，也是在度化眾生。但是千萬不要去頂禮那些喇嘛們，因爲他們雖然身披僧衣，卻是以外道邪淫法來破壞佛教正法的外道，不該承認他們是佛教中的法師。他們還得要改依聲聞戒、菩薩戒爲主，捨棄了藏密外道的「金剛戒」，重新再於顯教中出家受戒，才算是佛門中眞正的法師、僧寶；我絕不承認他們的三昧耶戒、金剛戒，因爲那是依外道邪淫的雙身法精神而施設的邪戒，所以他們的本質不是佛法中的僧寶。

對僧寶要供養、頂禮、稱讚以外，還得要隨喜與勸請，也就是說，師父們演說正法時，應當隨喜稱讚；如果師父們沒有開示正法時，那就應該敦請師父們開示佛法。所以，當出家人其實也不容易；當人家跟你禮拜、讚歎、供養，然後一定會隨喜與勸請說法，這時候就糟啦！不得不上座說法了！可是上了法座以後要怎麼說法呢？所以，出家以後得要趕快做什麼事呢？得要趕快尋求見道。出家所爲何事？尤其是在大乘法中出家的人，目的就是要親證佛菩提嘛！就是要證解脫果嘛！這兩者都有修證時，當人家隨喜勸請，我們就有信心上座說法，這就是出家人所應該做的最首要的正事。在家人應該做什麼呢？就是尊重、供養、頂禮、稱讚以及隨喜勸請；當你隨喜勸請時，如果他沒有悟，他就不敢自在的上座說法，那你的勸請有沒有用？仍然有！他一定會想：「今天讓人家隨喜勸請，上去說法時心裡虛虛的，很不踏實。回寺以後要好好的參禪、開智慧。」那就是說，見道是出家人修行的首要之務，勸請說法則是在家人所應該要作的事。

經由這種生長善根的方便法修行，會使正信漸次的增長！而不是民間信仰的迷信被增長了。換句話說，是以佛菩提道的眞正信仰，而生長了你的善根。這就是讓我們熏習十住位的法，讓我們熏習大乘法義的種性正式發起，這也是得道正因的一種，這就是六行菩薩裏的第二行啦！（編案：六行，是習種性、性種性、道種性、聖種性、等覺性、妙覺性等六種心行。）

「乃至志求**無上菩提**，爲佛、法、僧威力所護，業障清淨善根不退。」不但要在三寶之所、生起愛敬之心而行禮拜、供養……等等，還有許多都應該修行的法門，最後乃至要建立志願，也就是要建立志向、發起願心：「**我在供養三寶、護持正法……等事相上做了許多事情，福德大約具足了，如今我還得要追求證道之法，應該要證得無上菩提了！**」無上菩提當然不是指二乘解脫道的聲聞菩提、緣覺菩提啊！二乘的菩提是有上之法，因爲佛菩提超越於聲聞、緣覺菩提啊！二乘菩提所證只有解脫道，只能出離三界有爲分段生死境界，但是不懂得般若慧、不知法界的眞實相，所以二乘聖人所證都不是無上菩提，所以在大乘法中雖不稱他們爲凡夫，卻稱之爲愚人，因爲二乘聖人不證法界實相，愚於法界實相，不生起佛菩提的智慧，所以雖非凡夫而稱爲愚人，所以佛菩提道才是無上菩提。

菩薩在習種性位中（編案：從初住位到十住位）修學佛法，六住滿心而且福德具足了的時候，有一天一定會建立大志願：「**我現在開始要追求實證無上菩提了！**」當他發了這個心的時候，他就成爲尋求實相的菩薩了。當他成爲求證般若的菩薩時，他的師父就算是聖人阿羅漢，也不敢再叫他幫著揹行李了，就得趕快拿回去自己揹。如果你發了這個心，而阿羅漢師父沒有拿回去自己揹，你就知道：「**我這**

個師父不是三明六通的大阿羅漢。」或者說你師父是已經在大乘法證悟了的菩薩。當他還是聲聞聖人而且有他心通的時候，他心裡想：「我這個徒弟眞是不得了，發起無上菩提心了。」他就不敢再讓你揹行李了，因爲他自己不敢發這個無上志願呀！那麼，你發了這個心的時候，就會被諸佛的威力冥護、也將會被正法的威力所護持、被諸勝義菩薩僧的威力所護持。

大乘佛、法、僧的威力，是在正法的功德力上面顯示的，大乘勝義三寶有這個威神力。如果正法沒有這個威神力的話，戒慧直往的初地、二地菩薩，乃至三地未滿心前的菩薩正在弘法時，諸方鬼神都會來向他們找麻煩，讓他們無法好好的弘法；因爲鬼神與諸魔都有報得神通，都可以作弄你啊！你沒有神通，縱使是三地入地心、住地心的菩薩，他們照樣能作弄你啊！可是爲什麼他們不敢作呢？因爲他們知道你是有證量的聖人。天法界、鬼神法界中的道理就是這樣，如果你已經證得佛菩提道，雖然鬼神還沒有證悟所以不曉得你的證境是什麼，但是他們將會看到你散發出來的光芒和眾生完全不一樣。他們只看你的光明相，就知道動不得你這個人；他們如果敢動你，就不免極重惡受的果報。他們都很清楚知道。

先不談證道者的護法神層次與威德，光是看見了證悟者的光明相，鬼神們就懂得尊敬菩薩們；對同樣有這種光明的人，都不敢隨意擾動。在道教裏面不是常常有神對眾生說嗎：「某某人已經干犯天條！將被處置。」我告訴你，天條裏面就有這麼一條，鬼神們要是動到了佛法裏面證道的人，那他就要受處置。但是那個處置，它只是欲界天裏面的法律而已；對證道者行惡的鬼神，受了天律的處罰以後，未來世還有性罪要自己去受報，那個性罪可就比欲界天的律法還要嚴厲許多倍了。這就好像有人殺了人，人間的法律要治他的罪、判他徒刑，乃至要槍斃、砍頭等等；可是在人間被處死了之後，性罪仍然還在，死後還要再入三惡道中，輪轉於地獄、餓鬼、畜生道受報以後，才能再回到人間，這種後報都是正報，又叫做性罪；除了性罪的正報以外，還有隨著正報而產生的許多花報苦果得要承受，很久以後回到人間時，還得要再還一命給受害人。懂得這個道理的人，都會很謹愼小心而不誤犯誹謗證道者；誹謗證道的正法賢聖，是三界最重罪。

當你志求無上菩提，而你的福德又已經足夠了，佛、法、僧的威神力就會護持你，因爲你已經發起大心了嘛！一般人是不敢發起這個大心的。你如果告訴一般人：「正覺同修會可以幫人家開悟，你想不想去學？」他們聽了就怕：「唉喲！什麼開悟，我哪有可能？」他對自己就起小根小器之想，就怕啦！如果你一直很熱情的要求他來學，他就會想：「是不是要騙我去幹什麼？」不然就是這樣子想：「現在是什麼時代了，還有可能開悟？」一般初學佛的人就是這樣啊！可是你敢發起這個大心：「我立志尋求佛菩提的證悟，我要進入菩薩數中，一定要成爲勝義菩薩僧中的一員，不管菩薩的數目是多麼稀少，我一定要成爲其中的一個。」你敢發起這樣的大心，佛法僧的威神力就護持到你啦！這是法界中的一種定律。由於這個緣故，你的業障就可以漸漸轉變而漸次清淨了。這是 馬鳴菩薩的開示。

但是，少數人會有一個現象：他來正覺同修會中想要求悟，結果是障礙一大堆；如果他回去修世間善行，那又沒事啦！這是爲什麼呢？是因爲他不是眞發無上菩提心，而是爲了自己的利益而來；他想在開悟以後去跟人家炫耀，或者藉這個法去獲取名聞與利養；他心中別有目的，不是爲眾生的法益而求無上菩提的。這就表示他得道的因緣還不具足，所以不能獲得三寶威神力的護持，因此那些奇奇怪怪的障礙就一一出現啦！可是有的人本來是生活一團糟，什麼事情都不順利的，但是他發了無上菩提心，想要利益眾生，所以來這裡求悟，結果他進了同修會學法以後，反而一切不順心的事情都消失了。這就是說，眾生的發心往往不一樣，因爲有私心或無私心、大心與小心，就導致求道的過程中，產生了種種的差異不同。如果能眞的爲眾生發大悲心，以此而志求無上菩提，就能夠被三寶的威神力所護持，業障就可以漸漸的清淨；善根發起以後，就不會再退轉掉。

爲什麼要發起**志求無上菩提**，以及**於三寶上面做種種的善行**呢？馬鳴菩薩說：「以眞如離一切障、具一切功德故，隨順眞如修行善業。」也就是說，凡夫菩薩應該依於眞如心的體性來學法，祂的體性是離一切障礙的緣故，眞如心的體性也是具足一切功德的緣故；意識覺知心在種種法上總是會有貪厭取捨，就會因此而產生種種障礙；眞如心從來無貪厭與取捨，所以全無障礙，我們的覺知心應該隨順於眞如心這種體性來修種種的善業。換句話說，二乘菩提是現前觀察自己的五陰、十二處、十八界都虛妄不實，所以要滅掉陰界入而取涅槃。但菩薩不是，菩薩是依眞如心的眞實性、如如性、無我性的自性，去觀察五陰我、十二處我、十八界我的虛妄不實，但是無妨讓蘊處界繼續現行，而轉依於眞如心的清淨性來修行善業；這就是佛菩提在熏習的過程當中，知見大異二乘菩提的所在。

如果能夠這樣做，就是在熏習你未來眞修諸地聖道的種性。因爲你依止善知識的教誨而觀察眞如心離一切障、具一切功德，而以阿賴耶識的眞如法性做爲轉依的對象，轉依以後就隨順第八識心的眞如性來修行種種善業，這就是在熏發修道的種性，正是未來證道的正因，正是得道正因之一。因為這種發起修道種性的熏習，使得你未來證悟之後，可以進入初行位中，開始增長你的菩薩性——增長**性種性**；也可以漸漸的進入初迴向位，開始增長你的**道種性**。「業障清淨」就是進入初行位，可以開始增長你的**性種性**，業障就漸漸的消失了。雖然這些都是為還沒有證悟的眾生說的，但是先讓他們熏習這些正見，就可以在修習信心的方便行裏面，先種下未來得道的正因；也就是說，還在信位熏習的過程當中，善知識已經方便善巧的把佛菩提道的得道正因，為眾生種在心田中了，這也是信成就發菩提心的一種。

「四、大願平等方便，謂發誓願盡未來際平等救拔一切眾生，令其安住無餘涅槃；以知一切法本性無二故、彼此平等故、究竟寂滅故隨順眞如；此三種相發大誓願，是名大願平等方便。」除了以上的信成就的發心，還有第四種的方便行，那就是大願平等方便的發菩提心。為什麼叫做大願呢？因為當你發了一個誓願，而這個誓願是盡未來際的；因為盡未來際，所以這個願才是大願，它沒有終結的時候。換句話說，你將來縱使成佛了，這個願也不會終止。所以佛也不好當，因為，你在因地時衷心發了這個平等大願，想要一直做下去啊！除了盡未來際去做以外，還要平等的去救拔一切的眾生。

這個平等的意思可得要先弄清楚，要把眞平等、假平等弄清楚；眞正的平等是立足點的平等，而不是齊頭式的平等。假使你過去世中已經修學佛法無量劫了，到今生就應該證悟了嘛！如果有人過去世中修學大乘佛法只有十、百、千生，那他一定還沒有足夠的福德資糧可以開悟，因爲他在十信位中的修行都還沒有具足，**信發心**都還沒有成就嘛！如果對這兩種人，你都幫他們平等的證悟了——讓他們同樣都明心了——那就不是眞平等，那是齊頭式的平等，而不是立足點的平等。所以度人不可以只看這一世啊！因爲人家修了無量劫以來，在大乘法中的福德累積很多了，般若正見與解脫道正見也熏習很久了，只是因爲往昔沒有機會跟眞正善知識結過好緣，而其他的條件都具足了，那他這一世遇到你這個善知識，你就應該幫他證悟。可是另外一個人往世只修了十、百、千生而已，他的福德資糧都還不具足，信心都還沒有成就，你就因爲他善於巴結你，就把他弄出來，那不是很不平等嗎？這種表相上的平等，是齊頭式的平等，在立足點上是不平等的，應該叫做**眞不平等**。

所以說，發了誓願：「要盡未來際，平等的救拔一切眾生，使眾生能夠安住無餘涅槃。」所有的人，我們都要度他，讓他們有能力實證無餘涅槃，但是要吩咐他們不要入無餘涅槃。但是，無餘涅槃的本際其實是可以實證的，所以 馬鳴菩薩說「使眾生安住無餘涅槃」。「教導眾生不實證無餘涅槃」，這話是方便說；因爲學佛人不能不證無餘涅槃啊！但是這話可能會有許多人誤會，可得要說分明：

什麼人可以實證無餘涅槃？二乘無學聖人入滅，實證無餘涅槃， 佛也實證無餘涅槃。可是諸佛其實並沒有入無餘涅槃，爲什麼卻又說諸佛證得無餘涅槃？因爲，諸佛的入涅槃，是斷盡分段生死的煩惱障現行，以及斷盡煩惱障的習氣種子隨眠。但是阿羅漢連煩惱障中的習氣種子隨眠都沒有少分斷除，何況能斷盡？他們只斷除煩惱障的現行而已，就說是實證有餘涅槃了；捨壽而滅除十八界，就是實證無餘涅槃啦！可是諸佛更進一步，不但和阿羅漢一樣的滅除分段生死煩惱，還把煩惱障的習氣種子隨眠也斷盡了，比阿羅漢還要徹底啊！怎麼可以說諸佛沒有證得無餘涅槃？雖然諸佛都沒有進入無餘涅槃中，都是繼續在諸方世界不斷的利樂眾生、攝化眾生，但祂們卻是證得無餘涅槃的；因爲斷煩惱的內容，比阿羅漢更徹底的緣故，隨時隨地都能入無餘涅槃的緣故，所斷除能遮障實證涅槃的煩惱，遠比阿羅漢斷得更徹底的緣故，所以既不住生死中，也不住無餘涅槃中。我們大乘法中的菩薩們，都應該度眾生安住這種無餘涅槃。

也許有人會質疑說：「你蕭平實自己都還沒有證得無餘涅槃，你有什麼能力教人家證這個涅槃呢？」這就好像說，一個學士或者碩士，他還在求證博士的學位，那他也無妨教教高中的學生來求博士的學位。因爲求證博士學位的第一步就是先證學士的學位嘛！我斷了一部分的煩惱障，思惑雖然還沒有斷盡，但這不是無力斷盡，而是故意不斷盡；而且我已實證無餘涅槃中的實際境界，也知道佛地的無餘涅槃是什麼境界，雖然我還沒有實際證入佛地的無餘涅槃，但我無妨可以教你：我已經證得的那一部分。所以七地以下到初地滿心位的菩薩們，都有能力當生斷盡思惑而取無餘涅槃，但都故意不去斷盡思惑，也都有能力度化眾生來安住無餘涅槃。但這些菩薩們卻都不鼓勵大家入無餘涅槃，而是度眾生在三大無量數劫後安住無餘涅槃，卻又不起涅槃貪，成爲無住處涅槃，而不是讓眾生現在安住進去。菩薩們或許可以在一大無量數劫後安住無餘涅槃，或許兩大無量數劫後，並不一定。但是無妨度人走上這條路，因爲該走的路，祂們都已經上路了，也都知道了嘛！祂們回頭拉你一把，有什麼不好？

第二部分要說明的是：爲什麼說這樣做是大願平等方便？ 馬鳴菩薩說：「以

知一切法本性無二故。」因為菩薩證悟之後，他知道一切法的本性其實沒有二性，一切法的本性都是如來藏性。我們說這句話，人家又產生誤會囉！這徐恒志老師說：「《楞嚴經》有講：蘊處界的見聞知覺性就是如來藏性嘛！所以蘊處界的見聞知覺性就是如來藏、就是佛性！」他的說法對不對呢？他真的誤會楞嚴真義了！依他這種說法，如來藏就變成會斷滅的法性了！因為蘊處界是斷滅法，會斷滅的蘊處界所擁有的體性（眼識能見之性、耳識能聞之性、鼻識能嗅之性、舌識能嚐之性、身識能覺之性、意識能知之性、意根能執取性）當然更是生滅法；現在徐恒志說眼識能見之性……身識能覺之性乃至意識能知之性就是佛性、就是眞如、就是如來藏，那麼這六識作用之性每晚有滅，如來藏當然就隨著變成生滅法了，這種說法怎麼可能正確呢？

現在的善知識們大多如此，他們錯會《楞嚴經》、錯引《楞嚴經》，說：「《楞嚴經》講的，蘊處界的六識見聞知覺性都『非因緣生、非自然有』，所以見性、聞性……覺性、了知性，就是如來藏的體性，就是佛性。」可是《楞嚴經》很明白的告訴你：六識的自性有生有滅，有生滅性的六識性之外確實另有一個如來藏，而如來藏出生了六識之性，六識之性不是外法因緣所生，也不是自然所生，都是從**如來藏中出生**的。他們卻讀不懂楞嚴，或者曲解楞嚴來附和自己的**自性見**說法。楞嚴既說六識之自性是如來藏所生的自性，不是外法的因緣所生，也不是無因而自然生的，當然就應該依照《楞嚴經》中 佛的開示去找尋如來藏，應該探究自己的如來藏在哪裏？他們為什麼不去把祂找出來呢？現在徐恆志和元音上師一樣，把如來藏所生的六識的體性，當作是如來藏，就落在生滅法的六識自性中了，所以就會同於常見外道一般，同於自性見外道，把六識心的能見、能聞……能覺、能知的六識性，執著為如來藏了；而且把六識性當作是六識的本體，而說六識性是體、六識心是用，執著六識性為佛性，而說佛性即是眞如，眞是顚倒到極點了！

我們為什麼要宣講《楞嚴經》呢？正因為末法的大師們已經都誤會楞嚴眞義了，我們得把他們的誤會邪見扭轉過來，以免再繼續振振有辭的誤導眾生；我的目的就是在這裏，就是要強調這一點。從《楞嚴經》的眞實義來解說，讓大家瞭解：**如來藏所生的六識功德，非因緣生、非自然有，本來就是如來藏無量自性中的局部體性而已，都是由如來藏心體中生出來的**。並且想讓大家瞭解楞嚴的經文裏面是如何宣說如來藏的？這都要讓大家瞭解，才能眞正的理解到：**原來一切法都與如來藏不一亦不異**。確實瞭解了以後，就可以現觀無餘涅槃的實際而不必急著取無餘涅槃了，就可以眞正的廣行六度萬行，可以廣利眾生，他自己將來也可以眞正的成就佛道。

在《起信論》中，馬鳴菩薩也是基於同樣的理由，而說明「一切法即是如來藏法界」，因爲一切法本是附屬於如來藏的法，從「眾生唯有一心阿賴耶識」，或者從「眾生唯有一心如來藏」的「一心唯通八識說」的眞實理上，來說一切法即是一眞法界如來藏，所以菩薩實證這個無餘涅槃本際的境界之後，就不必像二乘聖人一樣的執著我空，急著滅掉十八界法而入無餘涅槃。菩薩未悟之前，由於聽聞、熏習這種眞實義之後，去思惟法義而確實知道一切法本性無二，一切法都是如來藏假藉因緣而自然出生的，所以與一切法互相之間沒有二性，同是攝屬如來藏所生的自性，同是如來藏的無量自性中的局部，同是附屬於如來藏，所以就不必急著滅掉一切法，就可以引發菩薩性而不會落入聲聞性裡面了。這是**大願平等方便行**的三個正知見中，由聽聞熏習而生起的第一個知見——知一切法本性無二。

大願平等方便行中的第二個知見是「彼此平等故」，這意思是說：彼一切法與此如來藏平等、你和我平等、貪與厭平等。也就是說，我和諸天天人平等，地獄眾生也和我平等，彼此平等，實際都是這個如來藏；也是說一切法之間互相平等，都是由如來藏所出生的。表現於外的事相，你是天人相，我是人相，他是地獄相，其實內在的本體都是一樣的，都是同一體性的如來藏。而一切法出生了以後，並沒有高下的差別，都是如來藏所生，所以彼法與此法平等，所以一切法平等。

從另外一個方向來說，一切諸法和如來藏也是彼此平等，因爲如來藏還得要靠一切諸法，才能在三界中平等運作，祂離不開一切諸法，離不開意根、離不開五陰、十二處、十八界，否則就無法在三界中運作，所以如來藏與所生諸法平等！可是，眾生往往說：「**既然如來藏不靠我，祂就沒有辦法在三界中運作，那就應該以我爲尊，祂爲附屬！**」那他又錯啦！因爲如果沒有如來藏就沒有他，他是由如來藏所生出來的。如來藏出生了他，然後再由如來藏在三界中現行運作，來支持他，而不是依靠他。就好像父母生了你，然後不斷支持呵護你；如來藏也是一樣，出生了眾生見聞覺知心以後，不斷支持見聞覺知心在三界正常的運作；見聞覺知心如果離開了如來藏，就一定立即斷滅，何況還能運作？但是因爲如來藏自住境界是三界外的涅槃境界，所以不能單獨在三界萬法中運作，必須藉著見聞覺知心和六根，才能在三界中現行與運作，所以在三界法中是互相依緣的，沒有所謂誰大、誰小的本質存在，所以說彼此平等。不可以說：「**我爲尊，祂爲副。**」祂也永遠都不會說：「我爲尊，你爲副。」祂也決不這麼說，因爲彼此平等嘛！就好像秤砣跟秤一樣，正是「焦不離孟，秤不離砣」一樣的道理——彼此平等。

大願平等方便行的第三個正知見是「究竟寂滅故」。經由聞熏而生起正知見，說這個如來藏祂究竟寂滅。爲什麼祂究竟寂滅呢？因爲祂在一切時中，都是離見聞覺知的；祂在一切時中，都不貪一切法；祂於一切時，都不討厭一切法；祂離見聞覺知，怎麼會有吵鬧喧囂呢？我們在人間，是不可能究竟寂滅的，只能證得方便說的寂滅；如果是住究竟寂滅的境界中，你一定會發瘋的。在三界中，不管你住到多麼寂靜的地方，都還是有聲音的。從方便說的境界上面來看，住在什麼地方最寂靜呢？外太空！

可是我們沒辦法住在外太空啊！那有什麼方法安住於方便說的寂滅境界呢？我們可以弄個很堅固的鋼筋混凝土密閉空間，鋼筋混凝土的內側再加裝一層厚厚的密封的鉛層包裹起來，好像就可以完全沒有聲音啦！可是你住進去以後關起門來，你將會發覺，原來不是想像中的絕對無聲，還是有聲音啊！你將會聽到心臟不斷的乒！砰！乒！砰！……你也會聽到自己的呼吸聲：「原來我的呼吸聲音這麼大！」還是沒有辦法究竟寂滅。爲什麼不能呢？因爲你還有六識心的見聞覺知性存在嘛！即使是住在四禪、四空定的等至位中，也還有覺知心的了知性存在，那也還是不離定境中的法塵，覺知心仍然不是眞正的寂靜，仍然會與定境法塵相應，所以不是絕對寂靜。當你沒有見聞覺知，六識滅了，六識的能見乃至能覺、能知之性都消失了，完全的離開了見聞覺知，不在六塵當中，才是究竟的寂滅。所以世間的究竟寂滅境界，只有兩種，一是滅盡定境界，二是無想定境界（這是依正智所住境界而說的，所以排除無智的眠熟位、正死位、悶絕位）；但這仍然是世間的寂滅境界，而不是究竟寂滅的出世間境界。

究竟寂滅的出世間境界相，只有無餘涅槃境界，連意根都全部滅盡了，不但不觸五塵，而且徹底不觸法塵。如來藏正是如此，祂離六塵中的見聞覺知性，所以祂不住在六塵當中；六塵由祂所生，生出來了以後，祂自己卻不住在六塵裏面；祂生出的六塵是給見聞覺知心的六識來玩的，祂自己不玩六塵、不了知六塵的，所以祂是究竟寂滅。那你現在知道這個道理了，善知識爲你開示過了，你就轉依這個究竟寂滅的道理來思惟、來修行。諸法既然從如來藏所生，附屬於如來藏，而如來藏離六塵中的見聞覺知，所以一切究竟寂滅。從此以後，你說：「如來藏離六塵中的一切見聞覺知性，而覺知六塵的我是生滅虛假的，不是究竟所依處，那我爲什麼還要在六塵裡面貪東貪西呢？」不需要嘛！你就離開六塵的貪著啦！六識與意根的心性就開始轉變爲清淨性了！

由於前面所說的這些道理，我們就可以了知 馬鳴菩薩的三個意思：一切法本性無二故，所以菩薩隨順眞如；彼此平等故，所以菩薩隨順眞如；究竟寂滅故，所以菩薩隨順眞如。以前你們聽人家講涅槃，可是涅槃究竟是什麼？聽了還是不懂！對不對？然而聽不懂，其實不是你自己的過失，而是善知識的過失，因爲他們自己其實也不懂，所以講得七零八落的，都是以臆想猜測的錯誤見解來講，所以不懂涅槃這件事，其實不是你們的過失。現在把《邪見與佛法》讀過以後，個個都知道涅槃啦！原來「五陰、十二處、十八界通通滅盡了以後，剩下如來藏離六塵見聞覺知而單獨存在，那就是無餘涅槃啦。」換句話說，無餘涅槃裏面沒有見聞覺知的我、沒有六塵境界，也沒有能作主的我，都沒有！這就是《菩薩瓔珞本業經》說的「無人主者」，眞正是無我亦無人，究竟寂滅。

但是無餘涅槃是什麼？涅槃裏面就是第八識眞如心異熟識嘛！眞如心的自住境界就是這個樣子嘛！所以《心經》講的就是無餘涅槃裡面的眞如心的自住境界啊！《心經》所講的涅槃，是依蘊處界都還存在時的眞如心自住境界而說，不是依二乘菩提所證的滅盡十八界的灰身泯智境界而說涅槃。可是諸方善知識都誤會了，都把《心經》解釋成「一切法緣起性空」，落在意識覺知心離一切法的想像境界中，不承認有涅槃實際的異熟識本離一切法而獨自存在；像他們這樣講《心經》，離開眞實心而講《心經》，那就不應該稱爲《心經》啦！應該改名爲《蘊處界空經》，或者改名爲《一切法空經、覺知心離一切法經》。所以，那些所謂的大法師、大居士們，眞的是不懂《心經》中的眞實義。所以我說眞如心究竟寂滅！如今你知道了這個究竟寂滅的道理，從此以後就應該隨順眞如心的體性。從此以這三個正知見、發起這三個正見相，來隨順眞如心，就可以發起大誓願，願意從邪見、我見深坑中，盡未來際而平等的救拔一切眾生，這叫做大願平等。有了這些方便性的觀行，建立正知見，而發起平等的大願，就是**大願平等方便行**。以上所說的四個證悟前的方便觀行方法，就是信發心成就的四種方便行。

這個大願平等方便，主要是從初迴向位開始，得要發起金剛心；但因你還沒有悟入般若，所以做不到，那你就先熏習這個知見（是熏習而不是實證）。你熏習了這個知見之後，發了這個誓願，有一天眞的證悟了，才有能力進入初迴向位，去做破邪顯正的工作，不然，你就沒辦法去做啦！所以第四種方便行，就是讓你發起未來世破邪顯正、救護眾生的大願心，將來才能盡未來際平等的救護眾生離開我見、邪見深坑，救諸眾生離開眾生相。以上所說的四種方便行：「行根本方便、能止息方便、生長善根方便、大願平等方便」，你如果有熏習（有正確的熏習而不是錯誤的熏習），並且確實付諸於實行，加以思惟與觀行；這樣，四個方便熏習之後，你就種下了未來幾年後或未來世見道的正因，就能夠眞實的見道啦！就進入眞見道位。進入眞見道位，就是發起眞正的菩提心啦！馬鳴菩薩宣說十信位內容修行之後，接著就開始說明悟後起修佛道的過程了：

論文：【菩薩如是發心之時，則得少分見佛法身，能隨願力現八種事：謂從兜率天宮來下、入胎、住胎、出胎、出家、成佛、轉法輪、般涅槃；然猶未得名爲法身，以其過去無量世來，有漏之業未除斷故；或由惡業受於微苦，願力所持，非久被繫。】

講解 十信位修行過了，信發心成就了，接下來進入初住位。初住位不是叫你修布施行嗎？二住位則是以持戒爲主修，三住位是忍辱，這樣子經歷精進、禪定、般若等六住行；六住位之前這樣修行六度，就是**外門**廣修六度萬行；這個時程是一大阿僧祇劫的三十分之六。經由外門廣修六度萬行，完成了這個時程中應修的內涵之後，終於你敢發大心說：「**我一定要尋求般若實相的證悟，原來證悟是可能的，原來佛菩提道最重要的就是證悟如來藏的眞如法性！不悟就始終進不了內門修行！那我非得要開悟不行。**」從此以後每天在 佛前、 觀世音菩薩像前，請求佛菩薩加持，可以親遇大善知識，祈求過之後，就再努力去修外門六度萬行；後來果然親遇大善知識，追隨修行的結果，有一天突然悟了（你的證悟，是先要有前面的這些信成就的發心，以及具足外門六度萬行以後，才能眞的證悟而且不退轉），如是證悟而發起實相菩提心的時候，「則得少分見佛法身」。

怎樣才叫做「少分的見佛法身」呢？換句話說，你在外門廣行六度萬行以後，直到六住心圓滿——也就是我見眞的斷除了——所以參禪的方向一定不會有偏差，你就能比較容易證得眞如心——找到第八識啦！找到以後，就現前證驗祂，體驗看看：現前找到的這個心跟經上講的眞心體性是一樣呢？還是不一樣呢？假使證實是完全一樣，就深入第二、三轉法輪經典求印證；印證確實一樣了，接著又尋求眼見佛性的十住菩薩證量。這種明心以及見性，都是「少分見佛法身」。

明心爲什麼叫做**少分見佛法身**呢？因爲你已經看見了自己的眞如心是怎麼運

作的嘛！現前看見如來藏阿賴耶識心體的眞實性與如如性，就稱爲證眞如，這就是見佛法身，因爲諸佛的法身就是這個第八識如來藏啊！雖然祂們的無垢識是果地的第八識，你現在證得的阿賴耶識心體是因地的第八識，但是差別只在於諸佛有將第八識心體裏面所含藏的染污種子修除掉，而你現在剛剛找到祂，還沒有進入修道位中把染污種子修除掉；然而畢竟這個第八識如來藏也就是你未來成佛時的法身無垢識啊！只因爲還有許多法性尚未證得，只因爲還有許多一念無明染污種子與無始無明塵沙惑尚未斷盡，所以法身的圓滿功德性還不能現前，所以叫做「少分見佛法身」。十住菩薩的眼見佛性呢？那也是少分見佛法身啊！在山河大地上現前看見自己佛性的運作，這也是少分見佛法身。

如果你是這樣做的話，有一個功德：就是能隨願力示現八種事。但這不是戒慧直往的菩薩所能做到的哦！因爲 佛說法有一定的順序，都是先從二乘法說起：「你要先證解脫果，你證得二乘菩提的俱解脫果之後，還得要修學大乘法。」然後才教你證得大乘別教的法。 佛在五濁惡世的人間示現說法的次第，一定是這麼說的；但是也有別開方便門，讓你戒慧直往，直接進修別教的法門，以接引菩薩根性的人。可是從阿含俱解脫果、然後再說般若，再說唯識方廣諸經的三轉法輪次第來講，還是先讓眾生證得解脫果，成為俱解脫之後，再進修般若，再來修證方廣諸經唯識增上慧學的一切種智，那就成為戒定直往的途徑，與別教的行門不同。除非不是在五濁惡世的世界中示現成佛，否則諸佛說法的次第一定是這麼說的；馬鳴菩薩在這部論中也是照這個次第來說的。

所以說，證得阿羅漢位——俱解脫的菩薩阿羅漢——修得三明六通具足，因為已經迴心轉向大乘教中，捨報以後無妨不取涅槃，生到兜率天宮去。生到兜率天宮以後，追隨聖 彌勒菩薩學法；因緣成熟時，他也可以生到人間，方便示現八相成道。所謂八相：從兜率天宮下來，這是第一相；示現入母胎，選擇一對身世清淨的父母入胎，這是第二相；入胎之後，示現如同凡夫在母胎中安住（但是究竟位的後身菩薩，可以在母胎中示現廣大宮殿相，藉以度化眾生。換句話說，在母腹裏面祂也在度眾生啊！祂現廣大宮殿相，讓眾生了知：在母腹裏面也能以祂母親的肚子作道場），這是住胎，是第三相；然後示現出胎，意生身從右脅下出生，而如來藏伴隨肉身示現跟眾生一樣從產門出胎，這是第四相。然後示現出家修行，是第五相；後來示現成佛，就像 釋迦牟尼佛一樣的示現降魔和開悟；然後示現眼見佛性而成佛，這是第六相。接著示現為利樂眾生而轉法輪，這是第七相。最後捨壽而示現般涅槃，可是實際上沒有入般涅槃；般涅槃是示現給眾生看的，這是第八相。這樣總共八種行相，就是示現八相成道。

但是，這個菩薩得要是俱解脫阿羅漢，三明六神通具足而迴心入初住位起修，在六住滿心位明心而入第七住了，又在十住位眼見佛性了，才能夠這樣示現，前提是從三明六通的俱解脫境界迴心大乘法中明心又見性。戒慧直往的別教菩薩們，也就是直接修學大乘別教菩薩道的，雖然也明心而又見性了，仍然不能這樣示現。雖然勝解行位的二乘俱解脫三明六通無學，迴心大乘而明心及見性的菩薩阿羅漢們能夠如此示現，在大乘通教裏面就稱爲佛地——也就是通教佛；但是通教所說的佛果，解脫境界雖然同於八地初心，從別教般若修證內涵的階位來說，也只不過是十住位而已，所以說，他還不能稱爲「已經具足得到佛法身」。因爲，他所能夠說的法，不能像別教的初地菩薩說得那麼深細，因爲這個迴心大乘的俱解脫大菩薩還沒有發起五分法身啊！因爲初地菩薩對解脫、解脫知見以及戒、定、慧三種增上學的說法，跟這個迴心大乘的俱解脫而方便示現成佛者的說法，一定會有很大的差異，通教佛的俱解脫菩薩阿羅漢的般若智慧，不能理解別教直往初地菩薩所說的妙法，遠不能及於別教初地菩薩，卻可以因爲俱解脫果及簡單的般若智慧而示現八相成道；但是別教直往初地菩薩雖不能示現八相成道而度眾生，般若智慧卻是二乘俱解脫迴心的十住菩薩所不能及，這是凡夫眾生與二乘聖人都無法瞭解的差異。

別教中的地上菩薩一聽他說法，心裡面就會說：「這是方便來示現成佛，接引眾生入佛道，不是眞正的究竟佛。」可是他絕對不會講出來的，他心裏面知道，但絕對不會說破；他也會跟著凡夫眾生一樣的供養恭敬，來成就共同度化眾生的佛法志業，但是他心中清楚得很；當他們私下相見時，方便示現的佛一定會對他說清楚及承認方便示現的事實。可是一般眾生就會說：「這是眞佛，這是某某佛！」然而其實不是，只是示現給眾生看：「啊！人間有這樣的修行法門，眞的是可以成佛的。」只是這樣而已。所以他所證得的還不能稱之爲法身。至於爲什麼不能稱之爲法身，還有別的原因；就是由於他從過去無量世來所造的有漏之業的業種，還沒有全部除斷的緣故。

****

今天是禪三後第一次上課，我坐在這法座上面時，可得要輕鬆一下了，不盤腿了，因爲滑倒摔了一跤，扭著腳，沒辦法盤腿了。下週二要是能恢復，那就很好了。這一次禪三，因爲是增辦的，所以成績比較差一點，五十個人去參加，只過了二十個人，這是同修會有史以來成績最差的一次（編案：後來 2004 年每一梯次的禪三破參人數更少至十餘人）；然而這一次禪三的開示，也是有史以來講得最白的一次。所以有些護三菩薩們抗議說：「老師！你不公平！我們以前來禪三，都講得都很隱晦，怎麼這一次一開始就講得這麼白？」那是因爲他們的因緣不一樣——因緣比較不足——就像父母疼愛子女的心其實都是一樣的，但總是會對比較笨的子女花上更多的心血；爲了要幫助他們，所以這一梯次就必須要講得更露骨一點，否則他們更難悟入；雖然是講得很露骨，也才只有二十個人過關。

這就是說，有一些觀念，大家得要調整一下，在世俗法上我們常聽人家說：「種瓜不能得豆」，只有聽說：「種瓜得瓜，種豆得豆」；沒有說：「種豆得瓜，種瓜得豆」的。我在這一次禪三之中，第一次看見孫老師掉眼淚；那麼多年來，我沒有看過她掉眼淚，她蠻堅強的，但這次禪三期間她卻掉淚了；掉淚的原因不是因爲她做錯什麼事，也不是爲她自己，而是看見她班上參出來的人數很少，所以掉淚，她是難過、心疼。她也爲那些人求我，可是我說：「我已經使盡了吃奶的力氣了，十八般武藝不夠，又多了一樣——十九般武藝都搬出來了。」到最後一天，甚至於其中的三位同修——兩位男眾一位女眾——我還特地抬腳把他們踏倒，這樣的猛藥也沒把他們給踏出來；這是因緣還沒有到，眞是不能勉強的。參不出來，沒關係！就繼續再熏習、繼續消性障、繼續培植福德、繼續作功夫；未來因緣具足了，想要遮擋他們的開悟，其實也是擋不住的。

其實明心開悟這回事，也不一定要在兩年半、三年就一定開悟，不妨細水長流。想想古今那麼多的祖師大德，走錯路的人那麼多，一生參禪都悟不了，所以在三、四年中沒有悟入，其實也沒什麼大不了的。假使在同修會中，學習五年、十年之後能開悟，那應該算是撿來的；說句實話，只要是這一生能眞止的開悟，都算是撿來的，因爲眞是悟得太便宜了，所以大家都不必太在意的想在第一次參加禪三就開悟。而且這一次禪三明心的同修們，大部分是第二次打禪三的，所以這也是正常的。但是有個觀念，有些人的看法並不一定正確：「我修集的菩薩道福德已經夠多了，爲什麼還是沒辦法悟入？」那也得看你過去世早學、晚學？也得看你過去世修集的福德資糧夠不夠？並不是一世所修的福德資糧就夠了；也還得看你性障輕與重？還要觀察自己有沒有業障上的障礙？

此外，在種福田、培植福德資糧的事修上面，也得看你種福田時是種在什麼福田上面？譬如說：「你是在印順導師破壞如來藏的邪法上面種福田，那算是種福田嗎？」那其實是種毒田，他的法是破壞正法的，在那上面種下去，沒長出毒草來毒死你的法身慧命，就該喜出望外了，還想要因爲種這種「福田」而開悟？豈不是妄想？也有人去林口體育館供養達賴喇嘛，說是種福田，其實是在幫助他們破壞正法，因爲達賴喇嘛也是破法者，這些都是種毒田，不能說是種福田；所以不能拿這種福德來作憑藉，想要在了義正法中開悟。爲什麼他們叫作毒田而不是福田呢？因爲他們把三乘佛法根本理體的如來藏都否定掉了，使佛法中的大乘般若成爲**性空唯名**的戲論，也使二乘聖人所證的涅槃成爲斷滅境界，都是破壞正法的毒田，怎麼會是福田呢？

　　此外，也不可認爲你在慈濟功德會做了多少工作，布施了多少錢，種了多少福田；或者你在法鼓山、中台山種了多少福田，就覺得自己的福德足夠了，就認爲應該可以在正覺同修會中開悟了；不要這麼想，因爲你來這裏想要得的是了義正法；但是你以前是在那些表相正法的道場上種福田；以這樣的福因，必定只能得到表相正法的聞熏，談不上修證，所以那種福德只能在表相正法上獲得結果，不可能有了義正法親證的結果。一定如是，不然就會使**因**與**果**的**名目**不相應了。

因爲你在表相正法上種福田，所以只能在表相正法上得到果報，不可能轉而在了義正法裏得到果報，不然就會使**因與果**錯亂的；但是法界中的**因與果**是一定不會產生錯亂的，所以在表相正法上面種福田，絕不可能在了義正法上面獲得果報。你在了義正法上種福田的結果，當然也不該會證得表相正法的果報！這就是說，修行上一定會有的**因與果**，都是**名目相應**的：**表相正法中所種的福田**，**一定得到表相正法的果報**；**了義正法中種福田**，**一定獲得了義正法的果報**；沒有不如實證的，只有證的時間早晚差別而已。

有人可能聽不太懂，我就舉個世間的**因與果**來譬喻吧！就好像說：「我把錢存在同一家銀行裡，爲什麼得到的利息比別人低？」你不能怪銀行！因爲你存的是活期存款，人家存的是定期存款，性質不同，利息當然也不相同。你不能說：「同樣一家銀行，爲什麼他利息高、我利息低？」甲種存款甚至還沒有利息可拿呢！有時候銀行對支票存款，不但不付利息，還要你付手續費，在歐美的支票存款很多是這樣的，所以你還眞的不能夠相提並論呢！

又有人說：「同樣都是佛教，我已經在法鼓山、中台山種福田，你們同修會既然也是佛教，那就應該幫我證悟才對！」剛聽到這話時，大家都會覺得這個說法有道理。但是我們就打個比方，譬如說：你是在華南銀行存活期存款，卻想在台灣銀行收定期存款的利息，台灣銀行當然不肯付你定期存款的利息，連活期存款的利息都不會給你，你不可以振振有詞的說：「同樣是銀行，爲什麼你們台灣銀行不肯付給我利息？」你一定得要在華南銀行存定期存款，才能在華南銀行領到定期存款的利息啊！甚至於在華南銀行存的是活期存款，也不能向華南銀行提領定期存款的利息。同理，你在別的地方種福田，那是表相正法的福田，不是了義正法的福田，不能以此作爲要求獲得同修會了義正法果報的理由。你在法鼓山、中台山護持與熏習，應該是得到他們所傳的常見意識心境界的法；不應該在那邊護持與熏習意識境界的表相佛法，而想要在這邊獲得了義的如來藏法義修證的果報。所以你得要在了義正法上面護持與熏習正法，才能夠在了義正法上面獲得了義法修證的果報；這就好像你是在華南銀行存款，到期時不能要求台灣銀行付你本息；又譬如你跟隨善知識修學的是二乘解脫道的法理，就不能要求善知識給你大乘第一義諦的果證。世間法如此，出世間法也是如此，因果名目的觀念必須釐清，才有開悟的可能，所以這些觀念都得要改正過來。

有時候，我們因爲很早就走過這一條路了，看到你的狀況，知道你開悟的遮障在哪裡，就告訴你趕快去懺悔……等；可是你還是不肯去懺悔，或作別的彌補，那別人眞的是幫不上忙。有時候告訴你去 佛前發願求悟、向菩薩發願求悟，你不肯發願而只求悟，那就沒辦法了。你只是一心一意認定自己可以解決、認定自己一定能悟出來，結果當然沒辦法了。這就是說，觀念上面一定要修正；如果沒有修正，就沒有機會開悟；讓你去求佛、求菩薩，就是幫助你提前悟入。向佛、菩薩發願之後再求佛、菩薩加持，就好像跟佛、菩薩開期票一樣：我悟了以後要如何護持了義正法；你連期票都不肯開，心裡面想：「**了義正法能不能安穩的弘傳，那是佛菩薩的事，與我無關，我不必去護持。我只管獲得就好了。**」你說：佛、菩薩這個了義正法，三乘根本的大法就這樣白白的送給你？你得去以後，一定只會顧自己！根本不肯爲眾生的法身慧命著想。這種只顧自己的人，根本就不是菩薩性的佛弟子，他應該去學二乘法，不應該來學大乘的無上了義法；因爲大乘菩提與聲聞菩提的法大不相同，性質大不一樣嘛！這個法是只有大心的菩薩才能證得的，不是要給二乘專修解脫道而不肯廣利眾生的自了漢證得的；某些人錯誤的觀念一定要趕快修除掉，才會有開悟的可能。

另外，我還要拜託我們各班的親教師們，教材上面每一個部分都必須教，必須一句一句、一段一段的教，否則知見就會欠缺很多。有些人去禪三以前就知道眞如心了，可是進了小參室一考呢，連我見都還沒有斷除，他們都是把眞如心據爲己有——認爲眞如心的體性就是我們見聞覺知心的功能體性——和凡夫眾生沒有兩樣；這樣，都落在我見裏面，所以就繞不出來，雖然早就知道密意了，可是小參室進進出出好幾回，監香老師那邊也去問了好幾回，但是始終在外邊繞，進不了般若智慧裡面去。這就是說，「五蘊空」與「四加行」非常重要！想要明心之前，先得要把我見確實的斷除了；**覺知心常住不壞**的我見如果不能斷除，你就一定不斷的在外圍繞圈子，一定參不出來。假使跟你明說：「這個就是眞心。」你也將不敢承擔。你是用妄心把祂據爲己有，結果就變成「妄心就是眞心、眞心是妄心的一部分體性」，你這樣就顚倒了。

所以這一次禪三的成績確實是不太好，因爲這一次是照顧那些報名很多次而沒有被錄取的人，是特地增辦的。這一次禪三過了以後，下一梯次的人將會很多，想要錄取就會更困難；因爲我們一年就只能辦兩次，辦三次的機會不很大，因爲我們的人力物力都很有限，所以只能增辦這一次的禪三（編案：因為學員大量增加，所以後來每一次禪三都增加一個梯次，把義工菩薩們累癱了）。

還有一個觀念是，千萬不要先去探問密意，不要請人為你暗示眞如心的所在。因為你如果不是自己參究出來的，你縱使知道密意，理路一定不太通透，所以最後要你深入整理的時候，你就不會整理了，智慧就出不來，還是不可能被我印證開悟。在我們同修會中，並不是知道密意就算是開悟了，而是智慧能出現，能覺能知的妄心能確實的轉依如來藏，才可能被印證的。如果是問來的密意，那麼我們從經文裏面摘錄出來考你，你就答不出來了；你當然也不會作悟後的深入整理了，當然不可能被印證，悟後進修的深妙課程當然也無法參加。

這就是說：「**千萬不要事先去探問眞如心的密意是什麼？尤其是佛性這一關，特別重要，更不能去問密意，否則這一世幾乎就沒有眼見佛性的機會了。**」功夫、福德、慧力，這三個條件只要缺了一樣；或者三樣都有，但是還沒有具足的時候，如果事先知道了佛性的名義，知道佛性是什麼了，那你這一關就死掉了，這一世幾乎就不會有機會看見佛性了；這樣解悟佛性名義的結果，當然也不會有什麼功德正受。明心也是一樣，有些人一點兒信心都沒有，去到那邊，經過辛辛苦苦的推、敲、參、尋！最後當他找到眞如心的時候，那個震撼可就很大，接著般若智慧就會開始源源而出了。所以有的人悟後整理得非常好，有的人「悟後」整理不來；有的人很早就知道眞如心的密意了，可是當我們出題目給他整理時，他卻不會整理，顯然般若智慧並沒有因爲知道密意而顯發出來，所以絕對不要事先知道眞如心的密意！應該自己辛苦去參究體驗才好；在參究的過程中，我見一定會分分的斷除，這樣證得眞如心時，般若智慧才會顯發出來。

你們已經禪三破參回來的人，也不要去跟人家暗示什麼是眞如心，不許這樣做。如果有人向你請法時，那人如果是同修會內的人，你就請他去找他的親教師去；假使是會外的人，你只能告訴他眞如的體性，譬如離見聞覺知、從來不作主……等，但是不許用任何方式的機鋒去幫他。如果禪三悟後回來，擅自使機鋒或爲人明講，不管是愛表現，或是想要幫助別人開悟，都是嚴重犯規的行爲。連親教師都不可違犯這個內規，所以我們的親教師都嚴格遵守規矩，不跟學員明說；上課時也不允許使機鋒、也不可以拆講公案，包括我在內；最多只是提一下，但不可以使機鋒，也不可以拆解祖師證悟的公案，我在台中班帶的初級班也是一樣遵守這個內規。這就是說，禪淨雙修班能教給你的是正確知見和方向、方法，至於參尋眞如心的過程，就得要自己去走一遭，這樣自己參出來時，你才會有受用。禪三開悟回來之後，看經典、讀起我的書，就是與以前大不一樣，這個才是最重要的。因此不要去跟人家暗示眞如心的密意，也不要跟人家明說眞如心的密意，這不但是嚴重違規的行爲，也是害了對方。寧可去參加禪三之前一點兒信心都沒有，去到那邊之後他自己跌跌撞撞的、頭破血流的參出來，品質與見地反而更好。因爲這一次禪三有這兩種現象（知見的高低之間相差很大），所以今天特地要求親教師們一定要具足傳授教材，也爲大家說了這些話，希望對大家的求悟，能有更大的幫助（以下一段開示，是會內開新班的事相，與法義及求悟無關，省略不錄）。

＊＊＊＊＊＊＊＊＊＊＊＊＊＊＊＊＊＊＊＊＊＊＊＊＊＊＊

接下來繼續《大乘起信論》的講解，上週我們講二十八頁的第一段還沒講完，上一週講的是菩薩發心：「菩薩如是發心之時，則得少分見佛法身，能隨願力現八種事：謂從兜率天宮來下、入胎、住胎、出胎、出家、成佛、轉法輪、般涅槃。」這就是說，依佛三轉法輪的次第修上來（先俱解脫、後修般若及種智），成爲俱解脫的三明六通大阿羅漢，迴心大乘而證得眞如心以後，可以這樣示現：當他開悟般若以後——明心而且見性以後——可以方便示現成佛的**八相成道**給眾生看。因爲俱解脫的大阿羅漢迴心菩薩行，要修學五神通的話，可以在很短時間裏就全部成就，隨學隨成，這是由於四禪八定和滅盡定的功德。四禪八定是世間定，滅盡定是出世間定，又加上了他的般若——七住位的般若智慧以及十住位眼見佛性所產生的般若智慧，所以他能用三明六通、解脫道的證量、般若的證量，來方便示現八相成道。但是戒慧直往的別教菩薩眼見佛性之後仍然是做不到的，這是因爲解脫道的斷思惑、四禪八定及世間法的五神通，菩薩在未入三地心之前，都還沒有修證的緣故，那就不能這樣子方便示現八相成道的事相了。馬鳴菩薩是依三轉法輪的次第，這樣成爲二乘菩提三明六通的俱解脫無學之後，再迴心而入大乘法中，修證明心和見性以後，才能夠這樣子。

接下來說：「然猶未得名爲法身，以其過去無量世來有漏之業未除斷故；或由惡業受於微苦，願力所持，非久被繫。」像這樣子方便示現八相成道的菩薩，還是不能稱之爲證得法身。因爲這菩薩從二乘無學位迴入大乘不久，不過才幾世而已，所以他第八識心中，從過去無量世來所累積下來的有漏業種，還沒有全部除斷。既然有漏的業種還沒有除斷，那顯然還沒有眞正的成佛；甚至還不能稱祂爲證得五分法身者，因爲祂只有部分解脫身、以及部分解脫知見身，可是增上三學都還沒有具足。譬如增上定學——也就是三地菩薩與增上慧學相應的增上定學（能與增上慧學相應的四禪八定）尚未發起，而且增上戒學也還不能發起，因爲初地菩薩在性障上面已經除掉一部分的習氣種子，這位三明六通的阿羅漢菩薩雖然悟了般若，但是在解脫道上也只是除掉了煩惱的現行，還沒有開始漸除習氣種子，所以祂的增上戒學還不足很多；又因爲初地菩薩所應該有的道種智，這位從二乘迴心過來的大菩薩也還是沒有發起，所以又少了一分法身，因此只能說祂是開悟般若的菩薩，只是證得實相心，但不能說祂證得法身（法身如來藏以五法爲身，但是他的五法還沒有現起，所以他的如來藏還不能稱爲法身）。這樣的菩薩，既然習氣種子還沒有開始斷，所以有漏業的習氣種子隨眠都還沒有開始除斷，只斷現行，所以仍然不能稱之爲法身（禪宗祖師所說的證得法身，是方便說，與增上學的教門中所說的五分法身有所不同）。或是說過去世所遺留下來的惡業種子，也還沒有修除掉大部分，所以祂示現八相成道時，還是多少要受一些如同世人一樣苦痛的果報。但是因爲已經證得解脫果，心理上已經可以接受了，所以心理上沒有很大的痛苦，所以稱之爲微苦。不像眾生心中會很痛苦的呼天搶地、怨天尤人，所以不是大苦。所以說，既然有這樣的惡業現前而受微苦，就不能稱祂爲證得法身。

另外說，這個菩薩之所以這樣示現，是由於祂的願力所持，因爲祂能出三界、能得解脫果的無餘涅槃，可是他們都不取無餘涅槃，修學般若到十住位以後，爲了利益眾生而方便示現八相成道；這是他們的願力所繫，因此而示現八相成道。他們並不是長久以來被業果所繫縛，並非不能取證無餘涅槃；所以這是二乘無學——三明六通的俱解脫無學——迴入大乘以後到十住位所能示現的八相成道。（第四輯完，餘續於第五輯中講解）

佛教正覺同修會〈修學佛道次第表〉

第一階段

＊以憶佛及拜佛方式修習動中定力。
＊學第一義佛法及禪法知見。
＊無相拜佛功夫成就。
＊具備一念相續功夫—動靜中皆能看話頭。
＊努力培植福德資糧，勤修三福淨業。

第二階段

＊參話頭，參公案。
＊開悟明心，一片悟境。
＊鍛鍊功夫求見佛性。
＊眼見佛性〈餘五根亦如是〉親見世界如幻，成就如幻觀。
＊學習禪門差別智。
＊深入第一義經典。
＊修除性障及隨分修學禪定。
＊修證十行位陽焰觀。

第三階段

＊學一切種智真實正理—楞伽經、解深密經、成唯識論…。
＊參究末後句。
＊解悟末後句。
＊透牢關—親自體驗所悟末後句境界，親見實相，無得無失。
＊救護一切眾生迴向正道。護持了義正法，修證十迴向位如夢觀。
＊發十無盡願，修習百法明門，親證猶如鏡像現觀。
＊修除五蓋，發起禪定。持一切善法戒。親證猶如光影現觀。
＊進修四禪八定、四無量心、五神通。進修大乘種智，求證猶如谷響現觀。

佛菩提二主要道次第概要表——二道並修，以外無別佛法

佛菩提道——大菩提道

十信位修集信心——一劫乃至一萬劫

資糧位（外門廣修六度萬行）

- 初住位修集布施功德（以財施為主）。
- 二住位修集持戒功德。
- 三住位修集忍辱功德。
- 四住位修集精進功德。
- 五住位修集禪定功德。
- 六住位修集般若功德（熏習般若中觀及斷我見，加行位也）。

見道位（內門廣修六度萬行）

- 七住位明心般若正觀現前，親證本來自性清淨涅槃。
- 八住位起於一切法現觀般若中道。漸除性障。
- 十住位眼見佛性，世界如幻觀成就。
- 一至十行位，於廣行六度萬行中，依般若中道慧，現觀陰處界猶如陽焰，至第十行滿心位，陽焰觀成就。
- 一至十迴向位熏習一切種智；修除性障，唯留最後一分思惑不斷。第十迴向滿心位成就菩薩道如夢觀。

遠波羅蜜多

- 初地：第十迴向位滿心時，成就道種智一分（八識心王一一親證後，領受五法、三自性、七種第一義、七種性自性、二種無我法）復由勇發十無盡願，成通達位菩薩。復又永伏性障而不具斷，能證慧解脫而不取證，由大願故留惑潤生。此地主修法施波羅蜜多及百法明門。證「猶如鏡像」現觀，故滿初地心。
- 二地：初地功德滿足以後，再成就道種智一分而入二地；主修戒波羅蜜多及一切種智。滿心位成就「猶如光影」現觀，戒行自然清淨。

解脫道：二乘菩提

斷三縛結，成初果解脫 → 薄貪瞋癡，成二果解脫 → 斷五下分結，成三果解脫 → 入地前的四加行令煩惱障現行悉斷，成四果解脫，留惑潤生。分段生死已斷，煩惱障習氣種子開始斷除，兼斷無始無明上煩惱。

近波羅蜜多

大波羅蜜多

圓滿波羅蜜多

修道位

三地：二地滿心再證道種智一分，故入三地。此地主修忍波羅蜜多及四禪八定、四無量心、五神通。能成就俱解脫果而不取證，留惑潤生。滿心位成就「猶如谷響」現觀及無漏妙定意生身。

四地：由三地再證道種智一分故入四地。主修精進波羅蜜多，於此土及他方世界廣度有緣，無有疲倦。進修一切種智，滿心位成就「如水中月」現觀。

五地：由四地再證道種智一分故入五地。主修禪定波羅蜜多及一切種智，斷除下乘涅槃貪。滿心位成就「變化所成」現觀。

六地：由五地再證道種智一分故入六地。此地主修般若波羅蜜多——依道種智現觀十二因緣一一有支及意生身化身，皆自心眞如變化所現，「非有似有」，成就細相觀，不由加行而自然證得滅盡定，成俱解脫大乘無學。

七地：由六地「非有似有」現觀，再證道種智一分故入七地。此地主修一切種智及方便波羅蜜多，由重觀十二有支一一支中之流轉門及還滅門一切細相，成就方便善巧，念念隨入滅盡定。滿心位證得「如犍闥婆城」現觀。

八地：由七地極細相觀成就故再證道種智一分而入八地。此地主修一切種智及願波羅蜜多。至滿心位純無相觀任運恆起，故於相土自在，滿心位復證「如實覺知諸法相意生身」故。

九地：由八地再證道種智一分故入九地。主修力波羅蜜多及一切種智，成就四無礙，滿心位證得「種類俱生無行作意生身」。

十地：由九地再證道種智一分故入此地。此地主修一切種智——智波羅蜜多。滿心位起大法智雲，及現起大法智雲所含藏種種功德，成受職菩薩。

等覺：由十地道種智成就故入此地。此地應修一切種智，圓滿等覺地無生法忍；於百劫中修集極廣大福德，以之圓滿三十二大人相及無量隨形好。

究竟位

妙覺：示現受生人間已斷盡煩惱障一切習氣種子，並斷盡所知障一切隨眠，永斷變易生死無明，成就大般涅槃，四智圓明。人間捨壽後，報身常住色究竟天利樂十方地上菩薩；以諸化身利樂有情，永無盡期，成就究竟佛道。

七地滿心斷除故意保留之最後一分思惑時，煩惱障所攝色、受、想三陰有漏習氣種子全部斷盡。

煩惱障所攝行、識二陰無漏習氣種子任運漸斷，所知障所攝上煩惱任運漸斷。

斷盡變易生死成就大般涅槃

圓滿成就究竟佛果

佛子蕭平實 謹製

（二〇〇九、〇二 修訂）

（二〇一一、〇二 增補）

佛教正覺同修會 共修現況 及 招生公告 2016/1/16

一、共修現況：(請在共修時間來電，以免無人接聽。)

台北正覺講堂 103 台北市承德路三段 277 號九樓 捷運淡水線圓山站旁 Tel..**總機** 02-25957295（晚上）(**分機：九樓**辦公室 10、11；知客櫃檯 12、13。 **十樓**知客櫃檯 15、16；書局櫃檯 14。 **五樓**辦公室 18；知客櫃檯 19。**二樓**辦公室 20；知客櫃檯 21。) Fax..25954493

第一講堂 台北市承德路三段 277 號九樓

禪淨班：週一晚上班、週三晚上班、週四晚上班、週五晚上班、週六下午班、週六上午班（皆須報名建立學籍後始可參加共修，欲報名者詳見本公告末頁）

增上班：瑜伽師地論詳解：每月第一、三、五週之週末 17.50～20.50 平實導師講解（僅限已明心之會員參加）

禪門差別智：每月第一週日全天 平實導師主講（事冗暫停）。

佛藏經詳解 平實導師主講。已於 2013/12/17 開講，歡迎已發成佛大願的菩薩種性學人，攜眷共同參與此殊勝法會聽講。詳解 釋迦世尊於《佛藏經》中所開示的眞實義理，更爲今時後世佛子四眾，闡述佛陀演說此經的本懷。眞實尋求佛菩提道的有緣佛子，親承聽聞如是勝妙開示，當能如實理解經中義理，亦能了知於大乘法中：如何是諸法實相？善知識、惡知識要如何簡擇？如何才是清淨持戒？如何才能清淨說法？於此末法之世，眾生五濁益重，不知佛、不解法、不識僧，唯見表相，不信眞實，貪著五欲，諸方大師不淨說法，各各將導大量徒眾趣入三塗，如是師徒俱堪憐憫。是故，平實導師以大慈悲心，用淺白易懂之語句，佐以實例、譬喻而爲演說，普令聞者易解佛意，皆得契入佛法正道，如實了知佛法大藏。

此經中，對於實相念佛多所著墨，亦指出念佛要點：以實相爲依，念佛者應依止淨戒、依止清淨僧寶，捨離違犯重戒之師僧，應受學清淨之法，遠離邪見。本經是現代佛門大法師所厭惡之經典：一者由於大法師們已全都落入意識境界而無法親證實相，故於此經中所說實相全無所知，都不樂有人聞此經名，以免讀後提出問疑時無法回答；二者現代大乘佛法地區，已經普被藏密喇嘛教滲透，許多有名之大法師們大多已曾或繼續在修練雙身法，都已失去聲聞戒體及菩薩戒體，成爲地獄種姓人，已非眞正出家之人，本質只是身著僧衣而住在寺院中的世俗人。這些人對於此經都是讀不懂的，也是極爲厭惡的；他們尚不樂見此經之印行，何況流通與講解？今爲救護廣大學佛人，兼欲護持佛教血脈永續常傳，特選此經宣講之。每逢週二 18.50~20.50 開示，不限制聽講資格。會外人士需憑身分證件換證入內聽講（此是大樓管理處之安全規定，敬請見諒）。桃園、台中、台南、高雄等地講堂，亦於每週二晚上播放平實導師所講本經之 DVD，不必出示身分證件即可入內聽講，歡迎各地善信同霑法益。

第二講堂　台北市承德路三段 267 號十樓。

禪淨班：週一晚上班、週六下午班。

進階班：週三晚上班、週四晚上班、週五晚上班（禪淨班結業後轉入共修）。

佛藏經詳解：平實導師講解。每週二 18.50~20.50（影像音聲即時傳輸）。本會學員憑上課證進入聽講，會外學人請以身分證件換證進入聽講（此為大樓管理處安全管理規定之要求，敬請諒解）。

第三講堂　台北市承德路三段 277 號五樓。

進階班：週一晚上班、週三晚上班、週四晚上班、週五晚上班。

佛藏經詳解：平實導師講解。每週二 18.50~20.50（影像音聲即時傳輸）。本會學員憑上課證進入聽講，會外學人請以身分證件換證進入聽講（此為大樓管理處安全管理規定之要求，敬請諒解）。

第四講堂　台北市承德路三段 267 號二樓。

進階班：週一晚上班、週三晚上班、週四晚上班、週五晚上班（禪淨班結業後轉入共修）。

佛藏經詳解：平實導師講解。每週二 18.50~20.50（影像音聲即時傳輸）。本會學員憑上課證進入聽講，會外學人請以身分證件換證進入聽講（此為大樓管理處安全管理規定之要求，敬請諒解）。

第五、第六講堂　為**開放式講堂**，不需以身分證件換證即可進入聽講，台北市承德路三段 267 號地下一樓、地下二樓。已規劃整修完成，每逢週二晚上講經時段開放給會外人士自由聽經，請由大樓側面梯階逕行進入聽講。**聽講者請尊重講者的著作權及肖像權，請勿錄音錄影，以免違法；若有錄音錄影被查獲者，將依法處理**。

正覺祖師堂　大溪鎮美華里信義路 650 巷坑底 5 之 6 號（台 3 號省道 34 公里處 妙法寺對面斜坡道進入）電話 03-3886110　傳眞 03-3881692 本堂供奉 克勤圓悟大師，專供會員每年四月、十月各二次精進禪三共修，兼作本會出家菩薩掛單常住之用。除禪三時間以外，每逢單月第一週之週日 9:00~17:00 開放會內、外人士參訪，當天並提供午齋結緣。教內共修團體或道場，得另申請其餘時間作團體參訪，務請事先與常住確定日期，以便安排常住菩薩接引導覽，亦免妨礙常住菩薩之日常作息及修行。

桃園正覺講堂（第一、第二講堂）：桃園市介壽路 286、288 號 10 樓（陽明運動公園對面）電話：03-3749363（請於共修時聯繫，或與台北聯繫）

禪淨班：週一晚上班、週三晚上班、週四晚上班、週五晚上班。

進階班：週六上午班、週五晚上班。

佛藏經詳解：平實導師講解。每週二晚上，以台北正覺講堂所錄 DVD

放映；歡迎會外學人共同聽講，不需出示身分證件。

新竹正覺講堂 新竹市東光路 55 號二樓之一　電話 03-5724297（晚上）

第一講堂：

禪淨班：週一晚上班、週五晚上班、週六上午班。

進階班：週三晚上班、週四晚上班（由禪淨班結業後轉入共修）。

佛藏經詳解：平實導師講解。每週二晚上，以台北正覺講堂所錄 DVD 放映。歡迎會外學人共同聽講，不需出示身分證件。

第二講堂：

禪淨班：週三晚上班、週四晚上班。

佛藏經詳解：每週二晚上與第一講堂同時播放佛藏經詳解 DVD。

台中正覺講堂 04-23816090（晚上）

第一講堂 台中市南屯區五權西路二段 666 號 13 樓之四（國泰世華銀行樓上。鄰近縣市經第一高速公路前來者，由五權西路交流道可以快速到達，大樓旁有停車場，對面有素食館）。

禪淨班：週三晚上班、週四晚上班。

進階班：週一晚上班、週六上午班（由禪淨班結業後轉入共修）。

增上班：單週週末以台北增上班課程錄成 DVD 放映之，限已明心之會員參加。

佛藏經詳解：平實導師講解。每週二晚上，以台北正覺講堂所錄 DVD 放映。歡迎會外學人共同聽講，不需出示身分證件。

第二講堂 台中市南屯區五權西路二段 666 號 4 樓

禪淨班：週一晚上班、週三晚上班、週六上午班。

進階班：週五晚上班（由禪淨班結業後轉入共修）。

佛藏經詳解：每週二晚上與第一講堂同時播放佛藏經詳解 DVD。

第三講堂、第四講堂：台中市南屯區五權西路二段 666 號 4 樓。

嘉義正覺講堂 嘉義市友愛路 288 號八樓之一　電話：05-2318228

第一講堂：

禪淨班：週一晚上班、週四晚上班、週五晚上班。

進階班：週三晚上班（由禪淨班結業後轉入共修）。

佛藏經詳解：平實導師講解。每週二晚上，以台北正覺講堂所錄 DVD 放映。歡迎會外學人共同聽講，不需出示身分證件。

第二講堂 嘉義市友愛路 288 號八樓之二。

台南正覺講堂

第一講堂 台南市西門路四段 15 號 4 樓。06-2820541（晚上）

禪淨班：週一晚上班、週三晚上班、週四晚上班、週五晚上班、週六下午班。

增上班：單週週末下午，以台北增上班課程錄成 DVD 放映之，限已明心之會員參加。

佛藏經詳解：平實導師講解。每週二晚上，以台北正覺講堂所錄 DVD 放映。歡迎會外學人共同聽講，不需出示身分證件。

第二講堂　台南市西門路四段 15 號 3 樓。

佛藏經詳解：每週二晚上與第一講堂同時播放佛藏經詳解 DVD。

第三講堂　台南市西門路四段 15 號 3 樓。

進階班：週三晚上班、週四晚上班、週六上午班（由禪淨班結業後轉入共修）。

佛藏經詳解：每週二晚上與第一講堂同時播放佛藏經詳解 DVD。

高雄正覺講堂　高雄市新興區中正三路 45 號五樓 07-2234248（晚上）

第一講堂（五樓）：

禪淨班：週一晚上班、週三晚上班、週四晚上班、週五晚上班、週六上午班。

增上班：單週週末下午，以台北增上班課程錄成 DVD 放映之，限已明心之會員參加。

佛藏經詳解：平實導師講解。每週二晚上，以台北正覺講堂所錄 DVD 放映。歡迎會外學人共同聽講，不需出示身分證件。

第二講堂（四樓）：

進階班：週三晚上班、週四晚上班、週六上午班（由禪淨班結業後轉入共修）。

佛藏經詳解：每週二晚上與第一講堂同時播放佛藏經詳解 DVD。

第三講堂（三樓）：

進階班：週四晚上班（由禪淨班結業後轉入共修）。

香港正覺講堂　**☆已遷移新址☆**

九龍觀塘，成業街 10 號，電訊一代廣場 27 樓 E 室。

（觀塘地鐵站 B1 出口，步行約 4 分鐘）。電話：(852) 23262231

英文地址：Unit E, 27th Floor, TG Place, 10 Shing Yip Street, Kwun Tong, Kowloon

禪淨班：雙週六下午班 14:30-17:30，已經額滿。

雙週日下午班 14:30-17:30，2016 年 4 月底前尚可報名。

進階班：雙週五晚上班（由禪淨班結業後轉入共修）。

增上班：單週週末上午，以台北增上班課程錄成 DVD 放映之，限已明心之會員參加。

妙法蓮華經詳解：平實導師講解。雙週六 19:00-21:00，以台北正覺講堂所錄 DVD 放映；歡迎會外學人共同聽講，不需出示身分證件。

美國洛杉磯正覺講堂　☆已遷移新址☆

825 S. Lemon Ave Diamond Bar, CA 91798 U.S.A.
Tel. (909) 595-5222（請於週六 9:00~18:00 之間聯繫）
Cell. (626) 454-0607

禪淨班：每逢週末 15：30~17：30 上課。

進階班：每逢週末上午 10：00~12：00 上課。

佛藏經詳解：平實導師講解。每週六下午 13：00~15：00，以台北正覺講堂所錄 DVD 放映。歡迎各界人士共享第一義諦無上法益，不需報名。

二、招生公告　**本會台北講堂及全省各講堂，每逢四月、十月下旬開新班，每週共修一次**（每次二小時。開課日起三個月內仍可插班）；**但美國洛杉磯共修處之禪淨班得隨時插班共修。各班共修期間皆為二年半，欲參加者請向本會函索報名表**（各共修處皆於共修時間方有人執事，非共修時間請勿電詢或前來洽詢、請書），**或直接從本會官方網站**(http://www.enlighten.org.tw/newsflash/class)**或成佛之道網站下載報名表**。共修期滿時，若經報名禪三審核通過者，可參加四天三夜之禪三精進共修，有機會明心、取證如來藏，發起般若實相智慧，成為實義菩薩，脫離凡夫菩薩位。

三、新春禮佛祈福 農曆**年假**期間停止共修：自農曆新年前七天起停止共修與弘法，正月 8 日起回復共修、弘法事務。新春期間正月初一～初七 9.00～17.00 開放台北講堂、正月初一~初三開放新竹講堂、台中講堂、台南講堂、高雄講堂，以及大溪禪三道場（正覺祖師堂），方便會員供佛、祈福及會外人士請書。美國洛杉磯共修處之休假時間，請逕詢該共修處。

密宗四大派修雙身法，是外道性力派的邪法；又以生滅的識陰作為常住法，是常見外道，是假的藏傳佛教。

西藏覺囊巴以他空見弘揚第八識如來藏勝法，才是真藏傳佛教

佛教正覺同修會　弘法行事表

2014/08/19

1、**禪淨班**　以無相念佛及拜佛方式修習動中定力，實證一心不亂功夫。傳授解脫道正理及第一義諦佛法，以及參禪知見。共修期間：二年六個月。每逢四月、十月開新班，詳見招生公告表。

2、**《佛藏經》詳解**　平實導師主講。已於 2013/12/17 開講，歡迎已發成佛大願的菩薩種性學人，攜眷共同參與此殊勝法會聽講。詳解釋迦世尊於《佛藏經》中所開示的眞實義理，更爲今時後世佛子四眾，闡述 佛陀演說此經的本懷。眞實尋求佛菩提道的有緣佛子，親承聽聞如是勝妙開示，當能如實理解經中義理，亦能了知於大乘法中：如何是諸法實相？善知識、惡知識要如何簡擇？如何才是清淨持戒？如何才能清淨說法？於此末法之世，眾生五濁益重，不知佛、不解法、不識僧，唯見表相，不信眞實，貪著五欲，諸方大師不淨說法，各各將導大量徒眾趣入三塗，如是師徒俱堪憐憫。是故，平實導師以大慈悲心，用淺白易懂之語句，佐以實例、譬喻而爲演說，普令聞者易解佛意，皆得契入佛法正道，如實了知佛法大藏。每逢週二 18.50~20.50 開示，不限制聽講資格。會外人士需憑身分證件換證入內聽講（此是大樓管理處之安全規定，敬請見諒）。桃園、新竹、台中、台南、高雄等地講堂，亦於每週二晚上播放平實導師講經之 DVD，不必出示身分證件即可入內聽講，歡迎各地善信同霑法益。

有某道場專弘淨土法門數十年，於教導信徒研讀《佛藏經》時，往往告誡信徒曰：「後半部不許閱讀。」由此緣故坐令信徒失去提升念佛層次之機緣，師徒只能低品位往生淨土，令人深覺愚癡無智。由有多人建議故，平實導師開始宣講《佛藏經》，藉以轉易如是邪見，並提升念佛人之知見與往生品位。此經中，對於實相念佛多所著墨，亦指出念佛要點：以實相爲依，念佛者應依止淨戒、依止清淨僧寶，捨離違犯重戒之師僧，應受學清淨之法，遠離邪見。本經是現代佛門大法師所厭惡之經典：一者由於大法師們已全都落入意識境界而無法親證實相，故於此經中所說實相全無所知，都不樂有人聞此經名，以免讀後提出問疑時無法回答；二者現代大乘佛法地區，已經普被藏密喇嘛教滲透，許多有名之大法師們大多已曾或繼續在修練雙身法，都已失去聲聞戒體及菩薩戒體，成爲地獄種姓人，已非眞正出家之人，本質上只是身著僧衣而住在寺院中的世俗人。這些人對於此經都是讀不懂的，也是極爲厭惡的；他們尚不樂見此經之印行，何況流通與講解？今爲救護廣大學佛人，兼欲護持佛教血脈永續常傳，特選此經宣講之，主講者平實導師。

3、**瑜伽師地論**詳解　詳解論中所言凡夫地至佛地等 17 師之修證境界與理論，從凡夫地、聲聞地……宣演到諸地所證一切種智之眞實正理。由平實導師開講，每逢一、三、五週之週末晚上開示，僅限已明心之會員參加。

4、**精進禪三**　主三和尚：平實導師。於四天三夜中，以克勤圓悟大師及大慧宗杲之禪風，施設機鋒與小參、公案密意之開示，幫助會員剋期取證，親證不生不滅之眞實心——人人本有之如來藏。每年四月、十月各舉辦二個梯次；平實導師主持。僅限本會會員參加禪淨班共修期滿，報名審核通過者，方可參加。並選擇會中定力、慧力、福德三條件皆已具足之已明心會員，給以指引，令得眼見自己無形無相之佛性遍佈山河大地，眞實而無障礙，得以肉眼現觀世界身心悉皆如幻，具足成就如幻觀，圓滿十住菩薩之證境。

5、**阿含經**詳解　選擇重要之阿含部經典，依無餘涅槃之實際而加以詳解，令大眾得以現觀諸法緣起性空，亦復不墮斷滅見中，顯示經中所隱說之涅槃實際—如來藏—確實已於四阿含中隱說；令大眾得以聞後觀行，確實斷除我見乃至我執，證得**見到**眞現觀，乃至**身證**……等眞現觀；已得大乘或二乘見道者，亦可由此聞熏及聞後之觀行，除斷我所之貪著，成就慧解脫果。由平實導師詳解。不限制聽講資格。

6、**大法鼓經**詳解　詳解末法時代大乘佛法修行之道。佛教正法消毒妙藥塗於大鼓而以擊之，凡有眾生聞之者，一切邪見鉅毒悉皆消殞；此經即是大法鼓之正義，凡聞之者，所有邪見之毒悉皆滅除，見道不難；亦能發起菩薩無量功德，是故諸大菩薩遠從諸方佛土來此娑婆聞修此經。由平實導師詳解。不限制聽講資格。

7、**解深密經**詳解　重講本經之目的，在於令諸已悟之人明解大乘法道之成佛次第，以及悟後進修一切種智之內涵，確實證知三種自性性，並得據此證解七眞如、十眞如等正理。每逢週二 18.50~20.50 開示，由平實導師詳解。將於《大法鼓經》講畢後開講。不限制聽講資格。

8、**成唯識論**詳解　詳解一切種智眞實正理，詳細剖析一切種智之微細深妙廣大正理；並加以舉例說明，使已悟之會員深入體驗所證如來藏之微密行相；及證驗見分相分與所生一切法，皆由如來藏—阿賴耶識—直接或展轉而生，因此證知一切法無我，證知無餘涅槃之本際。將於增上班《瑜伽師地論》講畢後，由平實導師重講。僅限已明心之會員參加。

9、**精選如來藏系經典**詳解　精選如來藏系經典一部，詳細解說，以此完全印證會員所悟如來藏之眞實，得入不退轉住。另行擇期詳細解說之，由平實導師講解。僅限已明心之會員參加。

10、**禪門差別智**　藉禪宗公案之微細淆訛難知難解之處，加以宣說及剖析，以增進明心、見性之功德，啓發差別智，建立擇法眼。每月第一週日全天，由平實導師開示，僅限破參明心後，復又眼見佛性者參加（事冗暫停）。

11、**枯木禪**　先講智者大師的《小止觀》，後說《釋禪波羅蜜》，詳解四禪八定之修證理論與實修方法，細述一般學人修定之邪見與岔路，及對禪定證境之誤會，消除枉用功夫、浪費生命之現象。已悟般若者，可以藉此而實修初禪，進入大乘通教及聲聞教的三果心解脫境界，配合應有的大福德及後得無分別智、十無盡願，即可進入初地心中。親教師：平實導師。未來緣熟時將於大溪正覺寺開講。不限制聽講資格。

註：本會例行年假，自 2004 年起，改爲每年農曆新年前七天開始停息弘法事務及共修課程，農曆正月 8 日回復所有共修及弘法事務。新春期間（每日 9.00~17.00）開放台北講堂，方便會員禮佛祈福及會外人士請書。大溪鎮的正覺祖師堂，開放參訪時間，詳見〈正覺電子報〉或成佛之道網站。本表得因時節因緣需要而隨時修改之，不另作通知。

佛教正覺同修會　贈閱書籍 目錄

2015/09/29

1.**無相念佛**　平實導師著　回郵 10 元
2.**念佛三昧修學次第**　平實導師述著　回郵 25 元
3.**正法眼藏—護法集**　平實導師述著　回郵 35 元
4.**真假開悟簡易辨正法&佛子之省思**　平實導師著　回郵 3.5 元
5.**生命實相之辨正**　平實導師著　回郵 10 元
6.**如何契入念佛法門**（附：印順法師否定極樂世界）平實導師著　回郵 3.5 元
7.**平實書箋**—答元覽居士書　平實導師著　回郵 35 元
8.**三乘唯識**—如來藏系經律彙編　平實導師編　回郵 80 元
（精裝本　長 27 cm　寬 21 cm　高 7.5 cm　重 2.8 公斤）
9.**三時繫念全集**—修正本　回郵掛號 40 元（長 26.5 cm×寬 19 cm）
10.**明心與初地**　平實導師述　回郵 3.5 元
11.**邪見與佛法**　平實導師述著　回郵 20 元
12.**菩薩正道**—回應義雲高、釋性圓…等外道之邪見　正燦居士著 回郵 20 元
13.**甘露法雨**　平實導師述　回郵 20 元
14.**我與無我**　平實導師述　回郵 20 元
15.**學佛之心態**—修正錯誤之學佛心態始能與正法相應 孫正德老師著 回郵35元
附錄：平實導師著**《略說八、九識並存…等之過失》**
16.**大乘無我觀**—《悟前與悟後》別說　平實導師述著　回郵 20 元
17.**佛教之危機**—中國台灣地區現代佛教之真相（附錄：公案拈提六則）
平實導師著　回郵 25 元
18.**燈 影**—燈下黑（覆「求教後學」來函等）　平實導師著　回郵 35 元
19.**護法與毀法**—覆上平居士與徐恒志居士網站毀法二文
張正圜老師著　回郵 35 元
20.**淨土聖道**—兼評**選擇本願念佛**　正德老師著　**由正覺同修會購贈** 回郵 25 元
21.**辨唯識性相**—對「紫蓮心海《辯唯識性相》書中否定阿賴耶識」之回應
正覺同修會 台南共修處法義組 著　回郵 25 元
22.**假如來藏**—對法蓮法師《如來藏與阿賴耶識》書中否定阿賴耶識之回應
正覺同修會 台南共修處法義組 著　回郵 35 元
23.**入不二門**—公案拈提集錦 第一輯（於平實導師公案拈提諸書中選錄約二十則，
合輯爲一冊流通之）平實導師著　回郵 20 元
24.**真假邪說**—西藏密宗索達吉喇嘛《破除邪說論》真是邪說
釋正安法師著　回郵 35 元
25.**真假開悟**—真如、如來藏、阿賴耶識間之關係　平實導師述著　回郵 35 元
26.**真假禪和**—辨正釋傳聖之謗法謬說　孫正德老師著　回郵 30 元

27.**眼見佛性**—駁慧廣法師眼見佛性的含義文中謬說
游正光老師著　回郵 25 元

28.**普門自在**—公案拈提集錦 第二輯（於平實導師公案拈提諸書中選錄約二十則，合輯爲一冊流通之）平實導師著　回郵 25 元

29.**印順法師的悲哀**—以現代禪的質疑為線索　恒毓博士著　回郵 25 元

30.**識蘊真義**—現觀識蘊內涵、取證初果、親斷三縛結之具體行門。
—依《成唯識論》及《唯識述記》正義，略顯安慧《大乘廣五蘊論》之邪謬
平實導師著　回郵 35 元

31.**正覺電子報** 各期紙版本　免附回郵　每次最多函索三期或三本。
（已無存書之較早各期，不另增印贈閱）

32.**現代人應有的宗教觀**　蔡正禮老師 著　回郵 3.5 元

33.**遠惑趣道**—正覺電子報般若信箱問答錄　第一輯　回郵 20 元

34.**遠惑趣道**—正覺電子報般若信箱問答錄　第二輯　回郵 20 元

35.**確保您的權益**—器官捐贈應注意自我保護　游正光老師 著　回郵 10 元

36.**正覺教團電視弘法三乘菩提 DVD 光碟（一）**
由正覺教團多位親教師共同講述錄製 DVD 8 片，MP3 一片，共 9 片。有二大講題：一爲「三乘菩提之意涵」，二爲「學佛的正知見」。內容精闢，深入淺出，精彩絕倫，幫助大眾快速建立三乘法道的正知見，免被外道邪見所誤導。有志修學三乘佛法之學人不可不看。（製作工本費 100 元，回郵 25 元）

37.**正覺教團電視弘法 DVD 專輯（二）**
總有二大講題：一爲「三乘菩提之念佛法門」，一爲「學佛正知見（第二篇）」，由正覺教團多位親教師輪番講述，內容詳細闡述如何修學念佛法門、實證念佛三昧，以及學佛應具有的正確知見，可以幫助發願往生西方極樂淨土之學人，得以把握往生，更可令學人快速建立三乘法道的正知見，免於被外道邪見所誤導。有志修學三乘佛法之學人不可不看。（一套 17 片，工本費 160 元。回郵 35 元）

38.**佛藏經** 燙金精裝本　每冊回郵 20 元。正修佛法之道場欲大量索取者，請正式發函並蓋用大印寄來索取（2008.04.30 起開始敬贈）

39.**喇嘛性世界**—揭開假藏傳佛教譚崔瑜伽的面紗　張善思 等人合著
由正覺同修會購贈　回郵 20 元

40.**假藏傳佛教的神話**—性、謊言、喇嘛教　張正玄教授編著　回郵 20 元
由正覺同修會購贈　回郵 20 元

41.**隨　緣**—理隨緣與事隨緣　平實導師述　回郵 20 元。

42.**學佛的覺醒**　正枝居士 著　回郵 25 元

43.**導師之真實義**　蔡正禮老師 著　回郵 10 元

44.**淺談達賴喇嘛之雙身法**—兼論解讀「密續」之達文西密碼
吳明芷居士 著　回郵 10 元

45.**魔界轉世**　張正玄居士 著　回郵 10 元

46.**一貫道與開悟**　蔡正禮老師 著　回郵 10 元

47.**博愛**—愛盡天下女人　正覺教育基金會 編印　回郵 10 元
48.**意識虛妄經教彙編**—實證解脫道的關鍵經文　正覺同修會編印　回郵25元
49.**邪箭囈語**—破斥藏密外道多識仁波切《破魔金剛箭雨論》之邪說
陸正元老師著　上、下冊回郵各 30 元
50.**真假沙門**—依 佛聖教闡釋佛教僧寶之定義
蔡正禮老師著　俟正覺電子報連載後結集出版
51.**真假禪宗**—藉評論釋性廣《印順導師對變質禪法之批判
及對禪宗之肯定》以顯示真假禪宗
附論一：凡夫知見 無助於佛法之信解行證
附論二：世間與出世間一切法皆從如來藏實際而生而顯
余正偉老師著　俟正覺電子報連載後結集出版　回郵未定
52.**假鋒虛焰金剛乘**—揭示顯密正理，兼破索達吉師徒《般若鋒兮金剛焰》。
釋正安 法師著　俟正覺電子報連載後結集出版

★ 上列贈書之郵資，係台灣本島地區郵資，大陸、港、澳地區及外國地區，請另計酌增（大陸、港、澳、國外地區之郵票不許通用）。尚未出版之書，請勿先寄來郵資，以免增加作業煩擾。

★ 本目錄若有變動，唯於後印之書籍及「成佛之道」網站上修正公佈之，不另行個別通知。

函索書籍請寄：佛教正覺同修會　103 台北市承德路 3 段 277 號 9 樓
台灣地區函索書籍者請附寄郵票，無時間購買郵票者可以等值現金抵用，但不接受郵政劃撥、支票、匯票。大陸地區得以人民幣計算，國外地區請以美元計算（請勿寄來當地郵票，在台灣地區不能使用）。欲以掛號寄遞者，請另附掛號郵資。

親自索閱：正覺同修會各共修處。　★請於共修時間前往取書，餘時無人在道場，請勿前往索取；共修時間與地點，詳見書末正覺同修會共修現況表（以近期之共修現況表為準）。

註：正智出版社發售之局版書，請向各大書局購閱。若書局之書架上已經售出而無陳列者，請向書局櫃台指定洽購；若書局不便代購者，請於正覺同修會共修時間前往各共修處請購，正智出版社已派人於共修時間送書前往各共修處流通。 郵政劃撥購書及 大陸地區 購書，請詳別頁正智出版社發售書籍目錄最後頁之說明。

成佛之道 網站：http://www.a202.idv.tw　正覺同修會已出版之結緣書籍，多已登載於 成佛之道 網站，若住外國、或住處遙遠，不便取得正覺同修會贈閱書籍者，可以從本網站閱讀及下載。　書局版之《宗通與說通》亦已上網，台灣讀者可向書局洽購，售價 300 元。《狂密與眞密》第一輯~第四輯，亦於 2003.5.1.全部於本網站登載完畢；台灣地區讀者請向書局洽購，每輯約 400 頁，售價 300 元（網站下載紙張費用較貴，容易散失，難以保存，亦較不精美）。

＊＊假藏傳佛教修雙身法，非佛教＊＊

正智出版社 籌募弘法基金發售書籍目錄　2016/4/15

1.**宗門正眼**—公案拈提 第一輯 重拈　平實導師著　500 元

因重寫內容大幅度增加故，字體必須改小，並增為 576 頁 主文 546 頁。比初版更精彩、更有內容。初版《禪門摩尼寶聚》之讀者，可寄回本公司免費調換新版書。免附回郵，亦無截止期限。（2007 年起，每冊附贈本公司精製公案拈提〈超意境〉CD 一片。市售價格 280 元，多購多贈。）

2.**禪淨圓融**　平實導師著　200 元（第一版舊書可換新版書。）

3.**真實如來藏**　平實導師著　400 元

4.**禪—悟前與悟後**　平實導師著　上、下冊，每冊 250 元

5.**宗門法眼**—公案拈提 第二輯　平實導師著　500 元
（2007 年起，每冊附贈本公司精製公案拈提〈超意境〉CD 一片）

6.**楞伽經詳解**　平實導師著　全套共 10 輯　每輯 250 元

7.**宗門道眼**—公案拈提 第三輯　平實導師著　500 元
（2007 年起，每冊附贈本公司精製公案拈提〈超意境〉CD 一片）

8.**宗門血脈**—公案拈提 第四輯　平實導師著　500 元
（2007 年起，每冊附贈本公司精製公案拈提〈超意境〉CD 一片）

9.**宗通與說通**—成佛之道 平實導師著 主文 381 頁 全書 400 頁售價 300 元

10.**宗門正道**—公案拈提 第五輯　平實導師著　500 元
（2007 年起，每冊附贈本公司精製公案拈提〈超意境〉CD 一片）

11.**狂密與真密 一～四輯**　平實導師著　西藏密宗是人間最邪淫的宗教，本質不是佛教，只是披著佛教外衣的印度教性力派流毒的喇嘛教。此書中將西藏密宗密傳之男女雙身合修樂空雙運所有祕密與修法，毫無保留完全公開，並將全部喇嘛們所不知道的部分也一併公開。內容比大辣出版社喧騰一時的《西藏慾經》更詳細。並且函蓋藏密的所有祕密及其錯誤的中觀見、如來藏見……等，藏密的所有法義都在書中詳述、分析、辨正。每輯主文三百餘頁　每輯全書約 400 頁　售價每輯 300 元

12.**宗門正義**—公案拈提 第六輯　平實導師著　500 元
（2007 年起，每冊附贈本公司精製公案拈提〈超意境〉CD 一片）

13.**心經密意**—心經與解脫道、佛菩提道、祖師公案之關係與密意　平實導師述　300 元

14.**宗門密意**—公案拈提 第七輯　平實導師著　500 元
（2007 年起，每冊附贈本公司精製公案拈提〈超意境〉CD 一片）

15.**淨土聖道**—兼評「選擇本願念佛」　正德老師著　200 元

16.**起信論講記**　平實導師述著　共六輯　每輯三百餘頁　售價各 250 元

17.**優婆塞戒經講記**　平實導師述著 共八輯 每輯三百餘頁 售價各 250 元

18.**真假活佛**—略論附佛外道盧勝彥之邪說（對前岳靈犀網站主張「盧勝彥是證悟者」之修正）　正犀居士（岳靈犀）著　流通價 140 元

19.**阿含正義**—唯識學探源　平實導師著　共七輯　每輯 300 元

20.**超意境** CD 以平實導師公案拈提書中超越意境之頌詞，加上曲風優美的旋律，錄成令人嚮往的超意境歌曲，其中包括正覺發願文及平實導師親自譜成的黃梅調歌曲一首。詞曲雋永，殊堪翫味，可供學禪者吟詠，有助於見道。內附設計精美的彩色小冊，解說每一首詞的背景本事。每片 280 元。【每購買公案拈提書籍一冊，即贈送一片。】

21.**菩薩底憂鬱** CD 將菩薩情懷及禪宗公案寫成新詞，並製作成超越意境的優美歌曲。 1.主題曲〈菩薩底憂鬱〉，描述地後菩薩能離三界生死而迴向繼續生在人間，但因尚未斷盡習氣種子而有極深沈之憂鬱，非三賢位菩薩及二乘聖者所知，此憂鬱在七地滿心位方才斷盡；本曲之詞中所說義理極深，昔來所未曾見；此曲係以優美的情歌風格寫詞及作曲，聞者得以激發嚮往諸地菩薩境界之大心，詞、曲都非常優美，難得一見；其中勝妙義理之解說，已印在附贈之彩色小冊中。 2.以各輯公案拈提中直示禪門入處之頌文，作成各種不同曲風之超意境歌曲，值得玩味、參究；聆聽公案拈提之優美歌曲時，請同時閱讀內附之印刷精美說明小冊，可以領會超越三界的證悟境界；未悟者可以因此引發求悟之意向及疑情，眞發菩提心而邁向求悟之途，乃至因此眞實悟入般若，成眞菩薩。 3.正覺總持咒新曲，總持佛法大意；總持咒之義理，已加以解說並印在隨附之小冊中。本 CD 共有十首歌曲，長達 63 分鐘。每盒各附贈二張購書優惠券。每片 280 元。

22.**禪意無限** CD 平實導師以公案拈提書中偈頌寫成不同風格曲子，與他人所寫不同風格曲子共同錄製出版，幫助參禪人進入禪門超越意識之境界。盒中附贈彩色印製的精美解說小冊，以供聆聽時閱讀，令參禪人得以發起參禪之疑情，即有機會證悟本來面目而發起實相智慧，實證大乘菩提般若，能如實證知般若經中的眞實意。本 CD 共有十首歌曲，長達 69 分鐘，每盒各附贈二張購書優惠券。每片 280 元。

23.**我的菩提路**第一輯　釋悟圓、釋善藏等人合著　售價 300 元

24.**我的菩提路**第二輯　郭正益、張志成等人合著　售價 300 元

25.**鈍鳥與靈龜**—考證後代凡夫對大慧宗杲禪師的無根誹謗。

平實導師著 共 458 頁 售價 350 元

26.**維摩詰經講記** 平實導師述 共六輯 每輯三百餘頁 售價各 250 元

27.**真假外道**—破劉東亮、杜大威、釋證嚴常見外道見　正光老師著　200 元

28.**勝鬘經講記**—兼論印順《勝鬘經講記》對於《勝鬘經》之誤解。

平實導師述　共六輯　每輯三百餘頁　售價 250 元

29.**楞嚴經講記** 平實導師述 共 **15** 輯，每輯三百餘頁 售價 300 元

30.**明心與眼見佛性**—駁慧廣〈蕭氏「眼見佛性」與「明心」之非〉文中謬說

正光老師著　共 448 頁　售價 300 元

31.**見性與看話頭** 黃正倖老師 著，本書是禪宗參禪的方法論。

內文 375 頁，全書 416 頁，售價 300 元。

32.**達賴真面目**—玩盡天下女人 白正偉老師 等著 中英對照彩色精裝大本 800 元

33.**喇嘛性世界**—揭開假藏傳佛教譚崔瑜伽的面紗　張善思 等人著　200 元
34.**假藏傳佛教的神話**—性、謊言、喇嘛教　正玄教授編著　200 元
35.**金剛經宗通**　平實導師述　共九輯　每輯售價 250 元。
36.**空行母**—性別、身分定位，以及藏傳佛教。
珍妮·坎貝爾著 呂艾倫 中譯 售價 250 元
37.**末代達賴**—性交教主的悲歌　張善思、呂艾倫、辛燕編著 售價 250 元
38.**霧峰無霧**—給哥哥的信　辨正釋印順對佛法的無量誤解
游宗明 老師著　售價 250 元
39.**第七意識與第八意識？**—穿越時空「超意識」
平實導師述　每冊 300 元
40.**黯淡的達賴**—失去光彩的諾貝爾和平獎
正覺教育基金會編著　每冊 250 元
41.**童女迦葉考**—論呂凱文〈佛教輪迴思想的論述分析〉之謬。
平實導師 著 定價 180 元
42.**人間佛教**—實證者必定不悖三乘菩提
平實導師 述，定價 400 元
43.**實相經宗通**　平實導師述　共八輯　每輯 250 元
44.**真心告訴您(一)**—達賴喇嘛在幹什麼？
正覺教育基金會編著　售價 250 元
45.**中觀金鑑**—詳述應成派中觀的起源與其破法本質
孫正德老師著　分為上、中、下三冊，每冊 250 元
46.**佛法入門**—迅速進入三乘佛法大門，消除久學佛法漫無方向之窘境。
○○居士著　將於正覺電子報連載後出版。售價 250 元
47.**藏傳佛教要義**—《狂密與真密》之簡體字版　平實導師 著 上、下冊
僅在大陸流通　每冊 300 元
48.**法華經講義**　平實導師述　共二十五輯　每輯 300 元
已於 2015/05/31 起開始出版，每二個月出版一輯
49.**西藏「活佛轉世」制度**—附佛、造神、世俗法
許正豐、張正玄老師合著　定價 150 元
50.**廣論三部曲**　郭正益老師著　定價 150 元
51.**真心告訴您(二)**—達賴喇嘛是佛教僧侶嗎？
—補祝達賴喇嘛八十大壽
正覺教育基金會編著　售價 300 元
52.**廣論之平議**—宗喀巴《菩提道次第廣論》之平議　正雄居士著
約二或三輯　俟正覺電子報連載後結集出版　書價未定
53.**末法導護**—對印順法師中心思想之綜合判攝　正慶老師著　書價未定
54.**菩薩學處**—菩薩四攝六度之要義　陸正元老師著　出版日期未定。
55.**八識規矩頌**詳解　○○居士 註解　出版日期另訂　書價未定。
56.**印度佛教史**—法義與考證。依法義史實評論印順《印度佛教思想史、佛教史地考論》之謬說　正偉老師著　出版日期未定　書價未定

57.**中國佛教史**—依中國佛教正法史實而論。 ○○老師 著 書價未定。

58.**中論正義**—釋龍樹菩薩《中論》頌正理。

孫正德老師著 出版日期未定 書價未定

59.**中觀正義**—註解平實導師《中論正義頌》。

○○法師（居士）著 出版日期未定 書價未定

60.**佛藏經講記** 平實導師述 出版日期未定 書價未定

61.**阿含經講記**—將選錄四阿含中數部重要經典全經講解之，講後整理出版。

平實導師述 約二輯 每輯300元 出版日期未定

62.**寶積經講記** 平實導師述 每輯三百餘頁 優惠價300元 出版日期未定

63.**解深密經講記** 平實導師述 約四輯 將於重講後整理出版

64.**成唯識論略解** 平實導師著 五～六輯 每輯300元 出版日期未定

65.**修習止觀坐禪法要講記** 平實導師述 每輯三百餘頁

將於正覺寺建成後重講、以講記逐輯出版 出版日期未定

66.**無門關**—《無門關》公案拈提 平實導師著 出版日期未定

67.**中觀再論**—兼述印順《中觀今論》謬誤之平議。正光老師著 出版日期未定

68.**輪迴與超度**—佛教超度法會之真義。

○○法師（居士）著 出版日期未定 書價未定

69.**《釋摩訶衍論》平議**—對偽稱龍樹所造《釋摩訶衍論》之平議

○○法師（居士）著 出版日期未定 書價未定

70.**正覺發願文**註解—以真實大願為因 得證菩提

正德老師著 出版日期未定 書價未定

71.**正覺總持咒**—佛法之總持 正圜老師著 出版日期未定 書價未定

72.**涅槃**—論四種涅槃 平實導師著 出版日期未定 書價未定

73.**三自性**—依四食、五蘊、十二因緣、十八界法，說三性三無性。

作者未定 出版日期未定

74.**道品**—從三自性說大小乘三十七道品 作者未定 出版日期未定

75.**大乘緣起觀**—依四聖諦七真如現觀十二緣起 作者未定 出版日期未定

76.**三德**—論解脫德、法身德、般若德。 作者未定 出版日期未定

77.**真假如來藏**—對印順《如來藏之研究》謬說之平議 作者未定 出版日期未定

78.**大乘道次第** 作者未定 出版日期未定 書價未定

79.**四緣**—依如來藏故有四緣。 作者未定 出版日期未定

80.**空之探究**—印順《空之探究》謬誤之平議 作者未定 出版日期未定

81.**十法義**—論阿含經中十法之正義 作者未定 出版日期未定

82.**外道見**—論述外道六十二見 作者未定 出版日期未定

正智出版社有限公司　書籍介紹

禪淨圓融：言淨土諸祖所未曾言，示諸宗祖師所未曾示；禪淨圓融，另闢成佛捷徑，兼顧自力他力，闡釋淨土門之速行易行道，亦同時揭櫫聖教門之速行易行道；令廣大淨土行者得免緩行難證之苦，亦令聖道門行者得以藉著淨土速行道而加快成佛之時劫。乃前無古人之超勝見地，非一般弘揚禪淨法門典籍也，先讀為快。平實導師著 200元。

宗門正眼—公案拈提第一輯：繼承克勤圜悟大師碧巖錄宗旨之禪門鉅作。先則舉示當代大法師之邪說，消弭當代禪門大師鄉愿之心態，摧破當今禪門「世俗禪」之妄談；次則旁通教法，表顯宗門正理；繼以道之次第，消弭古今狂禪；後藉言語及文字機鋒，直示宗門入處。悲智雙運，禪味十足，數百年來難得一睹之禪門鉅著也。平實導師著　500元（原初版書《禪門摩尼寶聚》，改版後補充為五百餘頁新書，總計多達二十四萬字，內容更精彩，並改名為《宗門正眼》，讀者原購初版《禪門摩尼寶聚》皆可寄回本公司免費換新，免附回郵，亦無截止期限）（2007年起，凡購買公案拈提第一輯至第七輯，每購一輯皆贈送本公司精製公案拈提〈超意境〉CD一片，市售價格280元，多購多贈）。

禪—悟前與悟後：本書能建立學人悟道之信心與正確知見，圓滿具足而有次第地詳述禪悟之功夫與禪悟之內容，指陳參禪中細微淆訛之處，能使學人明自真心、見自本性。若未能悟入，亦能以正確知見辨別古今中外一切大師究係真悟？或屬錯悟？便有能力揀擇，捨名師而選明師，後時必有悟道之緣。一旦悟道，遲者七次人天往返，便出三界，速者一生取辦。學人欲求開悟者，不可不讀。　平實導師著。上、下冊共500元，單冊250元。

真實如來藏：如來藏眞實存在，乃宇宙萬有之本體，並非印順法師、達賴喇嘛等人所說之「唯有名相、無此心體」。如來藏是涅槃之本際，是一切有智之人竭盡心智、不斷探索而不能得之生命實相；是古今中外許多大師自以爲悟而當面錯過之生命實相。如來藏即是阿賴耶識，乃是一切有情本自具足、不生不滅之眞實心。當代中外大師於此書出版之前所未能言者，作者於本書中盡情流露、詳細闡釋。眞悟者讀之，必能增益悟境、智慧增上；錯悟者讀之，必能檢討自己之錯誤，免犯大妄語業；未悟者讀之，能知參禪之理路，亦能以之檢查一切名師是否眞悟。此書是一切哲學家、宗教家、學佛者及欲昇華心智之人必讀之鉅著。　平實導師著　售價400元。

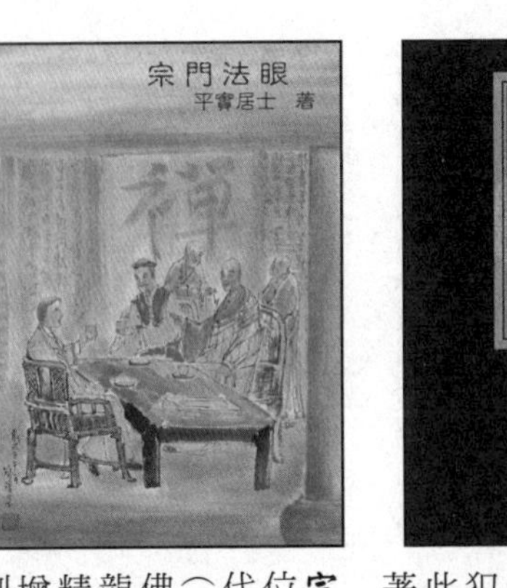

宗門法眼—公案拈提第二輯：列舉實例，闡釋土城廣欽老和尚之悟處；並直示這位不識字的老和尚妙智橫生之根由，繼而剖析禪宗歷代大德之開悟公案，解析當代密宗高僧卡盧仁波切之錯悟證據，並例舉當代顯宗高僧、大居士之錯悟證據（凡健在者，爲免影響其名聞利養，皆隱其名）。藉辨正當代名師之邪見，向廣大佛子指陳禪悟之正道，彰顯宗門法眼。悲勇兼出，強捋虎鬚；慈智雙運，巧探驪龍；摩尼寶珠在手，直示宗門入處，禪味十足；若非大悟徹底，不能爲之。禪門精奇人物，允宜人手一冊，供作參究及悟後印證之圭臬。本書於2008年4月改版，增寫爲大約500頁篇幅，以利學人研讀參究時更易悟入宗門正法，以前所購初版首刷及初版二刷舊書，皆可免費換取新書。平實導師著　500元（2007年起，凡購買公案拈提第一輯至第七輯，每購一輯皆贈送本公司精製公案拈提〈超意境〉CD一片，市售價格280元，多購多贈）。

宗門道眼—公案拈提第三輯：繼宗門法眼之後，再以金剛之作略、慈悲之胸懷、犀利之筆觸，舉示寒山、拾得、布袋三大士之悟處，消弭當代錯悟者對於寒山大士……等之誤會及誹謗。　亦舉出民初以來與虛雲和尚齊名之蜀郡鹽亭袁煥仙夫子——南懷瑾老師之師，其「悟處」何在？並蒐羅許多眞悟祖師之證悟公案，顯示禪宗歷代祖師之睿智，指陳部分祖師、奧修及當代顯密大師之謬悟，作爲殷鑑，幫助禪子建立及修正參禪之方向及知見。假使讀者閱此書已，一時尚未能悟，亦可一面加功用行，一面以此宗門道眼辨別眞假善知識，避開錯誤之印證及歧路，可免大妄語業之長劫慘痛果報。欲修禪宗之禪者，務請細讀。平實導師著　售價500元（2007年起，凡購買公案拈提第一輯至第七輯，每購一輯皆贈送本公司精製公案拈提〈超意境〉CD一片，市售價格280元，多購多贈）。

楞伽經詳解：本經是禪宗見道者印證所悟眞僞之根本經典，亦是禪宗見道者悟後起修之依據經典；故達摩祖師於印證二祖慧可大師之後，將此經典連同佛鉢祖衣一併交付二祖，令其依此經典佛示金言、進入修道位，修學一切種智。由此可知此經對於眞悟之人修學佛道，是非常重要之一部經典。此經能破外道邪說，亦破佛門中錯悟名師之謬說，亦破禪宗部分祖師之狂禪：不讀經典、一向主張「一悟即成究竟佛」之謬執。並開示愚夫所行禪、觀察義禪、攀緣如禪、如來禪等差別，令行者對於三乘禪法差異有所分辨；亦糾正禪宗祖師古來對於如來禪之誤解，嗣後可免以訛傳訛之弊。此經亦是法相唯識宗之根本經典，禪者悟後欲修一切種智而入初地者，必須詳讀。　平實導師著，全套共十輯，已全部出版完畢，每輯主文約320頁，每冊約352頁，定價250元。

宗門血脈—公案拈提第四輯：末法怪象—許多修行人自以爲悟，每將無念靈知認作眞實；崇尚二乘法諸師及其徒衆，則將外於如來藏之緣起性空—無因論之無常空、斷滅空、一切法空—錯認爲　佛所說之般若空性。這兩種現象已於當今海峽兩岸及美加地區顯密大師之中普遍存在；人人自以爲悟，心高氣壯，便敢寫書解釋祖師證悟之公案，大多出於意識思惟所得，言不及義，錯誤百出，因此誤導廣大佛子同陷大妄語之地獄業中而不能自知。彼等書中所說之悟處，其實處處違背第一義經典之聖言量。彼等諸人不論是否身披袈裟，都非佛法宗門血脈，或雖有禪宗法脈之傳承，亦只徒具形式；猶如螟蛉，非眞血脈，未悟得根本眞實故。禪子欲知　佛、祖之眞血脈者，請讀此書，便知分曉。平實導師著，主文452頁，全書464頁，定價500元（2007年起，凡購買公案拈提第一輯至第七輯，每購一輯皆贈送本公司精製公案拈提〈超意境〉CD一片，市售價格280元，多購多贈）。

宗通與說通：古今中外，錯誤之人如麻似粟，每以常見外道所說之靈知心，認作眞心；或妄想虛空之勝性能量爲眞如，或錯認物質四大元素藉冥性（靈知心本體）能成就吾人色身及知覺，或認初禪至四禪中之了知心爲不生不滅之涅槃心。此等皆非通宗者之見地。復有錯悟之人一向主張「宗門與教門不相干」，此即尚未通達宗門之人也。其實宗門與教門互通不二，宗門所證者乃是眞如與佛性，教門所說者乃說宗門證悟之眞如佛性，故教門與宗門不二。本書作者以宗教二門互通之見地，細說「宗通與說通」，從初見道至悟後起修之道、細說分明；並將諸宗諸派在整體佛教中之地位與次第，加以明確之教判，學人讀之即可了知佛法之梗概也。欲擇明師學法之前，允宜先讀。平實導師著，主文共381頁，全書392頁，只售成本價300元。

宗門正道—公案拈提第五輯：修學大乘佛法有二果須證—解脫果及大菩提果。二乘人不證大菩提果，唯證解脫果；此果之智慧，名爲聲聞菩提、緣覺菩提。大乘佛子所證二果之菩提果爲佛菩提，故名大菩提果，其慧名爲一切種智—函蓋二乘解脫果。然此大乘二果修證，須經由禪宗之宗門證悟方能相應。而宗門證悟極難，自古已然；其所以難者，咎在古今佛教界普遍存在三種邪見：1.以修定認作佛法，2.以無因論之緣起性空—否定涅槃本際如來藏以後之一切法空作爲佛法，3.以常見外道邪見（離語言妄念之靈知性）作爲佛法。如是邪見，或因自身正見未立所致，或因邪師之邪教導所致，或因無始劫來虛妄熏習所致。若不破除此三種邪見，永劫不悟宗門眞義、不入大乘正道，唯能外門廣修菩薩行。平實導師於此書中，有極爲詳細之說明，有志佛子欲摧邪見、入於內門修菩薩行者，當閱此書。主文共496頁，全書512頁。售價500元（2007年起，凡購買公案拈提第一輯至第七輯，每購一輯皆贈送本公司精製公案拈提〈超意境〉CD一片，市售價格280元，多購多贈）。

狂密與眞密：密教之修學，皆由有相之觀行法門而入，其最終目標仍不離顯教經典所說第一義諦之修證；若離顯教第一義經典、或違背顯教第一義經典，即非佛教。西藏密教之觀行法，如灌頂、觀想、遷識法、寶瓶氣、大聖歡喜雙身修法、喜金剛、無上瑜伽、大樂光明、樂空雙運等，皆是印度教兩性生生不息思想之轉化，自始至終皆以如何能運用交合淫樂之法達到全身受樂爲其中心思想，純屬欲界五欲的貪愛，不能令人超出欲界輪迴，更不能令人斷除我見；何況大乘之明心與見性，更無論矣！故密宗之法絕非佛法也。而其明光大手印、大圓滿法教，又皆同以常見外道所說離語言妄念之無念靈知心錯認爲佛地之眞如，不能直指不生不滅之眞如。西藏密宗所有法王與徒眾，都尚未開頂門眼，不能辨別眞僞，以依人不依法、依密續不依經典故，不肯將其上師喇嘛所說對照第一義經典，純依密續之藏密祖師所說爲準，因此而誇大其證德與證量，動輒謂彼祖師上師爲究竟佛、爲地上菩薩；如今台海兩岸亦有自謂其師證量高於釋迦文佛者，然觀其師所述，猶未見道，仍在觀行即佛階段，尚未到禪宗相似即佛、分證即佛階位，竟敢標榜爲究竟佛及地上法王，誑惑初機學人。凡此怪象皆是狂密，不同於眞密之修行者。近年狂密盛行，密宗行者被誤導者極眾，動輒自謂已證佛地眞如，自視爲究竟佛，陷於大妄語業中而不知自省，反謗顯宗眞修實證者之證量粗淺；或如義雲高與釋性圓…等人，於報紙上公然誹謗眞實證道者爲「騙子、無道人、人妖、癩蛤蟆…」等，造下誹謗大乘勝義僧之大惡業；或以外道法中有爲有作之甘露、魔術……等法，誑騙初機學人，狂言彼外道法爲眞佛法。如是怪象，在西藏密宗及附藏密之外道中，不一而足，舉之不盡，學人宜應愼思明辨，以免上當後又犯毀破菩薩戒之重罪。密宗學人若欲遠離邪知邪見者，請閱此書，即能了知密宗之邪謬，從此遠離邪見與邪修，轉入眞正之佛道。平實導師著 共四輯 每輯約400頁（主文約340頁）每輯售價300元。

宗門正義—公案拈提第六輯：佛教有六大危機，乃是藏密化、世俗化、膚淺化、學術化、宗門密意失傳、悟後進修諸地之次第混淆；其中尤以宗門密意之失傳，爲當代佛教最大之危機。由宗門密意失傳故，易令　世尊本懷普被錯解，易令　世尊正法被轉易爲外道法，以及加以淺化、世俗化，是故宗門密意之廣泛弘傳與具緣佛弟子，極爲重要。然而欲令宗門密意之廣泛弘傳予具緣之佛弟子者，必須同時配合錯誤知見之解析、普令佛弟子知之，然後輔以公案解析之直示入處，方能令具緣之佛弟子悟入。而此二者，皆須以公案拈提之方式爲之，方易成其功、竟其業，是故平實導師續作宗門正義一書，以利學人。　全書500餘頁，售價500元（2007年起，凡購買公案拈提第一輯至第七輯，每購一輯皆贈送本公司精製公案拈提〈超意境〉CD一片，市售價格280元，多購多贈）。

心經密意—心經與解脫道、佛菩提道、祖師公案之關係與密意。二乘菩提所證之解脫道，實依第八識心之斷除煩惱障現行而立解脫之名；大乘菩提所證之佛菩提道，實依親證第八識如來藏之涅槃性、清淨自性、及其中道性而立般若之名；禪宗祖師公案所證之眞心，即是此第八識如來藏；是故三乘佛法所修所證之三乘菩提，皆依此如來藏心而立名也。此第八識心，即是《心經》所說之心也。證得此如來藏已，即能漸入大乘佛菩提道，亦可因證知此心而了知二乘無學所不能知之無餘涅槃本際，是故《心經》之密意，與三乘佛菩提之關係極爲密切、不可分割，三乘佛法皆依此心而立名故。今者平實導師以其所證解脫道之無生智及佛菩提之般若種智，將《心經》與解脫道、佛菩提道、祖師公案之關係與密意，以演講之方式，用淺顯之語句和盤托出，發前人所未言，呈三乘菩提之眞義，令人藉此《心經密意》一舉而窺三乘菩提之堂奧，迴異諸方言不及義之說；欲求眞實佛智者、不可不讀！　主文317頁，連同跋文及序文…等共384頁，售價300元。

宗門密意—公案拈提第七輯：佛教之世俗化，將導致學人以信仰作爲學佛，則將以感應及世間法之庇祐，作爲學佛之主要目標，不能了知學佛之主要目標爲親證三乘菩提。大乘菩提則以般若實相智慧爲主要修習目標，以二乘菩提解脫道爲附帶修習之標的；是故學習大乘法者，應以禪宗之證悟爲要務，能親入大乘菩提之實相般若智慧中故，般若實相智慧非二乘聖人所能知故。此書則以台灣世俗化佛教之三大法師，說法似是而非之實例，配合眞悟祖師之公案解析，提示證悟般若之關節，令學人易得悟入。平實導師著，全書五百餘頁，售價500元（2007年起，凡購買公案拈提第一輯至第七輯，每購一輯皆贈送本公司精製公案拈提〈超意境〉CD一片，市售價格280元，多購多贈）。

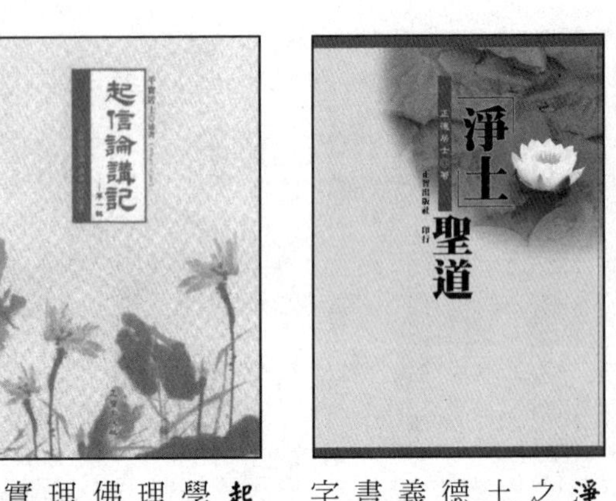

淨土聖道—兼評日本本願念佛：佛法甚深極廣，般若玄微，非諸二乘聖僧所能知之，一切凡夫更無論矣！所謂一切證量皆歸淨土是也！是故大乘法中「聖道之淨土、淨土之聖道」，其義甚深，難可了知；乃至眞悟之人，初心亦難知也。今有正德老師眞實證悟後，復能深探淨土與聖道之緊密關係，憐憫衆生之誤會淨土實義，亦欲利益廣大淨土行人同入聖道，同獲淨土中之聖道門要義，乃振奮心神、書以成文，今得刊行天下。主文279頁，連同序文等共301頁，總有十一萬六千餘字，正德老師著，成本價200元。

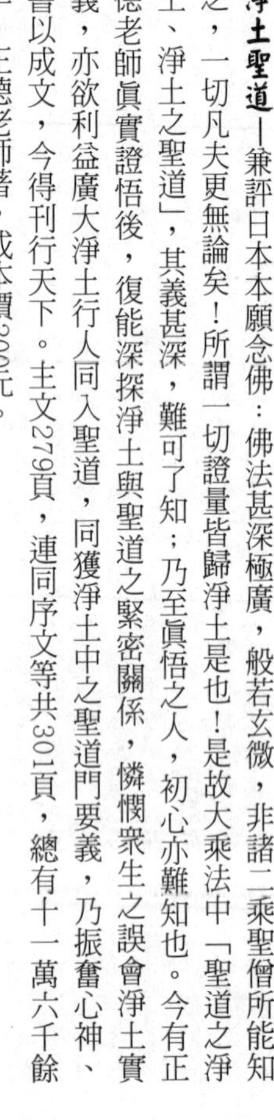

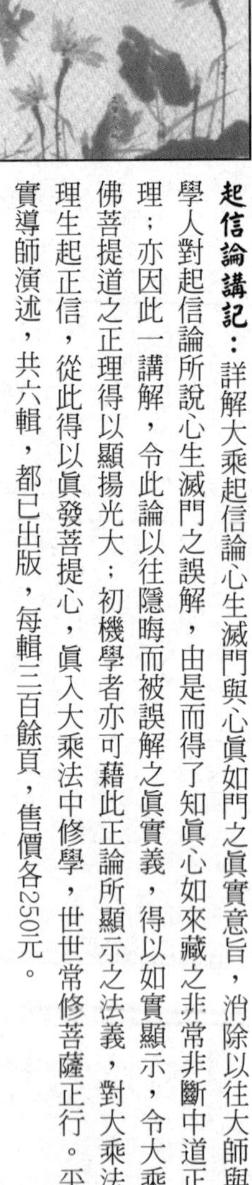

起信論講記：詳解大乘起信論心生滅門與心眞如門之眞實意旨，消除以往大師與學人對起信論所說心生滅門之誤解，由是而得了知眞心如來藏之非常非斷中道正理；亦因此一講解，令此論以往隱晦而被誤解之眞實義，得以如實顯示，令大乘佛菩提道之正理得以顯揚光大；初機學者亦可藉此正論所顯示之法義，對大乘法理生起正信，從此得以眞發菩提心，眞入大乘法中修學，世世常修菩薩正行。平實導師演述，共六輯，都已出版，每輯三百餘頁，售價各250元。

優婆塞戒經講記：本經詳述在家菩薩修學大乘佛法，應如何受持菩薩戒？對人間善行應如何看待？對三寶應如何護持？應如何正確地修集此世後世證法之福德？應如何修集後世「行菩薩道之資糧」？並詳述第一義諦之正義：五蘊非我非異我、自作自受、異作異受、不作不受……等深妙法義，乃是修學大乘佛法、行菩薩行之在家菩薩所應當了知者。出家菩薩今世或未來世登地已，捨報之後多數將如華嚴經中諸大菩薩，以在家菩薩身而修行菩薩行，故亦應以此經所述正理而修之，配合《楞伽經、解深密經、楞嚴經、華嚴經》等道次第正理，方得漸次成就佛道；故此經是一切大乘行者皆應證知之正法。平實導師講述，每輯三百餘頁，售價各250元；共八輯，已全部出版。

真假活佛—略論附佛外道盧勝彥之邪說：人人身中都有眞活佛，永生不滅而有大神用，但衆生都不了知，所以常被身外的西藏密宗假活佛籠罩欺瞞。本來就眞實存在的眞活佛，才是眞正的密宗無上密！諾那活佛因此而說禪宗是大密宗，但藏密的所有活佛都不知道、也不曾實證自身中的眞活佛。本書詳實宣示眞活佛的道理，舉證盧勝彥的「佛法」不是眞佛法，也顯示盧勝彥是假活佛，直接的闡釋第一義佛法見道的眞實正理。眞佛宗的所有上師與學人們，都應該詳細閱讀，包括盧勝彥個人在內。正犀居士著，優惠價140元。

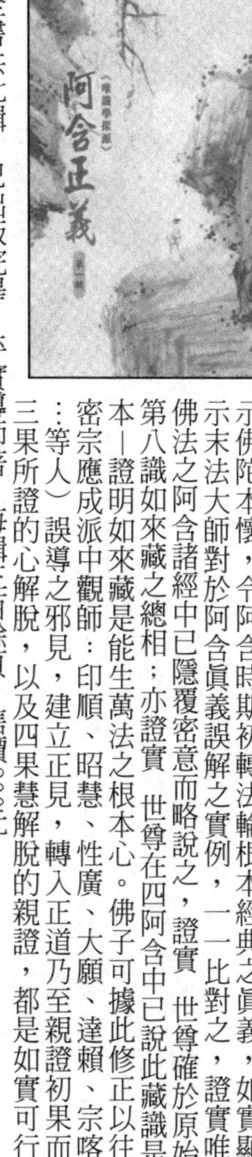

阿含正義—唯識學探源：廣說四大部《阿含經》諸經中隱說之眞正義理，一一舉示佛陀本懷，令阿含時期初轉法輪根本經典之眞義，如實顯現於佛子眼前。並提示末法大師對於阿含眞義誤解之實例，一一比對之，證實唯識增上慧學確於原始佛法之阿含諸經中已隱覆密意而略說之，證實 世尊確於原始佛法中已曾密意而說第八識如來藏之總相；亦證實 世尊在四阿含中已說此藏識是名色十八界之因、之本—證明如來藏是能生萬法之根本心。佛子可據此修正以往受諸大師（譬如西藏密宗應成派中觀師：印順、昭慧、性廣、大願、達賴、宗喀巴、寂天、月稱、……等人）誤導之邪見，建立正見，轉入正道乃至親證初果而無困難；書中並詳說三果所證的心解脫，以及四果慧解脫的親證，都是如實可行的具體知見與行門。全書共七輯，已出版完畢。平實導師著，每輯三百餘頁，售價300元。

超意境CD：以平實導師公案拈提書中超越意境之頌詞，加上曲風優美的旋律，錄成令人嚮往的超意境歌曲，其中包括正覺發願文及平實導師親自譜成的黃梅調歌曲一首。詞曲雋永，殊堪翫味，可供學禪者吟詠，有助於見道。內附設計精美的彩色小冊，解說每一首詞的背景本事。每片280元。【每購買公案拈提書籍一冊，即贈送一片。】

我的菩提路第一輯：凡夫及二乘聖人不能實證的佛菩提證悟，末法時代的今天仍然有人能得實證，由正覺同修會釋悟圓、釋善藏法師等二十餘位實證如來藏者所寫的見道報告，已爲當代學人見證宗門正法之絲縷不絕，證明大乘義學的法脈仍然存在，爲末法時代求悟般若之學人照耀出光明的坦途。由二十餘位大乘見道者所繕，敘述各種不同的學法、見道因緣與過程，參禪求悟者必讀。全書三百餘頁，售價300元。

我的菩提路第二輯：由郭正益老師等人合著，書中詳述彼等諸人歷經各處道場學法，一一修學而加以檢擇之不同過程以後，因閱讀正覺同修會、正智出版社書籍而發起抉擇分，轉入正覺同修會中修學；乃至學法及見道之過程，都一一詳述之。其中張志成等人係由前現代禪轉進正覺同修會，張志成原爲現代禪副宗長，以前未閱本會書籍時，曾被人藉其名義著文評論 平實導師（詳見《宗通與說通》辨正及《眼見佛性》書末附錄…等）；後因偶然接觸正覺同修會書籍，深覺以前聽人評論平實導師之語不實，於是投入極多時間閱讀本會書籍、深入思辨，詳細探索中觀與唯識之關聯與異同，認爲正覺之法義方是正法，深覺相應；亦解開多年來對佛法的迷雲，確定應依八識論正理修學方是正法。乃不顧面子，毅然前往正覺同修會面見平實導師懺悔，並正式學法求悟。今已與其同修王美伶（亦爲前現代禪傳法老師），同樣證悟如來藏而證得法界實相，生起實相般若眞智。此書中尚有七年來本會第一位眼見佛性者之見性報告一篇，一同供養大乘佛弟子。全書四百頁，售價300元。

鈍鳥與靈龜：鈍鳥及靈龜二物，被宗門證悟者說爲二種人：前者是精修禪定而無智慧者，也是以定爲禪的愚癡禪人；後者是或有禪定、或無禪定的宗門證悟者，凡已證悟者皆是靈龜。但後來被人虛造事實，用以嘲笑大慧宗杲禪師，說他雖是靈龜，卻不免被天童禪師預記「患背」痛苦而亡：「鈍鳥離巢易，靈龜脫殼難。」藉以貶低大慧宗杲的證量。同時將天童禪師實證如來藏的證量，曲解爲意識境界的離念靈知。自從大慧禪師入滅以後，錯悟凡夫對他的不實毀謗就一直存在著不曾止息，並且捏造的假事實也隨著年月的增加而越來越多，終至編成「鈍鳥與靈龜」一的假公案、假故事。本書是考證大慧與天童之間的不朽情誼，顯現這件假公案的虛妄不實；更見大慧宗杲面對惡勢力時的正直不阿，亦顯示大慧對天童禪師的至情深義，將使後人對大慧宗杲的誣謗至此而止，不再有人誤犯毀謗賢聖的惡業。書中亦舉證宗門的所悟確以第八識如來藏爲標的，詳讀之後必可改正以前被錯悟大師誤導的參禪知見，日後必定有助於實證禪宗的開悟境界，得階大乘眞見道位中，即是實證般若之賢聖。全書459頁，售價350元。

維摩詰經講記：本經係 世尊在世時，由等覺菩薩維摩詰居士藉疾病而演說之大乘菩提無上妙義，所說函蓋甚廣，然極簡略，是故今時諸方大師與學人讀之悉皆錯解，何況能知其中隱含之深妙正義，是故普遍無法爲人解說；若強爲人說，則成依文解義而有諸多過失。今由平實導師公開宣講之後，詳實解釋其中密意，令維摩詰菩薩所說大乘不可思議解脫之深妙正法得以正確宣流於人間，利益當代學人及與諸方大師。書中詳實演述大乘佛法深妙不共二乘之智慧境界，顯示諸法之中絕待之實相境界，建立大乘菩薩妙道於永遠不敗不壞之地，以此成就護法偉功，欲冀永利娑婆人天。已經宣講圓滿整理成書流通，以利諸方大師及諸學人。全書共六輯，每輯三百餘頁，售價各250元。

真假外道：本書具體舉證佛門中的常見外道知見實例，並加以教證及理證上的辨正，幫助讀者輕鬆而快速的了知常見外道的錯誤知見，進而遠離佛門內外的常見外道知見，因此即能改正修學方向而快速實證佛法。游正光老師著。成本價200元。

勝鬘經講記：如來藏爲三乘菩提之所依，若離如來藏心體及其含藏之一切種子，即無三界有情及一切世間法，亦無二乘菩提緣起性空之出世間法；本經詳說無始無明、一念無明皆依如來藏而有之正理，藉著詳解煩惱障與所知障間之關係，令學人深入了知二乘菩提與佛菩提相異之妙理；聞後即可了知佛菩提之特勝處及三乘修道之方向與原理，邁向攝受正法而速成佛道的境界中。平實導師講述，共六輯，每輯三百餘頁，售價各250元。

楞嚴經講記：楞嚴經係密教部之重要經典，亦是顯教中普受重視之經典；經中宣說明心與見性之內涵極為詳細，將一切法都會歸如來藏及佛性—妙真如性；亦闡釋佛菩提道修學過程中之種種魔境，以及外道誤會涅槃之狀況，旁及三界世間之起源。然因言句深澀難解，法義亦復深妙寬廣，學人讀之普難通達，是故讀者大多誤會，不能如實理解佛所說之明心與見性內涵，亦因是故多有悟錯之人引為開悟之證言，成就大妄語罪。今由平實導師詳細講解之後，整理成文，以易讀易懂之語體文刊行天下，以利學人。全書十五輯，全部出版完畢。每輯三百餘頁，售價每輯300元。

明心與眼見佛性：本書細述明心與眼見佛性之異同，同時顯示了中國禪宗破初參明心與重關眼見佛性二關之間的關聯；書中又藉法義辨正而旁述其他許多勝妙法義，讀後必能遠離佛門長久以來積非成是的錯誤知見，令讀者在佛法的實證上有極大助益。也藉慧廣法師的謬論來教導佛門學人回歸正知正見，遠離古今禪門錯悟者所墮的意識境界，非唯有助於斷我見，也對未來的開悟明心實證第八識如來藏有所助益，是故學禪者都應細讀之。游正光老師著　共448頁　售價300元。

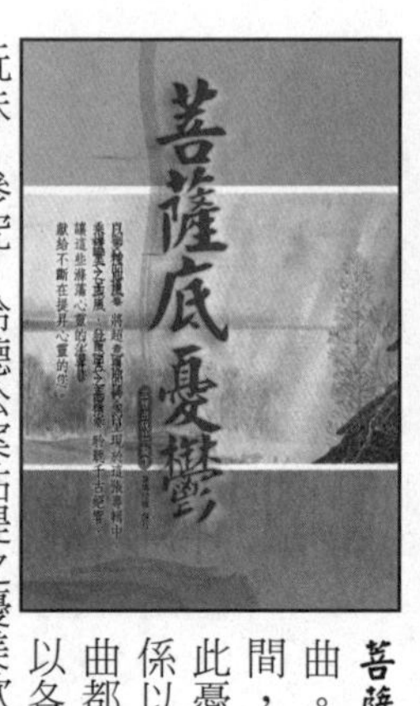

菩薩底憂鬱CD：將菩薩情懷及禪宗公案寫成新詞，並製作成超越意境的優美歌曲。　1.主題曲〈菩薩底憂鬱〉，描述地後菩薩能離三界生死而迴向繼續生在人間，但因尚未斷盡習氣種子而有極深沈之憂鬱，非三賢位菩薩及二乘聖者所知，此憂鬱在七地滿心位方才斷盡；本曲之詞中所說義理極深，昔來所未曾見；此曲係以優美的情歌風格寫詞及作曲，聞者得以激發嚮往諸地菩薩境界之大心，詞、曲都非常優美，難得一見；其中勝妙義理之解說，已印在附贈之彩色小冊中。　2.以各輯公案拈提中直示禪門入處之頌文，作成各種不同曲風之超意境歌曲，值得玩味、參究；聆聽公案拈提之優美歌曲時，請同時閱讀內附之印刷精美說明小冊，可以領會超越三界的證悟境界；未悟者可以因此引發求悟之意向及疑情，真發菩提心而邁向求悟之途，乃至因此真實悟入般若，成真菩薩。　3.正覺總持咒新曲，總持佛法大意；總持咒之義理，已加以解說並印在隨附之小冊中。本CD共有十首歌曲，長達63分鐘，附贈二張購書優惠券。每片280元。

禪意無限CD：平實導師以公案拈提書中偈頌寫成不同風格曲子，與他人所寫不同風格曲子共同錄製出版，幫助參禪人進入禪門超越意識之境界。盒中附贈彩色印製的精美解說小冊，以供聆聽時閱讀，令參禪人得以發起參禪之疑情，即有機會證悟本來面目，實證大乘菩提般若。本CD共有十首歌曲，長達69分鐘，每盒各附贈二張購書優惠券。每片280元。

金剛經宗通：三界唯心，萬法唯識，是成佛之修證內容，是諸地菩薩之所修；般若則是成佛之道（實證三界唯心、萬法唯識）的入門，若未證悟實相般若，即無成佛之可能，必將永在外門廣行菩薩六度，永在凡夫位中。然而實相般若的發起，全賴實證萬法的實相；若欲證知萬法的眞相，則必須探究萬法之所從來，則須實證自心如來—金剛心如來藏，然後現觀這個金剛心的金剛性、眞實性、如如性、清淨性、涅槃性、能生萬法的自性性、本住性，名爲證眞如；進而現觀三界六道唯是此金剛心所成，人間萬法須藉八識心王和合運作方能現起。如是實證《華嚴經》的「三界唯心、萬法唯識」以後，由此等現觀而發起實相般若智慧，繼續進修第十住位的如幻觀、第十行位的陽焰觀、第十迴向位的如夢觀，再生起增上意樂而勇發十無盡願，方能滿足三賢位的實證，轉入初地；自知成佛之道而無偏倚，從此按部就班、次第進修乃至成佛。第八識自心如來是般若智慧之所依，般若智慧的修證則要從實證金剛心自心如來開始；《金剛經》則是解說自心如來之經典，是一切三賢位菩薩所應進修之實相般若經典。這一套書，是將平實導師宣講的《金剛經宗通》內容，整理成文字而流通之；書中所說義理，迥異古今諸家依文解義之說，指出大乘見道方向與理路，有益於禪宗學人求開悟見道，及轉入內門廣修六度萬行。講述完畢後結集出版，總共9輯，每輯約三百餘頁，售價各250元。

空行母—性別、身分定位，以及藏傳佛教：本書作者爲蘇格蘭哲學家，因爲嚮往佛教深妙的哲學內涵，於是進入當年盛行於歐美的假藏傳佛教密宗，擔任卡盧仁波切的翻譯工作多年以後，被邀請成爲卡盧的空行母（又名佛母、明妃），開始了她在密宗裡的實修過程；後來發覺在密宗雙身法中的修行，其實無法使自己成佛，也發覺密宗對女性岐視而處處貶抑，並剝奪女性在雙身法中擔任一半角色時應有的身分定位。當她發覺自己只是雙身法中被喇嘛利用的工具，沒有獲得絲毫應有的尊重與基本定位時，發現了密宗的父權社會控制女性的本質；於是作者傷心地離開了卡盧仁波切與密宗，但是卻被恐嚇不許講出她在密宗裡的經歷，也不許她說出自己對密宗的教義與教制下對女性剝削的本質，否則將被咒殺死亡。後來她去加拿大定居，十餘年後方才擺脫這個恐嚇陰影，下定決心將親身經歷的實情及觀察到的事實寫下來並且出版，公諸於世。出版之後，她被流亡的達賴集團人士大力攻訐，誣指她爲精神狀態失常、說謊……等。但有智之士並未被達賴集團的政治操作及各國政府政治運作吹捧達賴的表相所欺，使她的書銷售無阻而又再版。正智出版社鑑於作者此書是親身經歷的事實，所說具有針對「藏傳佛教」而作學術研究的價值，也有使人認清假藏傳佛教剝削佛母、明妃的男性本位實質，因此洽請作者同意中譯而出版於華人地區。珍妮·坎貝爾女士著，呂艾倫 中譯，每冊250元。

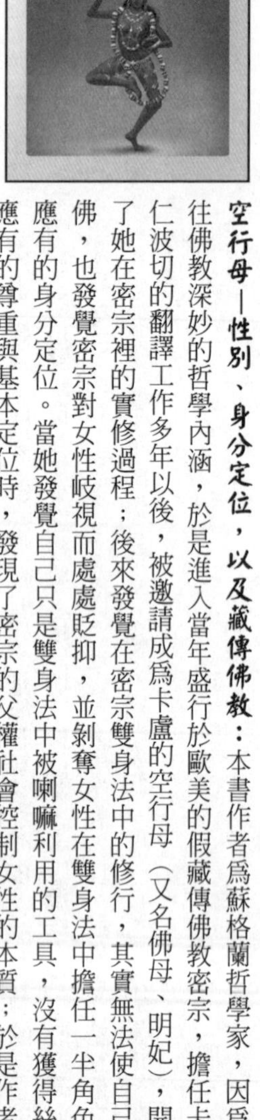

霧峰無霧—給哥哥的信　本書作者藉兄弟之間信件往來論義，略述佛法大義；並以多篇短文辨義，舉出釋印順對佛法的無量誤解證據，並一一給予簡單而清晰的辨正，令人一讀即知。久讀、多讀之後即能認清楚釋印順的六識論見解，與眞實佛法之牴觸是多麼嚴重；於是在久讀、多讀之後，於不知不覺之間提升了對佛法的極深入理解，正知正見就在不知不覺間建立起來了。當三乘佛法的正知見建立起來之後，對於三乘菩提的見道條件便將隨之具足，於是聲聞解脫道的見道也就水到渠成；接著大乘見道的因緣也將次第成熟，未來自然也會有親見大乘菩提之道的因緣，悟入大乘實相般若也將自然成功，自能通達般若系列諸經而成實義菩薩。作者居住於南投縣霧峰鄉，自喻見道之後不復再見霧峰之霧，故鄉原野美景一一明見，於是立此書名爲《霧峰無霧》；讀者若欲撥霧見月，可以此書爲緣。游宗明 老師著　售價250元。

假藏傳佛教的神話—性、謊言、喇嘛教：本書編著者是由一首名叫「阿姊鼓」的歌曲爲緣起，展開了序幕，揭開假藏傳佛教—喇嘛教—的神秘面紗。其重點是蒐集、摘錄網路上質疑「喇嘛教」的帖子，以揭穿「假藏傳佛教的神話」爲主題，串聯成書，並附加彩色插圖以及說明，讓讀者們瞭解西藏密宗及相關人事如何被操作爲「神話」的過程，以及神話背後的眞相。作者：張正玄教授。售價200元。

達賴眞面目—玩盡天下女人：假使您不想戴綠帽子，請記得詳細閱讀此書；假使您不想讓好朋友戴綠帽子，請您將此書介紹給您的好朋友。假使您想保護家中的女性，也想要保護好朋友的女眷，請記得將此書送給家中的女性和好友的女眷都來閱讀。本書爲印刷精美的大本彩色中英對照精裝本，爲您揭開達賴喇嘛的眞面目，內容精彩不容錯過，爲利益社會大眾，特別以優惠價格嘉惠所有讀者。編著者：白志偉等。大開版雪銅紙彩色精裝本。售價800元。

童女迦葉考—論呂凱文〈佛教輪迴思想的論述分析〉之謬：童女迦葉是佛世率領五百大比丘遊行於人間的歷史事實，是以童貞行而依止菩薩戒弘化於人間的大菩薩，不依別解脫戒（聲聞戒）來弘化於人間。這是大乘佛教與聲聞佛教同時存在於佛世的歷史明證，證明大乘佛教不是從聲聞法中分裂出來的部派佛教的產物，卻是聲聞佛教分裂出來的部派佛教聲聞凡夫僧所不樂見的史實；於是古今聲聞法中的凡夫都欲加以扭曲而作詭說，更是末法時代高聲大呼「大乘非佛說」的六識論聲聞凡夫極力想要扭曲的佛教史實之一，於是想方設法扭曲迦葉菩薩爲聲聞僧，以及扭曲迦葉童女爲比丘僧等荒謬不實之論著便陸續出現，古時聲聞僧寫作的《分別功德論》是最具體之事例，現代之代表作則是呂凱文先生的〈佛教輪迴思想的論述分析〉論文。鑑於如是假藉學術考證以籠罩大眾之不實謬論，未來仍將繼續造作及流竄於佛教界，繼續扼殺大乘佛教學人法身慧命，必須舉證辨正之，遂成此書。平實導師 著，每冊180元。

末代達賴—性交教主的悲歌：簡介從藏傳僞佛教（喇嘛教）的修行核心—性力派男女雙修，探討達賴喇嘛及藏傳僞佛教的修行內涵。書中引用外國知名學者著作、世界各地新聞報導，包含：歷代達賴喇嘛的祕史、達賴六世修雙身法的事蹟，以及《時輪續》中的性交灌頂儀式……等；達賴喇嘛書中開示的雙修法、達賴喇嘛的黑暗政治手段；達賴喇嘛所領導的寺院爆發喇嘛性侵兒童；新聞報導《西藏生死書》作者索甲仁波切性侵女信徒、澳洲喇嘛秋達公開道歉、美國最大假藏傳佛教組織領導人邱陽創巴仁波切的性氾濫，等等事件背後眞相的揭露。作者：張善思、呂艾倫、辛燕。售價250元。

黯淡的達賴—失去光彩的諾貝爾和平獎：本書舉出很多證據與論述，詳述達賴喇嘛不爲世人所知的一面，顯示達賴喇嘛並不是眞正的和平使者，而是假借諾貝爾和平獎的光環來欺騙世人；透過本書的說明與舉證，讀者可以更清楚的瞭解，達賴喇嘛是結合暴力、黑暗、淫欲於喇嘛教裡的集團首領，其政治行爲與宗教主張，早已讓諾貝爾和平獎的光環染污了。　本書由財團法人正覺教育基金會寫作、編輯，由正覺出版社印行，每冊250元。

第七意識與第八意識？—穿越時空「超意識」：「三界唯心，萬法唯識」是佛教中應該實證的聖教，也是《華嚴經》中明載而可以實證的法界實相。唯心者，三界一切境界、一切諸法唯是一心所成就，即是每一個有情的第八識如來藏，不是意識心。唯識者，即是人類各各都具足的八識心王——眼識、耳鼻舌身意識、意根、阿賴耶識，第八阿賴耶識又名如來藏，人類五陰相應的萬法，莫不由八識心王共同運作而成就，故說萬法唯識。依聖教量及現量、比量，都可以證明意識是二法因緣生，是由第八識藉意根與法塵二法爲因緣而出生，又是夜夜斷滅不存之生滅心，即無可能反過來出生第七識意根、第八識如來藏，當知不可能從生滅性的意識心中，細分出恆審思量的第七識意根，更無可能細分出恆而不審的第八識如來藏。本書是將演講內容整理成文字，細說如是內容，並已在〈正覺電子報〉連載完畢，今彙集成書以廣流通，欲幫助佛門有緣人斷除意識我見，跳脫於識陰之外而取證聲聞初果；嗣後修學禪宗時即得不墮外道神我之中，得以求證第八識金剛心而發起般若實智。平實導師 述，每冊300元。

中觀金鑑—詳述應成派中觀的起源與其破法本質：學佛人往往迷於中觀學派之不同學說，被應成派與自續派所迷惑；修學般若中觀二十年後自以為實證般若中觀了，卻仍不曾入門，甫聞實證般若中觀者之所說，則茫無所知，迷惑不解；隨後信心盡失，不知如何實證佛法；凡此，皆因惑於這二派中觀學說所致。自續派中觀所說同於常見，以意識境界立為第八識如來藏之境界，應成派所說則同於斷見，但又同立意識為常住法，故亦具足斷常二見。今者孫正德老師有鑑於此，乃將起源於密宗的應成派中觀學說，追本溯源，詳考其來源之外，亦一一舉證其立論內容，詳加辨正，令密宗雙身法祖師以識陰境界而造之應成派中觀學說本質，詳細呈現於學人眼前，令其維護雙身法之目的無所遁形。若欲遠離密宗此二大派中觀謬說，欲於三乘菩提有所進道者，允宜具足閱讀並細加思惟，反覆讀之以後將可捨棄邪道返歸正道，則於般若之實證即有可能，證後自能現觀如來藏之中道境界而成就中觀。本書分上、中、下三冊，每冊250元，全部出版完畢。

人間佛教—實證者必定不悖三乘菩提：「大乘非佛說」的講法似乎流傳已久，卻只是日本人企圖擺脫中國正統佛教的影響，而在明治維新時期才開始提出來的說法；台灣佛教、大陸佛教的淺學無智之人，由於未曾實證佛法而迷信日本人錯誤的學術考證，錯認為這些別有用心的日本佛學考證的講法為天竺佛教的真實歷史；甚至還有更激進的反對佛教者提出「釋迦牟尼佛並非真實存在，只是後人捏造的假歷史人物」，竟然也有少數人願意跟著「學術」的假光環而信受不疑，於是開始有一些佛教界人士造作了反對中國佛教而推崇南洋小乘佛教的行為，使佛教的信仰者難以檢擇，導致一般大陸人士開始轉入基督教的盲目迷信中。在這些佛教及外教人士之中，也就有一分人根據此邪說而大聲主張「大乘非佛說」的謬論，這些人以「人間佛教」的名義來抵制中國正統佛教，公然宣稱中國的大乘佛教是由聲聞部派佛教的凡夫僧所創造出來的。這樣的說法流傳於台灣及大陸佛教界凡夫僧之中已久，卻非真正的佛教歷史中曾經發生過的事，只是繼承六識論的聲聞法中凡夫僧依自己的意識境界立場，純憑臆想而編造出來的妄想說法，卻已經影響許多無智之凡夫僧俗信受不移。本書則是從佛教的經藏法義實質及實證的現量內涵本質立論，證明大乘佛法本是佛說，是從《阿含正義》尚未說過的不同面向來討論「人間佛教」的議題，證明「大乘真佛說」。閱讀本書可以斷除六識論邪見，迴入三乘菩提正道發起實證的因緣；也能斷除禪宗學人學禪時普遍存在之錯誤知見，對於建立參禪時的正知見有很深的著墨。 平實導師 述，內文488頁，全書528頁，定價400元。

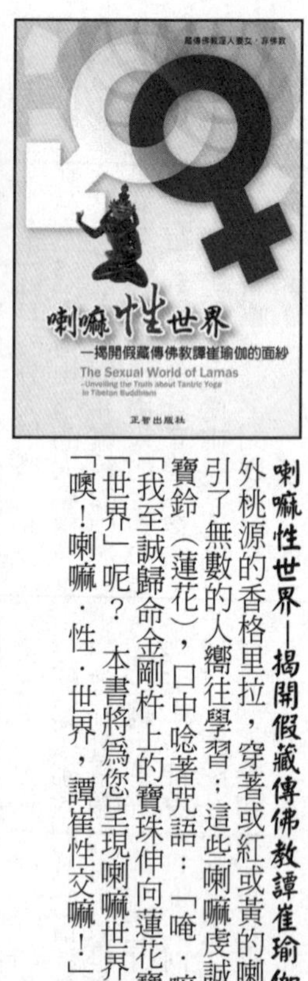

喇嘛性世界—揭開假藏傳佛教譚崔瑜伽的面紗：這個世界中的喇嘛，號稱來自世外桃源的香格里拉，穿著或紅或黃的喇嘛長袍，散布於我們的身邊傳教灌頂，吸引了無數的人嚮往學習；這些喇嘛虔誠地爲大衆祈福，手中拿著寶杵（金剛）與寶鈴（蓮花），口中唸著咒語：「唵．嘛呢．叭咪．吽……」，咒語的意思是說：「我至誠歸命金剛杵上的寶珠伸向蓮花寶穴之中」！「喇嘛性世界」是什麼樣的「世界」呢？本書將爲您呈現喇嘛世界的面貌。當您發現眞相以後，您將會唸：「噢！喇嘛．性．世界，譚崔性交嘛！」作者：張善思、呂艾倫。售價200元。

見性與看話頭：黃正倖老師的《見性與看話頭》於《正覺電子報》連載完畢，今結集出版。書中詳說禪宗看話頭的詳細方法，並細說看話頭與眼見佛性的關係，以及眼見佛性者求見佛性前必須具備的條件。本書是禪宗實修者追求明心開悟時參禪的方法書，也是求見佛性者作功夫時必讀的方法書，內容兼顧眼見佛性的理論與實修之方法，是依實修之體驗配合理論而詳述，條理分明而且極爲詳實、周全、深入。本書內文375頁，全書416頁，售價300元。

實相經宗通：學佛之目的在於實證一切法界背後之實相，禪宗稱之爲本來面目或本地風光，佛菩提道中稱之爲實相法界；此實相法界即是金剛藏，又名佛法之祕密藏，即是能生有情五陰、十八界及宇宙萬有（山河大地、諸天、三惡道世間）的第八識如來藏，又名阿賴耶識心，即是禪宗祖師所說的眞如心，此心即是三界萬有背後的實相。證得此第八識心時，自能瞭解般若諸經中隱說的種種密意，即得發起實相般若——實相智慧。每見學佛人修學佛法二十年後仍對實相般若茫然無知，亦不知如何入門，茫無所趣；更因不知三乘菩提的互異互同，是故越是久學者對佛法越覺茫然，都肇因於尚未瞭解佛法的全貌，亦未瞭解佛法的修證內容即是第八識心所致。本書對於修學佛法者所應實證的實相境界提出明確解析，並提示趣入佛菩提道的入手處，有心親證實相般若的佛法實修者，宜詳讀之，於佛菩提道之實證即有下手處。平實導師述著，共八輯，已全部出版完畢，每輯成本價250元。

真心告訴您(一)——達賴喇嘛在幹什麼？這是一本報導篇章的選集，更是「破邪顯正」的暮鼓晨鐘。「破邪」是戳破假象，說明達賴喇嘛及其所率領的密宗四大派法王、喇嘛們，弘傳的佛法是仿冒的佛法；他們是假藏傳佛教，是坦特羅(譚崔性交)外道法和藏地崇奉鬼神的苯教混合成的「喇嘛教」，推廣的是以所謂「無上瑜伽」的男女雙身法冒充佛法的假佛教，詐財騙色誤導眾生，常常造成信徒家庭破碎、家中兒少失怙的嚴重後果。「顯正」是揭櫫眞相，指出眞正的藏傳佛教只有一個，就是覺囊巴，傳的是 釋迦牟尼佛演繹的第八識如來藏妙法，稱爲他空見大中觀。正覺教育基金會即以此古今輝映的如來藏正法正知見，在眞心新聞網中逐次報導出來，將箇中原委「眞心告訴您」，如今結集成書，與想要知道密宗眞相的您分享。售價250元。

法華經講義
平實導師○著
Venerable Pings Xiao
A Discourse on the Lotus Sutra Vol. 1
第一輯

法華經講義：此書爲平實導師始從2009/7/21演述至2014/1/14止講經錄音整理所成。世尊一代時教，總分五時三教，即是華嚴時、聲聞緣覺教、般若教、種智唯識教、法華時；依此五時三教區分爲藏、通、別、圓四教。本經是最後一時的圓教經典，圓滿收攝一切法教於本經中，是故最後的圓教聖訓中，特地指出無有三乘菩提，其實唯有一佛乘；皆因眾生愚迷故，方便區分爲三乘菩提以助眾生證道。世尊於此經中特地說明如來示現於人間的唯一大事因緣，便是爲有緣眾生「開、示、悟、入」諸佛的所知所見——第八識如來藏妙眞如心，並於諸品中隱說「妙法蓮華」如來藏心的密意。然因此經所說甚深難解，眞義隱晦，古來難得有人能窺堂奧；平實導師以知如是密意故，特爲末法佛門四眾演述《妙法蓮華經》中各品蘊含之密意，使古來未曾被古德註解出來的「此經」密意，如實顯示於當代學人眼前。乃至〈藥王菩薩本事品〉、〈妙音菩薩品〉、〈觀世音菩薩普門品〉、〈普賢菩薩勸發品〉中的微細密意，亦皆一併詳述之，開前人所未曾言之密意，示前人所未見之妙法。最後乃至以〈法華大意〉而總其成，全經妙旨貫通始終，而依佛旨圓攝於一心如來藏妙心，厥爲曠古未有之大說也。平實導師述　已於2015/5/31起開始出版，每二個月出版一輯，共25輯。每輯300元。

西藏「活佛轉世」制度—附佛、造神、世俗法：歷來關於喇嘛教活佛轉世的研究，多針對歷史及文化兩部分，於其所以成立的理論基礎，較少系統化的探討。尤其是此制度是否依據「佛法」而施設？是否合乎佛法眞實義？現有的文獻大多含糊其詞，或人云亦云，不曾有明確的闡釋與如實的見解。因此本文先從活佛轉世的由來，探索此制度的起源、背景與功能，並進而從活佛的尋訪與認證之過程，發掘活佛轉世的特徵，以確認「活佛轉世」在佛法中應具足何種果德。定價150元。

眞心告訴您（二）—達賴喇嘛是佛教僧侶嗎？補祝達賴喇嘛八十大壽：這是一本針對當今達賴喇嘛所領導的喇嘛教，冒用佛教名相、於師徒間或師兄姊間，實修男女邪淫，而從佛法三乘菩提的現量與聖教量，揭發其謊言與邪術，證明達賴及其喇嘛教是仿冒佛教的外道，是「假藏傳佛教」。藏密四大派教義雖有「八識論」與「六識論」的表面差異，然其實修之內容，皆共許「無上瑜伽」四部灌頂爲究竟「成佛」之法門，也就是共以男女雙修之邪淫法爲「即身成佛」之密要，雖美其名曰「欲貪爲道」之「金剛乘」，並誇稱其成就超越於（應身佛）釋迦牟尼佛所傳之顯教般若乘之上；然詳考其理論，則或以意識離念時之粗細心爲第八識如來藏，或以中脈裡的明點爲第八識如來藏，或如宗喀巴與達賴堅決主張第六意識爲常恆不變之眞心者，分別墮於外道之常見與斷見中；全然違背　佛說能生五蘊之如來藏的實質。售價300元。

佛法入門：學佛人往往修學二十年後仍不知如何入門，茫無所入漫無方向，不知如何實證佛法；更因不知三乘菩提的互異互同之處，導致越是久學者越覺茫然，都是肇因於尚未瞭解佛法的全貌所致。本書對於佛法的全貌提出明確的輪廓，並說明三乘菩提的異同處，讀後即可輕易瞭解佛法全貌，數日內即可明瞭三乘菩提入門方向與下手處。○○菩薩著　出版日期未定。

修習止觀坐禪法要講記：修學四禪八定之人，往往錯會禪定之修學知見，欲以無止盡之坐禪而證禪定境界，卻不知修除性障之行門才是修證四禪八定不可或缺之要素，故智者大師云「性障初禪」；性障不除，初禪永不現前，云何修證二禪等？又：行者學定，若唯知數息，而不解六妙門之方便善巧者，欲求一心入定，未到地定極難可得，智者大師名之爲「事障未來」：障礙未到地定之修證。又禪定之修證，不可違背二乘菩提及第一義法，否則縱使具足四禪八定，亦不能實證涅槃而出三界。此諸知見，智者大師於《修習止觀坐禪法要》中皆有闡釋。作者平實導師以其第一義之見地及禪定之實證證量，曾加以詳細解析。將俟正覺寺竣工啓用後重講，不限制聽講者資格；講後將以語體文整理出版。欲修習世間定及增上定之學者，宜細讀之。平實導師述著。

解深密經講記：本經係　世尊晚年第三轉法輪，宣說地上菩薩所應熏修之唯識正義經典，經中所說義理乃是大乘一切種智增上慧學，以阿陀那識—如來藏—阿賴耶識爲主體。禪宗之證悟者，若欲修證初地無生法忍乃至八地無生法忍者，必須修學《楞伽經、解深密經》所說之八識心王一切種智；此二經所說正法，方是眞正成佛之道；印順法師否定第八識如來藏之後所說萬法緣起性空之法，是以誤會後之二乘解脫道取代大乘眞正成佛之道，尚且不符二乘解脫道正理，亦已墮於斷滅見中，不可謂爲成佛之道也。平實導師曾於本會郭故理事長往生時，於喪宅中從首七開始宣講，於每一七各宣講三小時，至第十七而快速略講圓滿，作爲郭老之往生佛事功德，迴向郭老早證八地、速返娑婆住持正法。茲爲今時後世學人故，將擇期重講《解深密經》，以淺顯之語句講畢後，將會整理成文，用供證悟者進道；亦令諸方未悟者，據此經中佛語正義，修正邪見，依之速能入道。平實導師述著，全書輯數未定，每輯三百餘頁，將於未來重講完畢後逐輯出版。

阿含經講記—小乘解脫道之修證：數百年來，南傳佛法所說證果之不實，所說解脫道之虛妄，所弘解脫道法義之世俗化，皆已少人知之；從南洋傳入台灣與大陸之後，所說法義虛謬之事，亦復少人知之；今時台灣全島印順系統之法師居士，多不知南傳佛法數百年來所說解脫道之義理已然偏斜、已然世俗化、已非眞正之二乘解脫正道，猶極力推崇與弘揚。彼等南傳佛法近代所謂之證果者多非眞實證果者，譬如阿迦曼、葛印卡、帕奧禪師、一行禪師……等人，悉皆未斷我見故。近年更有台灣南部大願法師，高抬南傳佛法之二乘修證行門爲「捷徑究竟解脫之道」者，然而南傳佛法縱使眞修實證，得成阿羅漢，至高唯是二乘菩提解脫之道，絕非究竟解脫，無餘涅槃中之實際尚未得證故，法界之實相尚未了知故，習氣種子待除故，一切種智未實證故，焉得謂爲「究竟解脫」？即使南傳佛法近代眞有實證之阿羅漢，尚且不及三賢位中之七住明心菩薩本來自性清淨涅槃智慧境界，則不能知此賢位菩薩所證之無餘涅槃實際，仍非大乘佛法中之見道者，何況普未實證聲聞果乃至未斷我見之人？謬充證果已屬逾越，更何況是誤會二乘菩提之後，以未斷我見之凡夫知見所說之二乘菩提解脫偏斜法道，焉可高抬爲「究竟解脫」？而且自稱「捷徑之道」？又妄言解脫之道即是成佛之道，完全否定般若實智、否定三乘菩提所依之如來藏心體，此理大大不通也！平實導師爲令修學二乘菩提欲證解脫果者，普得迴入二乘菩提正見、正道中，是故選錄四阿含諸經中，對於二乘解脫道法義有具足圓滿說明之經典，預定未來十年內將會加以詳細講解，令學佛人得以了知二乘解脫道之修證理路與行門，庶免被人誤導之後，未證言證，干犯道禁，成大妄語，欲升反墮。本書首重斷除我見，以助行者斷除我見而實證初果爲著眼之目標，若能根據此書內容，配合平實導師所著《識蘊眞義》《阿含正義》內涵而作實地觀行，實證初果非爲難事，行者可以藉此三書自行確認聲聞初果爲實際可得現觀成就之事。此書中除依二乘經典所說加以宣示外，亦依斷除我見等之證量，及大乘法中道種智之證量，對於意識心之體性加以細述，令諸二乘學人必定得斷我見、常見，免除三縛結之繫縛。次則宣示斷除我執之理，欲令升進而得薄貪瞋痴，乃至斷五下分結…等。平實導師述，共二冊，每冊三百餘頁。每輯300元。

＊喇嘛教修外道雙身法，墮識陰境界，非佛教＊

＊弘揚如來藏他空見的覺囊派才是真正藏傳佛教＊

總經銷： 飛鴻 國際行銷股份有限公司

231 新北市新店市中正路 501 之 9 號 2 樓

Tel.02－82186688（五線代表號） Fax.02-82186458、82186459

零售：1.**全台連鎖經銷書局：**

三民書局、誠品書局、何嘉仁書店

敦煌書店、紀伊國屋、金石堂書局、建宏書局

2.**台北市：**佛化人生 羅斯福路 3 段 325 號 6 樓之 4 台電大樓對面

3.**新北市：**春大地書店 **蘆洲**中正路 117 號 明達書局 **三重**五華街 129 號

4.**桃園市縣：**誠品書局 **桃園市**中正路 20 號遠東百貨地下室一樓

金石堂 **桃園市**大同路 24 號 金石堂 **桃園**八德市介壽路 1 段 987 號

諾貝爾圖書城 **桃園市**中正路 56 號地下室 巧巧屋書局 **蘆竹**南崁路 263 號

墊腳石文化書店 **中壢市**中正路 89 號 來電書局 **大溪**慈湖路 30 號

御書堂 **龍潭**中正路 123 號

5.**新竹市縣：**大學書局 **新竹**建功路 10 號 誠品書局 **新竹**東區信義街 68 號

誠品書局 新竹東區中央路 229 號 5 樓 誠品書局 **新竹**東區力行二路 3 號

墊腳石文化書店 **新竹**中正路 38 號 金典文化 **竹北**中正西路 47 號

6.**苗栗市縣：**萬花筒書局**苗栗市**府東路 73 號

7.**台中市：** **瑞成**書局、各大連鎖書店。

詠春書局 **台中市**永春東路 884 號 文春書局 **霧峰**中正路 1087 號

8.**彰化市縣：**心泉佛教流通處 **彰化市**南瑤路 286 號

員林鎮：墊腳石圖書文化廣場 中山路 2 段 49 號（04-8338485）

9.**台南市：**博大書局 **新營**三民路 128 號

藝美書局 **善化**中山路 436 號 宏欣書局 **佳里**光復路 214 號

10.**高雄市：**各大連鎖書店、**瑞成**書局

政大書城 **三民區**明仁路 161 號 政大書城 **苓雅區**光華路 148-83 號

明儀書局 **三民區**明福街 2 號 明儀書局 三多四路 63 號

青年書局 青年一路 141 號

11.**宜蘭縣市：**金隆書局 宜蘭市中山路 3 段 43 號

宋太太梅鋪 羅東鎮中正北路 101 號（039-534909）

12.**台東市：**東普佛教文物流通處 台東市博愛路 282 號

13.**其餘鄉鎮市經銷書局：**請電詢總經銷**飛鴻**公司。

14.**大陸地區請洽：**

香港：樂文書店

旺角店 :香港九龍旺角西洋菜街 62 號 3 樓

電話 :(852) 2390 3723 email: luckwinbooks@gmail.com

銅鑼灣店 :香港銅鑼灣駱克道 506 號 2 樓

電話 :(852) 2881 1150 email: luckwinbs@gmail.com

廈門：廈門外圖臺灣書店有限公司

地址：廈門市思明區湖濱南路809號 廈門外圖書城3樓 郵編：361004
電話：0592-5061658（臺灣地區請撥打 86-592-5061658）
E-mail：JKB118@188.COM

15.**美國：世界日報圖書部：**紐約圖書部　電話 7187468889#6262
洛杉磯圖書部　電話 3232616972#202

16.**國內外地區網路購書：**

正智出版社 書香園地　http://books.enlighten.org.tw/
（書籍簡介、直接聯結下列網路書局購書）

三民 網路書局　http://www.Sanmin.com.tw

誠品 網路書局　http://www.eslitebooks.com

博客來 網路書局　http://www.books.com.tw

金石堂 網路書局　http://www.kingstone.com.tw

飛鴻 網路書局　http://fh6688.com.tw

附註：1.請儘量向各經銷書局購買：郵政劃撥需要十天才能寄到（本公司在您劃撥後第四天才能接到劃撥單，次日寄出後第四天您才能收到書籍，此八天中一定會遇到週休二日，是故共需十天才能收到書籍）若想要早日收到書籍者，請劃撥完畢後，將劃撥收據貼在紙上，旁邊寫上您的姓名、住址、郵區、電話、買書詳細內容，直接傳眞到本公司 02-28344822，並來電 02-28316727、28327495 確認是否已收到您的傳眞，即可提前收到書籍。 2.因台灣每月皆有五十餘種宗教類書籍上架，書局書架空間有限，故唯有新書方有機會上架，通常每次只能有一本新書上架；本公司出版新書，大多上架不久便已售出，若書局未再叫貨補充者，書架上即無新書陳列，則請直接向書局櫃台訂購。 3.若書局不便代購時，可於晚上共修時間向正覺同修會各共修處請購（共修時間及地點，詳閱**共修現況表**。每年例行年假期間請勿前往請書，年假期間請見共修現況表）。 4.郵購：郵政劃撥帳號 19068241。 5.正覺同修會會員購書都以八折計價（戶籍台北市者爲一般會員，外縣市爲護持會員）都可獲得優待，欲一次購買全部書籍者，可以考慮入會，節省書費。入會費一千元（第一年初加入時才需要繳），年費二千元。**6.尚未出版之書籍，請勿預先郵寄書款與本公司，謝謝您！** 7.若欲一次購齊本公司書籍，或同時取得正覺同修會贈閱之全部書籍者，請於正覺同修會共修時間，親到各共修處請購及索取；**台北市讀者**請洽：103 台北市承德路三段 267 號 10 樓（捷運淡水線 圓山站旁）請書時間：週一至週五爲 18.00~21.00，第一、三、五週週六爲 10.00~21.00，雙週之週六爲 10.00~18.00 請購處專線電話：25957295-分機 14（於請書時間方有人接聽）。

敬告大陸讀者：

大陸讀者購書、索書捷徑（尚未在大陸出版的書籍，以下二個途徑都可以購得，電子書另包括結緣書籍）：

1.廈門外國圖書公司：廈門市思明區湖濱南路 809 號 廈門外圖書城 3F
郵編：361004　電話：0592-5061658　網址：JKB118＠188.COM

2.電子書：正智出版社有限公司及正覺同修會在台灣印行的各種局版書、結緣書，已有『**正覺電子書**』陸續上線中，提供讀者於手機、平板電腦上購書、下載、閱讀正智出版社、正覺同修會及正覺教育基金會所出版之電子書，詳細訊息敬請參閱『正覺電子書』專頁：http://books.enlighten.org.tw/ebook

關於平實導師的書訊，請上網查閱：
成佛之道　http://www.a202.idv.tw
正智出版社 書香園地　http://books.enlighten.org.tw/

中國網採訪佛教正覺同修會、正覺教育基金會訊息：

http://big5.china.com.cn/gate/big5/fangtan.china.com.cn/2014-06/19/content_32714638.htm

http://pinpai.china.com.cn/

★ 正智出版社有限公司售書之稅後盈餘，全部捐助財團法人正覺寺籌備處、佛教正覺同修會、正覺教育基金會，供作弘法及購建道場之用；懇請諸方大德支持，功德無量。

★ 聲　明 ★

本社於 2015/01/01 開始調整本目錄中部分書籍之售價，以因應各項成本的持續增加。

＊ 喇嘛教修外道雙身法、墮識陰境界，非佛教 ＊

＊ 弘揚如來藏他空見的覺囊派才是真正藏傳佛教 ＊

售後服務—換書啓事（免附回郵）　2012/09/24

《楞嚴經講記》第 14 輯初版首刷本免費調換新書啓事：本講記第 14 輯出版前因 平實導師諸事繁忙，未將之重新閱讀而只改正校對時發現的錯別字，故未能發覺十年前所說法義有部分錯誤，於第 15 輯付印前重閱時才發覺第 14 輯中有部分錯誤尚未改正。今已重新審閱修改並已重印完成，煩請所有讀者將以前所購第 14 輯初版首刷本，寄回本社免費換新（初版二刷本無錯誤），本社將於寄回新書時同時附上您寄書回來換新時所付的郵資，並在此向所有讀者致上最誠懇的歉意。

《心經密意》初版書免費調換二版新書啓事：本書係演講錄音整理成書，講時因時間所限，省略部分段落未講。後於再版時補寫增加 13 頁，維持原價流通之。茲爲顧及初版讀者權益，自 2003/9/30 開始免費調換新書，原有初版一刷、二刷書籍，皆可寄來本來公司換書。

《宗門法眼》已經增寫改版爲 464 頁新書，2008 年 6 月中旬出版。讀者原有初版之第一刷、第二刷書本，都可以寄回本社免費調換改版新書。改版後之公案及錯悟事例維持不變，但將內容加以增說，較改版前更具有廣度與深度，將更能助益讀者參究實相。

換書者**免附回郵**，亦無截止期限；舊書請寄：111 台北郵政 73-151 號信箱 或 103 台北市承德路三段 267 號 10 樓 正智出版社有限公司。舊書若有塗鴨、殘缺、破損者，仍可換取新書；但缺頁之舊書至少應仍有五分之三頁數，方可換書。所有讀者不必顧念本公司是否有盈餘之問題，都請踴躍寄來換書；本公司成立之目的不是營利，只要能眞實利益學人，即已達到成立及運作之目的。若以郵寄方式換書者，免附回郵；並於寄回新書時，由本社附上您寄來書籍時耗用的郵資。造成您不便之處，再次致上萬分的歉意。

正智出版社有限公司 啓

國家圖書館出版品預行編目資料

起信論講記／平實導師講述—初版—壹
北市：正智，2004〔民93-〕
面； 公分
ISBN 957-28743-5-7（第1輯；平裝）
ISBN 957-28743-6-5（第2輯；平裝）
ISBN 957-28743-7-3（第3輯；平裝）
ISBN 957-28743-9-X（第4輯；平裝）
ISBN 986-81358-0-X（第5輯；平裝）
ISBN 986-81358-1-8（第6輯；平裝）
1. 論藏

222.3 93010953

起信論講記

——第四輯

著述者：平實導師
音文轉換：正覺同修會編譯組
校對：章乃鈞 陳介源 鄧開枝
出版者：正智出版社有限公司
電話：〇二 28327495 28316727（白天）
傳眞：〇二 28344822
111 台北郵政 73-151 號信箱
郵政劃撥帳號：一九〇六八二四一
正覺講堂：總機〇二 25957295（夜間）
總經銷：飛鴻國際行銷股份有限公司
231 新北市新店區中正路 501-9 號 2 樓
電話：〇二 82186688（五線代表號）
傳眞：〇二 82186458 82186459
初版：公元二〇〇五年三月底 二千冊
初版五刷：公元二〇一六年四月 二千冊
定價：二五〇元